İçindeki Çocuk Bir Yuva Bulmalı

Pegasus Yayınları: 2017

İçindeki Çocuk Bir Yuva Bulmalı
Stefanie Stahl
Özgün Adı: Das Kind in dir muss Heimat finden:
Der Schlüssel zu Lösung (fast) aller Probleme

Yayın Koordinatörü: Yusuf Tan
Editör: Ecem Aycan Öztoplar
Düzelti: Halûk Kürşad Kopuzlu

Baskı-Cilt: Alioğlu Matbaacılık
Sertifika No: 45121
Orta Mah. Fatin Rüştü Sok. No: 1/3-A
Bayrampaşa/İstanbul
Tel: 0212 612 95 59

2. Baskı: İstanbul, Ocak 2022
ISBN: 978-605-299-591-4

Yayıncı Sertifika No: 45118

Pegasus Yayıncılık Tic. San. Ltd. Şti.
Gümüşsuyu Mah. Osmanlı Sk. Alara Han
No: 11/9 Taksim / İSTANBUL
Tel: 0212 244 23 50 (pbx) Faks: 0212 244 23 46
www.pegasusyayinlari.com / info@pegasusyayinlari.com

pegasusyayinlari pegasusyayinevi pegasusyayinlari Pegasus Yayınları

STEFANIE STAHL

İçindeki Çocuk Bir Yuva Bulmalı

(Neredeyse)
Bütün Sorunların
Çözüm Anahtarı

Almancadan çeviren:

Azra Herrscher

PEGASUS YAYINLARI

Arkadaşlarıma

Hayatımızdaki çoğu gölge, bizzat kendimizin güneşin altında durmasından kaynaklanır.

Ralph Waldo Emerson

İçindekiler

İndirilebileceğiniz Meditasyonlar

İçinizdeki çocukla daha yoğun bir çalışma için Stefanie Stahl iki hipnoz yöntemi anlatmıştır: *Gölge Çocuk Hipnozu* ve *Güneş Çocuk Hipnozu*. Bu adresten ücretsiz olarak indirebilirsiniz:

www.kailash-verlag.de/daskindindir

İçindeki Çocuk Bir Yuva Bulmalı

Her insanın kendini emin, güvende ve hoş karşılandığını hissettiği bir yere ihtiyacı vardır. Her insan rahatlayabileceği ve tamamen kendisi olabileceği bir yere özlem duyar. İdeal olarak baba ocağı böyle bir yerdir. Eğer anne babalarımız tarafından kabul edilmiş ve sevilmiş hissetmişsek, sıcak bir yuvaya sahip olmuşuz demektir. Yani evimiz her insanın özendiği tam o evdir: kalpleri ısıtan, ait olunan bir yer. Çocukluktan gelen, yetişkinliğimizde de bize eşlik eden kabul edilmişlik ve hoş karşılanma duygusunu, temel olarak olumlu bir yaşam duygusu olarak içselleştiririz: Dünyada ve hayatımızda kendimizi emin hissederiz. Kendimize güvenimiz vardır ve başka insanlara da güven veririz. Buna temel güven de denir. Bu temel güven kendi içimizdeki bir yuva gibidir çünkü bize içsel dayanıklılık ve koruma sağlar.

Bazı insanlar çocuklukları ile ağırlıklı olarak güzel olmayan, hatta kimisi travmatik olan hatıralarını bağdaştırırlar. Ve bazıları mutsuz bir çocukluk yaşamış fakat bu deneyimleri bastırmışlardır. Neredeyse bir şey hatırlamazlar. Çocukluklarının "normal" ya da "mutlu" olduğunu düşünen bazılarının hayatı da daha derinden incelendiğinde kendilerini aldatmış oldukları görülür. Kişi, çocukluktaki güvensizliklerini ve reddedilme deneyimlerini bastırdıysa ya da yetişkinlikte olanları olduğundan daha zararsızmış gibi kendine gösterdiyse de günlük hayatta bu insanların temel güveninin çok gelişmediği görülür. Özgüvenleri ile ilgili problem yaşarlar ve sürekli karşılarındakinin, partnerlerinin, patronlarının ya da yeni tanıştıkları kişilerin kendilerini gerçekten sevdiğinden ve kendilerini kabul etmiş olmalarından şüphe ederler. Kendilerini çok sevmezler, güvensizlik hissederler ve çoğu zaman ilişki sorunları yaşarlar. Temel güven duygusu geliştirememişlerdir ve bundan dolayı içsel dayanıklılık hissedemezler. Bunun yerine başkalarının kendilerine güvenlik, koruma, emniyet ve yuva hissi vermelerini isterler. Partnerlerinde, meslektaşlarında, futbol sahasında ya da alışveriş merkezinde yuva ararlar. Ve her zaman diğer insanlar kendilerine yuva hissini en iyi durumda ara sıra verdiğinde yine, yeniden hayal kırıklığına uğrarlar. Bu döngüde hapsolduklarının farkında olmazlar: İç yuvası olmayan, bunu dışarıda da bulamayacaktır.

Kalıtsal özelliklerimizin yanı sıra mizacımızı ve özdeğerimizi de büyük oranda belirleyen bu çocukluk izlerinden bahsettiğimiz zaman psikolojide "içimizdeki çocuk" olarak ifade edilen kişiliğin bir kısmından söz ederiz. İçimizdeki çocuk, anne babalarımız ve diğer önemli ilişki kurduğumuz kişilerle yaşadıklarımız, tabiri caizse çocukluk karakterimizi şekillendiren iyi ve kötü şeylerin toplamıdır. Bu deneyimlerin çoğunu bilinç düzeyinde hatırlamayız. Fakat bunlar bilinçdışımıza sarsılmaz bir şekilde yerleşmiştir. O yüzden içimizdeki çocuğun aslında bilinçdışımızın önemli bir parçası olduğu da söylenebilir. Bunlar çocukluk çağından itibaren yaşadığımız korkular, endişeler ve zorluklardır. Aynı zamanda çocukluğumuzda yaşadığımız bütün olumlu şekillenmelerdir.

Özellikle olumsuz izler bize yetişkinlikte sıkça zorluk yaşatır. Çünkü içimizdeki çocuk, çocukluğunda onu incitmiş olan durumları ve aldığı yaraları tekrar tecrübe etmemek için her şeyi yapmaya hazırdır. Bununla birlikte çocukluğunda eksik kalan güvenlik ve takdir edilme isteklerini yerine getirmek için daha da çabalar. Korkular ve arzular bilinçaltında faaliyet gösterir. Bizler bilinçli düzeyde hayatlarını şekillendiren bağımsız yetişkinleriz. Ancak içimizdeki çocuk bilinçdışı düzeyde algılamamızı, hissetmemizi, düşünmemizi ve eylemlerimizi belirgin şekilde, hatta aklımızdan çok daha fazla etkiler. Bilinçaltının deneyim ve eylemlerimizin %80'den %90'a kadar yönlendiren çok güçlü psikolojik bir unsur olduğu bilimsel olarak kanıtlanmıştır.

Bu anlatılanlar bir örnekle daha anlaşılır hale gelecektir: Michael, kendisi için önemli olan bir şey hayat arkadaşı Sabine tarafından unutulduğunda hep öfke krizi geçirir. Geçenlerde Sabine alışverişe gittiğinde onun en sevdiği sosisi almayı unuttuğu için Michael tam anlamıyla çıldırdı. Sabine bu tepki karşısında âdeta küçük dilini yuttu çünkü onun için altı üstü sadece sosis eksikti. Michael içinse dünya sanki başına yıkılmıştı. Burada olan şey tam olarak nedir?

Michael, Sabine onun en sevdiği sosisi almayı unuttuğunda hayat arkadaşı tarafından yeterince dikkate alınmadığını ve saygı görmediğini hissedenin aslında içindeki çocuk olduğunun farkında değildir. Michael aşırı öfkesinin sebebinin Sabine ve unutulan sosis değil, geçmişten gelen derinde yatan bir yara olduğunun, yani annesinin çocukken isteklerini ciddiye almamasından kaynaklandığını bilmiyor. Sabine bu ihmaliyle birlikte yalnızca bu eski yaraya tuz basmış oldu. Ancak Michael, Sabine'ye verdiği tepki ile annesiyle olan deneyimleri arasındaki bağlantının bilincinde olmadığından, duyguları ve davranışları üzerinde çok az yetki sahibidir. Sosis hakkındaki kavga, ilişkilerindeki bu türden yaşadıkları tek uyuşmazlık değildir. Michael ve Sabine, asıl sorunun ne olduğunun farkında olmadıkları için sıradan şeyler hakkında çok sık kavga ediyorlar. Zira Sabine de Michael gibi içindeki çocuk tarafından yönlendiriliyor. Onun içindeki çocuk, eskiden anne babasını nadiren memnun edebildiği için eleştirilere çok alınganca tepkiler veriyor. Yani Michael'in tepkileri Sabine'nin de içindeki eski çocukluk duygularını canlandırıyor. Böyle durumlarda kendini küçük ve değersiz hissedip dolayısıyla incinmiş ve aşağılanmış hissederek ona göre bir karşılık veriyor. Hatta bazen ikisi de ufak şeyler yüzünden çok sık kavga edip birbirlerini derinden yaraladıkları için ayrılmanın daha iyi olacağını düşünüyorlar. Ama içlerindeki çocuğun arzuları ve yaralarına bir göz atabilselerdi, görünürdeki sebep olan unutulmuş bir sosis ya da biraz fazla eleştiri hakkında tartışmaktansa, bu asıl meseleler hakkında konuşabilirlerdi. Böyle olduğu takdirde muhakkak daha iyi anlaşırlardı. Ve birbirlerine saldırmak yerine daha fazla yakınlaşırlardı.

İçimizdeki çocuk hakkındaki bilgisizlik sadece çiftlerin ilişkilerinde uyuşmazlık sebebi olmamaktadır. Çoğu çatışmada –bağlam biliniyorsa– yetişkinlerin tam bir özgüvenle söz konusu uyuşmazlığı çözdüklerini değil, içlerindeki çocuğun birbiriyle kavga ettiği görülür. Buna bir çalışanın, patronunun eleştirisine istifa etmekle tepki göstermesi ya da bir devlet adamının, başka bir devlet adamının sınır ihlaline askerî saldırıyla cevap vermesi örnek gösterilebilir. İçimizdeki çocuk hakkındaki bilgisizlik çoğu insanın hayatından memnun olmamasına, insanlar arasında anlaşmazlıkların çıkmasına ve sıkça kontrolsüz öfke patlamalarına sebep olmaktadır.

Bununla beraber çocukluğu mutlu geçen ve temel güven kazanan insanların da hayatı tamamen kaygısız ve sorunsuz geçmez. Onların da içlerindeki çocuk belli yaralar almıştır çünkü mükemmel anne babalar ve mükemmel çocukluklar yoktur. Anne babaları tarafından iyi şekillendirmelerin yanı sıra, hayatlarının ileri zamanlarında sorunlar çıkarabilecek zor olan kısımları da alırlar. Belki bu sorunlar Michael'in öfke krizleri kadar dikkat çekmiyordur. Belki de insanlar, aileleri dışındaki insanlara güvenmekte zorlanıyor ya da büyük kararlar almaktan hoşlanmıyorlardır. Veya riski göze almaktansa kendi imkânları içinde kalmayı tercih ediyorlardır. Her halükârda çocukluktan gelen olumsuz şekillenmeler bizi sınırlandırıp gelişimimizi ve ilişkilerimizi engeller.

Sonuç olarak bütün insanlar için aynı şey geçerlidir: içimizdeki çocukla tanışıp arkadaşlık kurduğumuz takdirde içimizde hangi arzu ve yaraları taşıdığımızı öğrenebiliriz. Hatta ruhumuzun yaralanmış bu kısmını kabullenip belli bir dereceye kadar iyileştirebiliriz. Bu sayede özdeğerimiz artar ve içimizdeki çocuk nihayet bir yuva bulur. Başka insanlarla ilişkilerimizi daha huzurlu, içten ve mutlu kurabilmemizin koşulu budur. Bu aynı zamanda bize iyi gelmeyen, hatta bizi hastalandıran ilişkilerden kurtulmak için de önemli bir koşuldur.

Bu kitap, içindeki çocukla tanışmana ve onunla arkadaşlık kurman konusunda sana yardım etmek istiyor. Bununla birlikte seni sürekli çıkmaz sokaklara ve mutsuzluğa sürükleyen eski şablonları bırakmana yardımcı olacaktır. Tüm bunların yanında sana hayatını ve ilişkilerini nasıl daha mutlu hale getirebileceğin hakkında yeni ve yardımcı tutum ve davranış biçimleri gösterecektir.

"Sen"le ilgili bir açıklama: "Sen" normalde yazar ve okuyucu arasında bulunan mesafeyi kapatır. Bu kitapta benim "sen"i kullanma amacım tam da bu. Çünkü içimizdeki çocuk "sen"e tepki veriyor, "siz"e değil.

Kişiliğimizin Modelleri

Bilincimizin yüzeyinde sorunlarımız bize çoğu zaman karışık ve zor çözülebilir gelir. Aynı zamanda da bazen başka insanların davranış ve duygularını anlamakta zorlanırız. Bazen ne kendimizi ne de başkalarını doğru kavrayamayız. Oysa insan psikolojisi o kadar karmaşık değildir. Basitçe söylemek gerekirse, insan farklı kişilik bileşenlerine ayrılabilir: Yani içimizde hem çocukluk bileşenleri hem de yetişkin bileşenleri ve psikolojimizin bir bilinçli bir de bilinçdışı düzeyi vardır. Benliğinin bu yapısını tanıyınca kişi bununla bilinçli şekilde çalışabilir ve daha önce çözülemez görünen sorunlarının çoğunu çözebilir. Sana bu kitapta bunun nasıl yapıldığını anlatacağım.

Yukarıda yazdığım üzere, "içimizdeki çocuk" kişiliğimizin çocukluğumuzda işlenen bilinçdışı bileşenlerini farklı bir şekilde ifade eden bir metafordur. İçimizdeki çocukta duygu dünyamız sınıflandırılır: korku, acı, üzüntü, öfke ama aynı zamanda sevinç, mutluluk ve sevgi. Bu demektir ki içimizdeki çocuğun olumlu ve mutlu bileşenleri olduğu kadar olumsuz ve üzgün yanları da vardır. İkisini de bu kitapta daha yakından tanıyıp onlarla çalışacağız.

Bunun yanı sıra isteğe bağlı olarak "içimizdeki yetişkin" olarak da adlandırılan yetişkin-ben de vardır. Bu psikolojik aşama rasyonel ve mantıklı idrakimizi, yani düşünmemizi kapsar. Yetişkin-ben modunda sorumluluk üstlenebiliriz, plan yapabiliriz, öngörülü hareket edebiliriz, bağlantıları fark edip anlayabiliriz, riskleri tartabiliriz ve ayrıca çocuk-ben'i de düzenleyebiliriz. Yetişkin-ben bilinçli ve kasıtlı hareket eder.

Benliği farklı aşamalara ayıran ilk kişi Sigmund Freud'dur. Modern psikolojinin içimizdeki çocuk ya da çocukluk-ben'i olarak adlandırdığı kavramları o "id" olarak adlandırdı. Freud'un, yetişkin-ben'e verdiği isim "ego"dur ve buna ek olarak da "süper ego"yu tanımlar. Bu modern psikolojide ebeveyn-ben ya da "içimizdeki eleştirmen" olarak tanımlanan parça içimizde bir çeşit ahlak mercidir. İçimizdeki eleştirmen modunda olduğumuzda kendimizle şu şekilde konuşuruz: "Aptal gibi davranma! Sen bir hiçsin, hiçbir şey beceremiyorsun! Bunun zaten asla üstesinden gelemezsin!"

Şema terapisi gibi daha yeni terapi yaklaşımları, söz konusu çocuk-ben, yetişkin-ben ve ebeveyn-ben oluşumlarını da alt gruplarına ayırır. Örneğin, "içimizdeki yaralı çocuk", "içimizdeki neşeli çocuk", "içimizdeki sinirli çocuk", "cezalandıran ebeveyn" ve "iyi niyetli ebeveyn". Hamburglu ünlü psikolog Schulz von Thun da insanın içindeki bir dizi alt kişilikleri tanımlamıştır ve "içimizdeki ekip" terimini literatüre kazandırmıştır.

Fakat ben her şeyi olabildiğince kolay ve pragmatik tutmak istiyorum. Birçok içsel oluşumla aynı anda çalışıldığında, her şey hızlı bir şekilde zorlayıcı ve karmaşık hale gelebilir. Bundan dolayı bu kitapta sadece içimizdeki neşeli çocuk, içimizdeki yaralı çocuk ve içimizdeki yetişkine değineceğim. Tecrübelerime göre bu üç oluşum, sorunları çözmek için tamamen yeterlidir. "İçimizdeki neşeli çocuk" ve "içimizdeki yaralı çocuk" terimlerini "güneş çocuk" ve "gölge çocuk" ile değiştiriyorum. Bunlar çok daha güzel ve somut olarak anlaşılabilir isimler. Fakat bu terimler bana değil; son derece okumaya değer *Das Sonnenkind-Prinzip** kitabının yazarı, çok eski bir arkadaşım ve meslektaşım Julia Tomuschat'a ait.

* *Güneş Çocuk Prensibi* (yay. n.)

Güneş çocuk ve gölge çocuk, içimizdeki çocuk olarak tanımlanan ve bilinçdışımızda yer alan kişilik parçalarımızın ifadeleridir. Aslında sadece bilinçdışı olan, yani *içimizdeki çocuk* vardır. Bunun yanı sıra içimizdeki çocuk her zaman bilinçdışı bir duygu değildir. Onunla çalıştığımız andan itibaren bilinç kazanır. Güneş çocuk ve gölge çocuksa yine farklı bilinç durumlarını ifade eder. Bu farklılık özellikle bilimselden ziyade pragmatiktir. Uzun yıllardır psikoterapist olarak çalışarak güneş ve gölge çocuk metaforlarından faydalanan, çözümü senin *elinde olmayan* sıkıntılarının *neredeyse* hepsinden kurtulabileceğin bir sorun çözme yapısı geliştirdim. Hastalık, sevilen bir insanın ölümü, savaş, doğal felaketler, şiddet suçları, cinsel istismar gibi büyük talihsizlikleri de bunların arasında sayıyorum. Bununla beraber sınırlandırma yaparak böyle talihsizliklerin üstesinden gelmenin, bu metodu uygulayacak kişilerin karakterine bağlı olduğunu da belirtmem gerekir. Talihsizlik yaşamadan önce de gölge çocuğuyla çok fazla mücadele etmek zorunda kalan insanlar, elbette güneş çocuğu mizacına sahip olanlardan daha kötü durumdadırlar. Bu sebeple temel sorunu bir talihsizlik olan insanlar da bu kitaptan yararlanabilirler. Fakat bu kitaptan, "ev yapımı" sorunları olan insanlar en çok faydalanacaktır ki bu sorunlar da en geniş anlamda sorumluluğu kendi elinde olanlardır. Bunlar arasında ilişki sorunları gibi depresif keyifsizlikler, stres, gelecek kaygısı, yaşam sevinci eksikliği, panik atak, kompülsif davranışlar vs. de sayılmaktadır. Bu sorunlar sonuçta gölge çocuğumuzun özelliklerine –ya da başka bir deyişle– kendi özdeğerimize dayanır.

Gölge ve Güneş Çocuk

Nasıl hissettiğimiz ve tam olarak hangi duyguları hissedebildiğimiz, daha doğrusu yaşamımızda hangi duyguların eksik kaldığı mizacımıza ve çocukluk deneyimlerimize bağlıdır. Bilinçdışı *dogmalarımızın* burada önemli bir etkisi vardır. Psikolojide dogma, kendimize ya da insanlar arası ilişkilerimize karşı tutumumuzu ifade eden derine saplanmış inançlarımız olarak anlaşılmaktadır. Çoğu dogma erken yaşlarda, çocuk ve ona en yakın kişi arasındaki etkileşimlerden oluşur. Örneğin, içimizdeki dogmalar "Ben iyiyim!" ya da "Ben iyi değilim!" şeklinde olabilir. Genelde çocukluğumuz süresince ve hayatımızın devamında hem olumlu hem olumsuz dogmaları içselleştiririz. "Ben iyiyim!" gibi dogmalar yakınlık kurduğumuz en önemli kişiler, yani bağlanma kişileri tarafından kabul edilmiş ve sevildiğimizi hissettiğimiz durumlarda oluşmuştur. Bunun aksine "İyi değilim!" gibi dogmalar da kendimizi hatalı ve reddedilmiş hissettiğimiz durumlarda ortaya çıkmıştır. Bunlar bizi zayıflatırlar.

Gölge çocuk olumsuz dogmalarımızı ve bunun sonucunda ortaya çıkan üzüntü, korku, çaresizlik ve öfke gibi sıkıntı veren duyguları kapsar. Buradan da duygularımızla başa çıkabilmek için daha doğrusu hiç hissetmemek için geliştirdiğimiz, özkorunma stratejileri adı verilen ya da kısaca koruma stratejileri ortaya çıkıyor. Tipik koruma stratejilerine geri çekilme, uyum arayışı, mükemmeliyet arzusu, saldırı ve atak ya da güç ve kontrol çabası örnek verilebilir. Dogmalar, duygular ve kendini koruma stratejilerinden daha detaylı bahsedeceğim. Şu an sadece gölge çocuğun özdeğerimizin yaralı ve bundan dolayı da dengesiz olan kısmı olduğunu anlaman yeterli.

Güneş çocuk ise buna karşın olumlu izlerimiz ve iyi duygularımızı temsil eder. Yani mutlu çocukları temsil eden her şeyi ifade eder: spontanlık, maceraperestlik, meraklılık, dalgınlık, canlılık, harekete geçme isteği ve yaşama sevinci. Güneş çocuk içimizdeki özdeğerin düzgün çalışan kısmı için kullanılan bir metafordur. Çocukluğunda çok ağır yükler taşımak zorunda olan insanların karakterlerinde mutlaka tamamen sağlıklı kısımlar vardır. Onların da hayatlarında aşırı davranmadıkları durumlar söz konusudur; neşeli, meraklı ve oyuna düşkün oldukları, yani güneş çocuğun sırası geldiği anları tanırlar. Fakat buna rağmen çok sıkıntılı bir çocukluk geçirenlerde güneş çocuk daha nadiren ön plana çıkmaktadır. Bundan dolayı bu kitapta güneş çocuğu bilhassa teşvik edeceğiz ve içimizdeki gölge çocuğu teselli edeceğiz ki fark edildiğini hissedip sakinleşebilsin ve böylece de güneş çocuk için yeterli alan oluşabilsin.

Bize sürekli sorun çıkaranın psikolojimizin gölge çocuk kısmı olduğu şimdiye kadar anlaşılmıştır muhtemelen; özellikle bilinçdışı kalırsa ve bundan dolayı da üzerine düşünülmezse. Bunu tekrar Michael ve Sabine örneğinde açıklamak istiyorum: Michael davranışlarına yetişkin-ben gözüyle baktığında genelde aşırı tepki verdiğinin bilincinde. Bundan dolayı da birçok kez öfkesini dizginlemeyi hedefledi. Bazen bunu başarabiliyor olsa da çoğu zaman yapamıyor. İyi niyetli kararlarının başarısının orta seviyelerde olmasının sebebi içindeki yetişkinin, yani bilinçli düşünen aklının gölge çocuğun yaralarından bihaber olmasıdır. Bu yüzden de içimizdeki yetişkin, gölge çocuk üzerinde etki sahibi olamamaktadır. O halde bilinçli düşünen, mantıklı aklı gölge çocuk tarafından belirlenen duygularını ve davranışlarını kontrol edemiyor.

Michael öfke krizlerini doğru bir şekilde düzenlemek isterse, o zaman annesinden kaynaklanan çocukluğunda yaşadığı kırgınlığı ile Sabine'nin davranışı arasındaki bağlantının bilincinde olması gerekir. Gölge çocuğun, isteklerine yeterince saygı gösterilmediğini sandığı her zaman acıyan, iyileşmeyen içinde taşıdığı bir yara olduğunu düşünmelidir. Böyle bir anda içimizdeki yetişkin, gölge çocuğu şu şekilde rahatlatabilir: "Dikkatlice dinle, Sabine'nin senin en sevdiğin sosisi unutması seni sevmediği ve isteklerini ciddiye almadığı anlamına gelmiyor. Sabine senin annen değil. Sabine de tıpkı senin gibi mükemmel değil. Bu da en sevdiğin sosis söz konusu olsa bile onun bir şeyleri unutabilme hakkına sahip olduğunu ve unutabileceği anlamına gelir!" İçindeki gölge çocuğun yetişkin kısmından bilinçli ayrımı sayesinde Michael unutulan sosisi Sabine'nin saygı ve sevgi eksikliği olarak değil, insani bir hata olarak algılardı. Algısındaki bu küçük düzeltmeyle birlikte içindeki öfke hiç yükselmeyecekti bile. Yani Michael öfke krizlerini kontrol altına almak istiyorsa, o zaman bilincini gölge çocuk ve onun yaralarına yönlendirmelidir. Sabine'ye sürekli gölge çocuğunun öfke dürtüleriyle saldırmaktansa, gölge çocuğun dürtülerine uygun şekilde ve sevecen tepki verebilen, aklı başında ve iyi niyetli yetişkin-ben moduna bilinçli bir şekilde geçmeyi öğrenmek zorundadır.

İçimizdeki Çocuğun Nasıl Geliştiği

Güneş ve gölge çocuğun kişilik parçaları aslında tamamen olmasa da yaşamın ilk altı yılında belirleniyor. Bir insanın erken yaşlardaki gelişimi, bu dönemde bütün sinirsel ağlar ve bağlantılarıyla birlikte beyin yapısı oluştuğu için önemlidir. Bundan dolayı bu gelişim döneminde yakın olduğumuz kişiyle birlikte yaşadığımız deneyimler beynimizde en derin izleri bırakır. Anne ve babamızın bize karşı davranışları, hayatımızdaki bütün ilişkiler için bir model oluşturur. Anne babalarımızla olan ilişkimizde, kendimiz ve insanlar arasındaki ilişkiler hakkında ne düşünmemiz gerektiğini öğreniyoruz. Özdeğer duygumuzla birlikte başka insanlara olan güvenimiz ya da –daha az elverişli durumlarda– başka insanlara ve insanlar arasındaki ilişkilere olan güvensizliklerimiz de bu erken yaşlarda oluşur.

Ancak hiçbir anne baba-çocuk ilişkisi sadece iyi ya da kötü olmadığından burada çok fazla siyah-beyaz düşünmekten kaçınılmalıdır. İyi bir çocukluk yaşamış olsak da her birimizin içinde yaralarımızı taşıyan bir parça da vardır. Bu, çocukluk durumunda şu şekilde gerekçelendirilerek yer alır: Küçük, çıplak ve tamamen korumasız bir şekilde dünyaya geliyoruz. Yeni doğmuş bir bebek için kendisini ona adayacak bir bağlanma kişisi bulmak hayatta kalması için çok önemlidir yoksa hayatını kaybedebilir. Yani biz dünyaya geldikten sonra da uzun bir süre tamamen zayıf ve birine bağımlı olduğumuz hayat koşullarında yaşıyoruz. Bundan dolayı her birimizin içinde kendini zayıf ve küçük hisseden, iyi olmadığını düşünen bir gölge çocuk da var.

Ayrıca en şefkatli anne babalar da çocuklarının her isteğini yerine getiremeyebilir. Zorunlu olarak da sınırlamaları gerekir. Özellikle küçük çocuğun henüz yürüyebildiği ikinci yaşı, anne babalar tarafından konulan birçok yasak ve sınırlandırmayla belirlenir. Çocuk sürekli oyuncaklarını kırmamak, vazoya dokunmamak, yemekle oynamamak, tuvaletini yapmak, dikkatli olmak gibi konularda uyarılır. Böylece çocuk sıkça bir şeyi yanlış yaptığını, yani "iyi olmadığını" hisseder.

Bu aşağılık duygularının yanı sıra çoğu insan kendini "iyi" ve değerli hissettiği içsel durumlara da sahiptir. Çünkü çocukluğumuzda sadece kötü şeyler değil; ilgi, güven, oyun, mutluluk ve sevinç gibi iyi şeyler de deneyimledik. Bu yüzden içimizde güneş çocuk olarak tanımladığımız bir kısım da barındırıyoruz.

(Gerçek) Çocuk için anne babaları genel olarak yetiştirmenin ve bakımın altından kalkamayıp ona bağırıp, dövüp ya da onu ihmal ettiğinde durum zorlaşacaktır. Küçük çocuklar anne babalarının davranışlarını iyi ya da kötü olarak değerlendirmezler. Çocuk perspektifinden bakıldığında anne babalar büyük ve yanılmazdır. Baba çocuğa bağırdığında, hatta dövdüğünde o zaman çocuk, "Babam sinirlerine hâkim olamıyor ve psikoterapiye ihtiyacı var!" diye düşünmez fakat dayak yemesini kendisinin "kötü olmasına" bağlar. Çocuk, dil ediniminden önce kötü olduğunu bile düşünemez; yalnızca cezalandırıldığını ve açıkça kötü ya da en azından yanlış olduğunu düşünür.

Aslında iki yaşımıza kadar genel olarak istenip istenmediğimizi hissettiklerimizden öğreniyoruz. Bebeğin ve küçük çocuğun bütün bakımı bedensel olarak yapılır: besleme, yıkama, altını değiştirme. Ve en önemlisi: okşama. Çocuk, kendisine bakan kişinin okşamaları, sevgi dolu bakışları ve ses tonundan bu dünyada hoş karşılanıp karşılanmadığını öğrenir. İki yaşımıza kadar tamamen anne babalarımızın davranışlarına teslim edildiğimizden, bu dönemde bahsi geçen temel güven ya da temel güvensizlik duyguları gelişir; burada "temel" kelimesiyle çok derin, hayati deneyimlerin söz konusu olduğu ifade edilir. Bu tecrübeler beden hafızasına derinden işler. Temel güven duygusunu geliştirmiş olan insanlar, bilinçlerinin en derin düzeylerinde başka insanlara güvenmenin temel koşulu olan "kendine güveni" hissederler. Buna karşın temel güven duygusu edinemeyen insanlar, derin bir düzeyde kendilerini tedirgin hissederler ve başka insanlara karşı daha fazla güvensizlikle yaklaşırlar. Bir insan temel güvenini geliştirdiği takdirde kendisini sıkça güneş çocuk modunda bulunur. Bu temel güveni geliştiremediğindeyse gölge çocuk içinde büyük bir alan kaplar.

Nörobiyolojik araştırmalarda da erken yaşlarda sevgisiz bakım gibi konular nedeniyle çok stres yaşayan çocukların, bir ömür boyu daha yüksek oranda stres hormonu salgıladıkları kanıtlanmıştır. Bu durum onları yetişkinliklerinde strese daha yatkın kılar: Stres faktörlerine daha aşırı ve hassas tepki verirler, çocuklukları güven ve emniyetle geçen insanlara kıyasla psikolojik dayanıklılıkları daha az olur. Bizim tablomuzda söz konusu bu kişilerin çoğu zaman gölge çocuklarıyla özdeşleştikleri anlamına gelir.

Ama sonraki gelişim yılları da çok önemli ve belirleyicidir. Elbette anne babanın dışında büyükanne, büyükbaba, sınıf arkadaşları ya da öğretmenler gibi başka bağlanma kişilerinin de üzerimizde etkileri vardır. Fakat onları da ele aldığım takdirde kitap çok kapsamlı olacağından sadece anne babaların, daha doğrusu ana bağlanma kişilerinin etkilerine değineceğim. Yine de yaşıtların, öğretmenin ya da büyükannenle yaşadıkların senin için çok önemliyse kitaptaki bütün alıştırmaları o kişilere göre uygulayabilirsin.

Bilinçli aklımız, yani yetişkin-ben bilinçaltımıza çok derin nüfuz etmesine rağmen bununla yaşamımızın ilk iki senesini hatırlayamayız. Çoğu insanda ilk hatıralar kreşte ya da daha geç bir zamanda başlar. Bu zamandan itibaren anne ve babamızın bize nasıl davrandığını ve onlarla ilişkimizin nasıl olduğunu bilinçli bir şekilde hatırlayabiliriz.

Ara Söz: Kendini Tanımak İçin Mütalaa

Refleksiyon ve reflekte etmek, yani yansıtmak veya düşünmek psikologların en sevdiği kelimelerdir ve bunun da bir sebebi vardır: Düşünen insanın kendi içindeki güdülere, duygulara ve düşüncelere dolaysız erişimi vardır ve bunları eylemleriyle birlikte psikolojik bir bağlama oturtabilir. Bunu yaparken gölgeli taraflarını da göz önünde bulundurduğundan, bunları daha bilinçli kullanabilir. Örneğin, kişi bir başkasına karşı hissettiği sempati eksikliğinin o kişinin gerçekten sevimli olmadığından dolayı değil, o kişinin başarısını kıskanmasından kaynaklandığını zamanında fark edebilir. Bunu kendine itiraf ederek diğer kişiye zarar vermenin çok adil olmayacağı sonucuna varacaktır. Karşısındaki kişiye barışçıl bir şekilde davranıp kıskançlığını içinde düzenlemek için iyi bir fırsatı vardır. Özellikle kıskançlık ve aşağılık duygularına erişimi olduğu için, hayatında şimdiye kadar çok sayıda şeyi başardığını ve şükretmek için nedenleri olduğunu göz önünde tutarak bunlara olumlu etkide bulunabilir. Eğer tam tersine diğer kişinin başarısının kendi egosunu rahatsız ettiğini kabullenmeseydi, onu –üçüncü kişilerin yanında da– ufak sataşmalarla aşağılama yoluyla olsa bile kendini o kişiye saldırmaya teşvik edebilirdi.

Bu küçük örnek her şeyin kendi sorunlarını çözme hakkında olmadığını, aynı zamanda toplumsal açıdan kabul edilebilir davranılması gerektiğini göstermektedir. Kendini tanımanın ve refleksiyonun sadece kendine yönelik değil toplumsal da bir değeri vardır. Özellikle acizlik ve altta kalma gibi duygular refleksiyonsuz kaldığında, sosyal olarak pek kabul görmeyecek şekilde aşırı güç arayışı ve kabul görme ihtiyacıyla telafi edilebilir. Bilhassa bir insan gölge çocuğuyla özdeşleştiği zaman algıda büyük çarpıklıklara yol açabilir bu. Gölge çocuğun bakış açısından karşı taraf her zaman kendinden büyük görünür ve bu seviye farkı sözde güçlü olana, Michael ve Sabine örneğinde gördüğümüz üzere, kötü niyetli amaçlar yüklemeye teşvik eder. Michael erken yaşlardaki yaraları ve öfkesi arasındaki bağın farkına varmadığı için kendini Sabine'nin "vurdumduymazlığı ve saygısızlığının" kurbanı olarak görüp bundan dolayı gözünde Sabine'nin suçluya dönüşmesiyle birlikte laf dalaşını başlatır. Üstelik burada kavga eden yalnızca âşık bir çift. Bundan çok daha vahim durumlar da eksik özdüşünümsellikten ve bundan sonuçlanan güç hırsından dolayı bütün milletleri felakete sürükleyebilecek devlet adamları ve kadınlarıdır.

Bu yüzden isteğim, okurlarıma yalnızca kendini tanımanın kişisel sorunlarından kurtulmak için en ideal çözüm yolunu sunmak değil, aynı zamanda daha iyi bir insan olmak için ideal bir çözüm yolu olduğunu aktarmaktır.

Anne Babaların Dikkat Etmesi Gerekenler

Gölge ve güneş çocuğumuzun çocukluğumuzdaki en yakın ilişkilerdeki deneyimlerinden şekillendiğini artık anladık. Buradan yetiştirilme tarzının, çoğu zaman kendine ve başkalarına karşı iyi bir özdeğer ve güven tarafından şekil verilmiş güneş çocuğu modunda mı olduğun ya da sıkça kendini tedirgin hissedip başka insanlara şüpheyle yaklaşan gölge çocuk modunda mı olduğun hakkında etkili bir rol oynadığı sonucu çıkmaktadır.

Anne babalara, çocukluğun bütün evrelerinde çocuklarına nasıl doğru eşlik edebileceklerini gösteren çeşitli yetiştirme rehberleri elbette vardır. Bu tür rehberlerde genelde tipik anne baba-çocuk çatışmalarının nasıl çözüleceği ya da istenmeyen davranışların nasıl iyileştirileceği bulunabilir.

Psikolojinin bakış açısındansa yetiştirme hakkında daha esaslı konular vardır: Bir çocuğun bağlanma ya da takdir edilme ihtiyacı gibi farklı psikolojik temel ihtiyaçları bulunur. Bu psikolojik temel ihtiyaçları doğru ölçüde karşılayabilen anne babalar çocuklarının, temel güveni oluşan ve kendi ile başkalarına güvenebilen bir insan olarak yetişmesini sağlarlar.

Ünlü psikoterapi araştırmacısı Klaus Grawe bu psikolojik temel ihtiyaçları ve bunların insan için anlamını araştırmıştır. Bu kitapta onun bulgularını kullanıyorum. Benim fikrime göre, psikolojik temel ihtiyaçlara bir göz atmak kendi gölge çocuğunu daha iyi anlayabilmek için faydalı bir yaklaşımdır. Çünkü bu yaklaşımla bir taşla iki kuş vurulabilir: İnsan dört psikolojik temel ihtiyaç yardımıyla çocukluk izlerini anlamayı kolaylaştıran mantıklı bir sistematik elde ediyor. Böylece özellikle de kökleri çocukluğa kadar uzanan güncel sorunlarını anlamaya yardımcı olan sistematiğe sahip oluyor. Psikolojik temel ihtiyaçlarımız –tıpkı bedensel olanlar gibi– hayatımız boyunca değişmez. Bu şu anlama gelmektedir: Her içimizde huzursuzluk ya da gönül rahatlığı başladığında, psikolojik ve bedensel temel ihtiyaçlarımızdan biri ya da daha fazlasına dokunulmuştur. En iyi durumda, temel ihtiyaçlarımızın karşılandığını hissederiz – ve rahatlarız. Ya da huzursuzluğumuzdan bir şeyimizin eksik olduğunu fark ederiz. Dört psikolojik temel ihtiyaçlar şunlardır:

- *Bağlanma* İhtiyacı
- *Otonomi ve Kontrol* İhtiyacı
- *Haz Tatmini ya da Keyifsizliği Önleme* İhtiyacı
- *Özdeğerini Yükseltme ya da Kabul Görme* İhtiyacı

Aklıma bir ya da daha fazla temel ihtiyacın yaralanmasına bağlanmayan hiçbir psikolojik sorun gelmiyor. Michael'in Sabine sosisi unuttu diye bu kadar sinirlenmesinin sebebi, özdeğerini yükseltme ve kabul görme ihtiyacı karşılanmadığı için hayal kırıklığına uğramış olmasıdır. Bunun yanı sıra haz tatmini ve kontrol ihtiyacı da aynı şekilde karşılanmamış oldu. Stres, üzüntü, öfke ya da korku hissettiğimiz her defasında temel ihtiyaçlarımız devrededir. Genellikle bu ihtiyaçlarımızın yalnızca bir tanesi değil, aynı anda birçoğu hatta hiçbiri karşılanmayabilir. Örneğin, aşk acısı çekmemiz, bağlanma ihtiyacımız gibi kontrol ihtiyacımızın (âşık olduğumuz kişiyi etkileyemediğimiz için) ve haz tatmini ihtiyacımızın karşılanmadığı anlamına gelir ve bunun dışında da reddedilmiş olmamızdan dolayı da özdeğerimiz zarar görmüş olur. Olabilecek her alanda hayal kırıklığına uğradığımız için aşk acısı bizi bu denli etkileyebilir ve psikolojik olarak çökertebilir.

İnsan, sorunlarına dört psikolojik temel ihtiyacı gözeterek baktığında, zorluklara yol açan sebepleri daha net ve makul bir şekilde görebilir. Çok karışık görünen sorunlar en küçük etmene kadar indirgenir ve çoğu zaman zorluklara bir çözüm bulunur. Örneğin, Michael özdeğer yükseltme ve kabul görme ihtiyacının, Sabine onun en sevdiği sosisi unuttuğu için karşılanmadığını fark etseydi bir adım önde olurdu, yani uyaran (unutulan sosis) ve tepki (öfke) arasındaki bulanık nokta aydınlatılabilirdi. Michael, kabul görme ihtiyacı zarar gördüğü için bu kadar öfkelendiğini anlayabilirdi. Hatta sırf bu farkındalık, onu özdeğerinin *gerçekten* Sabine'nin unutkanlığından dolayı mı yaralandığı sorusuna yaklaştırabileceğinden psikolojik kalıptan uzaklaşmasını sağlayabilirdi. Cevap muhtemelen "hayır" olurdu. Bunu kavradığı için de bir dahaki sefere vereceği tepki daha sakin olabilirdi. Hassasiyetinin *asıl* sebebinin ne olduğunu da büyük ihtimalle kendine sorardı. Bu soru da onu, yine kendisinin ve ihtiyaçlarının karşılanmadığı hissini en erken çocukluktan beri tanıdığını idrak etmesine götürürdü. Bununla beraber annesiyle ilgili bazı durumlar aklına gelirdi ve meselenin aslında Sabine değil, annesiyle olan ilişkisi olduğunu görebilirdi. Böylece kendine ve sorunlarının çözümüne doğru büyük bir adım atmış olurdu.

Psikolojik Dört Temel İhtiyaç

Michael'in, daha doğrusu senin eski kalıpları nasıl çözebileceğini anlatmadan önce dört psikolojik temel ihtiyaca daha detaylı değinmek istiyorum. Okumaya devam ederken gölge ve güneş çocuğunun bu psikolojik temel ihtiyaçlar açısından nasıl etkilendiğini anlamak için bir hissetme yetisi geliştirmeye çalış.

Bağlanma İhtiyacı

Bağlanma ihtiyacı doğumdan ölüme kadar bize eşlik eder. Daha önce bahsedildiği üzere bir bebek, bağlanma olmadan hayatta kalamaz. Bedensel temastan mahrum kaldıklarından çok küçük çocuklar ölebilirler. Ama bedensel temasın ötesinde de bağlanma, aidiyet ve beraberlik isteği de ruhsal ihtiyaçlarımız arasındadır. Bağlanma ihtiyacı sadece aşk ve aile ilişkilerimizde değil, birçok durumda önemli bir rol oynar. Böylece bağlanma ihtiyacımız arkadaşlarla buluştuğumuz, sohbet ettiğimiz, molalarımızı iş arkadaşlarımızla geçirdiğimiz, halka açık gösterimlere katıldığımız ya da bir mektup yazdığımız gibi durumlarla karşılanabilir.

Çocuğun bağlanma ihtiyacı anne babanın *ihmali*, *reddetmesi* ve/veya *kötü muamelesi* yüzünden zarar görebilir. İhmalin değişkenlik oranı elbette büyüktür. Basit durumlarda, aslında sevgi dolu anne babalar dış etkenlerden dolayı stresli ve aşırı yoruldukları için çocuklar kendilerini ihmal edilmiş hissedebilirler. Örneğin, bir çiftin dört çocuğunun olduğu ve parasının da az olduğu bir durumdaki gibi. Zor durumlarda çocuklar psikolojik olarak rahatsız anne babaları ya da onların bakımıyla yükümlü kişiler tarafından ruhen ve/veya bedensel kötü muamele görürler.

Bir çocuğun bağlanma ihtiyacı karşılanmadığı takdirde psikolojik gelişimine değişik etkileri olabilir. Burada çocukluktaki ihmalin boyutu elbette önemli bir rol oynar. Fakat bunda çocuğun psikolojik karakteri de bir rol oynamaktadır. Bu faktörlerin birlikte çalışması özdeğer duygusunun hafif mi etkileneceğini, yoksa ağır bir psikolojik rahatsızlığın mı gelişeceğine karar verir. Çoğu durumdaysa çocuğun bağlanma yeteneği zedelenmiştir, daha doğrusu ya yetişkin olduğunda yakın bağlanmalardan kaçınır, hatta bunları sürekli bozar ya da kenetlenmeli bir bağlanma davranışı geliştirir ve böylece kendisini bir partnere ya da başka insana bağımlı hale getirir.

Otonomi ve Kontrol İhtiyacı

Bağlanma ihtiyacının yanı sıra çocukların –tıpkı yetişkinler gibi– *özerk* ya da *otonom* olma ihtiyaçları da vardır. Küçük çocuk için bu sadece ona birinin sarılması ve karnının doyurulması değil, çevresini araştırmak ve keşfetmek anlamına gelir. Doğuştan gelen merak dürtüsüne sahiptir. Çocuklar yetenekleri el verdikçe tek başlarına hareket etmeye büyük özen gösterirler. Bir şeyi anne babalarının yardımı olamadan halledebildiklerinde bununla çok gurur duyarlar. Küçük çocuklar o yüzden anne babaları yardıma koştuğunda "ben yaparım" diye ısrar ederler. Gelişimimizin tamamı anne babalarımızdan bağımsız ve kendi ayaklarımızın üstünde durmamız üzerine kuruludur.

Özerklik kontrol demektir ve kontrol de güvenlik anlamına gelir. "Kontrol manyağından" söz edildiğinde, içinizin en derinliklerinde (gölge çocuğun özelliklerinden dolayı) kendini güvende hissetmediği için güvenliği çok önemseyen bir insanın davranışı ifade edilmektedir. Güvenlik arzusunun yanı sıra *güç* arzusu da bir bakıma özerlik ihtiyacıyla birlikte anılır. Doğuştan itibaren çevremize belli bir şekilde etki etmeye, çaresizliğimizi ve acizliğimizi önlemeye çalışırız. Hangi araçlarla etki edeceğimiz, gelişim sürecimiz boyunca değişir. Başlangıçta sadece bağırarak, daha sonra da karmaşık dil ve eylemler aracılığıyla dikkatleri üzerimize çekebiliriz.

Çocukların kendini özerk olarak geliştirme ihtiyaçları, anne babaları tarafından engellenip zarar görebilir. Çocuğa çok fazla kural ve dar sınırlar koyan, aşırı koruyucu davranan ve kontrol eden anne babalar, çocuğun özerklik gelişimini olumsuz etkilerler. Çocuk, anne babasının bu ürkekliğini ve aşırı kontrolünü gelişiminde içselleştirecektir. Yeteneklerinden şüphe ettiği için belki de bu çocuk hayatının devamında kendi kendisini hep sınırlandıracaktır.

İyi niyetle çocuğun önünden engelleri kaldıran anne babalar da çocuklarını aynı şekilde olumsuz etkilerler. Söz konusu çocuklar kendilerini yetişkin olduklarında bile bağımsız olamayan ve sorumluluğu onlar için üstlenen birine bağımlı olarak bulurlar. Ya da anne babasının yetiştirme tarzına radikal bir şekilde sırt çevirerek bağımsız ve özgür kalmak ve mümkün mertebe çok söz sahibi olabilmek için neredeyse abartılı bir güdü geliştirirler.

Ara Söz: Otonomi-Bağımlılık Çatışması

Bir yanda bağlanma diğer yanda da otonomi ve bağımsızlık ihtiyacının olduğu içsel dengeyi kurmak her insanın kendi başına çözmesi gereken bir zorluktur. Bilimsel literatürde özerklik-bağımlılık çatışması olarak adlandırılan bu durum, tabiri caizse insani bir temel çatışma anlamına gelir. "Bağımlılık" kelimesini burada "bağlanma"nın eşanlamlısı olarak kabul edebilirsin. Burada kastedilen, çocuğun anne babasının sevgi dolu ilgisi ve bakımına bağımlılığıdır. Ancak bu bakım, daha evvel belirtildiği üzere, en az bir kişi çocukla bir bağ kurduğunda gerçekleşebilir. Çoğu durumda bu, ya anne ya baba ya da her ikisi tarafından sağlanır. Anne babalar çocuğun fiziksel ve ruhsal ihtiyaçlarını hassasça ve sevgiyle karşıladıklarında, beyninde "bağımlılık"la ilgili sadece olumsuz değil, aynı zamanda emniyet durumunu da ifade eden bağlantılar oluşur. Bağlanma, böylece çocuğun beynine "güvenli" ve "güven verici" olarak kaydedilir. Bundan dolayı terminolojide, çocuğun kendine bakan kişiyle arasında *güvenli bir bağlanma geliştirdiğinden* söz edilir. Bunun tersiyse *güvensiz bir bağlanma*dır, bu da çocuğun kendine bakan kişiyi sorumsuz olarak algılaması durumunda oluşur. Güvenli bağları olan kişilerin güneş çocukları kendilerine ve başka insanlara daha kolay güvenebilirken güvensiz bağları olan insanların gölge çocuğu daha derin güven hasarları gösterir.

En ideal durumda anne babalar hem bağlanma ve bağımlılık hem de özgür gelişme ve bağımsızlık gibi çocukluk ihtiyaçlarını karşılarlar. Bu şekilde yetişen çocuklar "temel güven", yani hem kendi kişiliği hem insanlar arasındaki bağlanmalardaki güvenebilirlikle alakalı olan derin bir güvenlik duygusu kazanırlar. Fakat temel güven, sonraki gelişim yıllarında şiddet ve istismar gibi travmatik olaylarla çok fazla sarsılabilir. Buna rağmen temel güven birçok durumda varolmayı sürdürür ve ömür boyu güç kaynağı olarak hizmet eder. Temel güveni olan insanlar, temel güveni edinemeyenlere kıyasla hayatta daha fazla kolaylığa sahip olurlar ve kendilerini sıklıkla güneş çocuk modunda bulunurlar. Ancak şüphesiz ilerleyen yaşlarda da güneş çocuk bir hayli geliştirilebilir. Bunun nasıl yapıldığını kitabın devamında anlatacağım.

Bir çocuk ya bağlanma ihtiyacında ve/veya bağımsızlık gelişiminde hayal kırıklığına uğrarsa, kendisine ve başkalarına güvenmekte sorun yaşayacak ve bu güvensizliği telafi etmek için bilinçsizce bir çözüm, daha doğrusu bir koruma stratejisi arayacaktır. Kendini koruma, kişinin kendisini ya özerklik ya da bağımlılık tarafına (bilinçsizce) atmasıyla oluşur. İçsel denge, özerkliğin lehinde bozulmuşsa bu, insanın özgür ve bağımsız olmaya yönelik ihtiyacı fazla demektir. Sonuç olarak kişinin kendisi –daha doğrusu içindeki gölge çocuk– (çok) yakın insani bağlanmalardan kaçınır. Gölge çocuk başka insanlara (gerçekten) güvenemeyeceğine emin olur. Buradan anlaşıldığı üzere güvenlik kavramı, böyle insanlar için bağımsızlıklarını ve kişisel özerkliklerini korumayı ifade eder. Psikolojik ve mantıksal açıdan bu insanlar birine bağlanmada, yani duygusal ilişkilerde güven sorunu yaşarlar. Bu durum onların bağlanma korkuları olduğu anlamına gelir ve bu da ya hiç ilişkiye başlamamalarını ya da partnerlerini tam anlamıyla kendilerine yaklaştırmadıklarını, daha doğrusu yakınlık anlarının ardından mutlaka mesafe koyduklarına işaret eder.

Bir insanın içsel dengesi, bağımlılığın lehinde bozulmuşsa o zaman o kişinin insani bağlanmalar kurma ihtiyacı yüksek olur. Kişi partnerine kenetlenir ve içindeki gölge çocuk, partneri olmadan yaşayamayacağını düşünmesine neden olur. Bu türden kişilerin aslında kendi ayaklarının üstünde duramayabileceklerine dair belli belirsiz korkuları vardır.

Haz Tatmini İhtiyacı

Çocukların –hatta yetişkinlerin de– temel ihtiyaçlarından biri haz tatmini ihtiyacıdır. Haz çok farklı algı kanallarından hissedilebilir; örneğin, yemek yerken, spor yaparken ya da güzel bir film izlerken. Haz ve isteksizlik, duygularımızla yakın bir ilişki içindedir ve motivasyon sistemimizin temel bileşenlerindendir. Basitçe ifade etmek gerekirse, sürekli haz yaşamak ve isteksizliği önlemek için uğraşarak bir şekilde ihtiyaçlarımızı tatmin etmeye çalışırız.

İnsan hayatta kalabilmek için haz ve isteksizlik hislerini düzenlemeyi öğrenmelidir. Bu da *ödül erteleme*, *dürtü feragati* ve *engellenme toleransı*na yönelik bir yetenek edinmesi gerektiği anlamına gelir. Çocuk yetiştirmenin önemli bir kısmı, çocuğa haz ve isteksizlik duygularını doğru bir şekilde yönetebilmeyi öğretmektir.

Bazı anne babalar, çocuğun haz duygusunu çok katı bir şekilde sınırlandırır, bazıları da çocuğu çok fazla şımartır. Bebeklik ve çocukluk zamanlarında çocuksu haz ile çocukluk bağlanma ihtiyacı arasında yakın bir ilişki vardır. Yani bebeğin duyguları, sadece haz ve isteksizlik duygularına göre sınıflanmaktadır: açlık, susuzluk, sıcak, soğuk, acı. Çocuğa bakan kişinin görevi, onun ihtiyaçlarını karşılayarak isteksizlik duygularını ortadan kaldırmaktır, bu sayede de haz duygularının oluşumuna katkıda bulunmuş olur. Bakım görevini üstelenen kişi bunu yeterince gerçekleştirmezse, çocuğun bağlanma ihtiyacı da doyumsal yoksunluk yaşar.

Gelişimin devamında da çocuğun özerklik ihtiyacı ile haz duygusu arasında yakın bir bağlantı görülür. Eğer anne yemekten önce ona şeker yemeyi yasaklıyorsa o an yalnızca haz duygusu değil, aynı şekilde özerklik ihtiyacı da doyumsal yoksunluk yaşar.

Eğer çocuğun haz ihtiyacına ve bununla birlikte özerklik ihtiyacına da çok müdahale edilirse bu yetişkin kişinin, başka bir deyişle onun gölge çocuğunun –anne babaların yetiştirme yöntemine uygun biçimde– zevk karşıtı normlar ve takıntılı davranışlar geliştirmesine yol açabilir. Ya da –anne babasından uzaklaşmak için– haz duygularına disiplinsiz ve ölçüsüzce boyun eğer. Bir çocuk çok şımartıldığı takdirde, yetişkinliğinde arzularını frenlemekte zorlanacaktır.

Haz tatmini ile dürtülerden feragat arasında iyi bir denge kurmak çoğu insanın, içimizdeki çocuğun özelliklerinden bağımsız olarak, her gün verdiği bir mücadeledir. Her yerde pusuda bekleyen baştan çıkarıcı şeyler irade gücümüzü aşırı derecede zorlar. Yalnızca süpermarkette alışveriş yapmak bile dürtülerimizi bastırabilmek için güçlü yetenekler gerektirir. Bunun yanı sıra irade gücümüz yalnızca haz feragatinden dolayı değil, isteksizliğin üstesinden gelmeden dolayı da zorlanır. Bu şekilde her gün aslında canımızın istemediği birçok şeyi yapmak zorundayız. Çoğu insanda bu, sabah kalkmadan başlar ve akşam dişlerini fırçalamaya kadar devam eder. Bizi sürekli buzdolabına, internete ya da meyhaneye yönlendirmek isteyen dürtüleri bastırmak zorundayız. Başarılı bir hayat için disiplin, en önemli koşullardan biridir ve sonsuz seçeneklerin ve bolluğun olduğu bu zamanlarda son derece yıpranır.

İdare gücü ve disiplin ya da haz ve duygusal zevk konularına "Bağımlılığa Karşı Hazine Stratejileri" ve "Eylemsizliğin Üstesinden Gel!" başlıkları altında daha detaylı değineceğim.

Özdeğerini Yükseltme ve Takdir Edilme İhtiyacı

Takdir edilmeye yönelik doğuştan gelen bir ihtiyacımız vardır. Biri bizi tanımadan bir bağ da oluşamayacağı için bu ihtiyaç da bağlanma ihtiyacımızla yakın ilişki içindedir. Bir insana karşı duyulan bağlanma duygusu, sevgi ve takdir edilmenin bir şeklidir ve bundan dolayı bunlar varoluşsal ihtiyaçlardır. Takdir edilmek için çaba göstermemiz başka durumlarla da ilişkilidir: Bebeklikte anne babalarımızın davranışlarından sevilip sevilmediğimizi ya da hoş karşılanıp karşılanmadığımızı öğreniriz. Amerikalı ünlü cinsellik araştırmacısı David Schnarch, bunu *yansıtmalı özdeğer algısı* olarak tanımlar. Bununla çocuğa, ona bakan kişi tarafından bir şeyin "iyi" olup olmadığının yansıtılması kastedilmektedir. Anne çocuğuna gülümsediğinde, sanki çocuğun karşısına bir ayna konmuş gibi olur ve bu ayna ona, annesinin onun varlığına sevinmesini gösteriyormuş gibi gelir. Çocuk, ona bakan kişinin davranışlarından hareketle özdeğer duygusunu geliştirir. Özdeğerimizi başkalarının aynasıyla öğrenmeye koordine olduğumuz için, yetişkinlikte de başka insanlar tarafından takdir edilmeye ihtiyaç duyarız. Söz konusu durum bu konuda eksiklikleri olanlar için değil, çocukluğunda fazla onay almış kişiler için geçerlidir.

Buna karşın özdeğer duygumuzun hangi ölçüde diğer insanların onayına ihtiyaç duyduğumuza bir etkisi vardır. İstikrarsız özdeğer duygusu olan, yani sıklıkla gölge çocuklarıyla özdeşleşen kişiler, güneş çocukları iyi gelişmiş kendinden emin kişilere kıyasla daha çok dışarıdan gelen onaylara bağlıdırlar.

Özdeğer duygusu psikolojimizin, tabiri caizse merkez üssüdür; psikolojik kaynaklar oradan beslenir fakat özdeğer hasarlı olduğunda bazı sorunlar da aynı şekilde oradan gücünü alır. Öğrendiğimiz üzere özdeğer duygumuzun hasarlı kısımlarını gölge çocuğa, sağlam olanları da güneş çocuğa atfediyoruz.

Bu kitabın özü güneş çocuğu nasıl güçlendirebileceğin ve gölge çocuğu nasıl teselli edebileceğindir.

Büyümekte olan çocukta dört ihtiyaç seviyesinin hepsinde hem olumsuz hem de olumlu özellikler oluşabilir – yani gölge çocuk ya da güneş çocuk. Okurken büyük ihtimalle anne babanın güçlü ve zayıf yanlarının ne olduğunu düşündün. Ben de sana kendi bireysel karakterini nasıl bulabileceğini detaylıca göstereceğim. Ancak bunun öncesinde "yetişkin-ben"ine çocukluk izlerimizin, dogmalara ve korunma stratejilerine nasıl dönüştüğüne dair bilgiler vermek istiyorum.

Çocukluğumuzun, Davranışlarımızı Nasıl Etkilediği

Çocuklar anne babaları tarafından temel ihtiyaçları konusunda çok az dikkate alınıyorsa ve kendilerine anlayış gösterilmiyorsa, dikkate alınmak ve anlayış görmek için birçok şey yapacaklardır. Çocuklar anne babalarının gözüne girmek için neredeyse her şeyi yaparlar. Anne baba sınırlı sevebiliyor veya çocuğun duygu ve isteklerine empati kurmakta zorlanıyorsa, bu sefer çocuk anne babasıyla ilişkisinin başarılı olması için sorumluluğu kendisi üstlenir.

Anne babalar çok katı olduklarında, çocuklarından söz dinlemelerini ve uslu olmalarını beklediklerinde çocuk, anne babası ondan memnun olsun diye ya da en azından cezalandırılmamak için anne babasının söylediği şeyleri yerine getirebilmek adına çok çabalayacaktır. Bu uyumu gerçekleştirebilmek için çocuk, anne babasının görüşüne ters olan bütün istek ve duygularını bastırmak zorundadır, dolayısıyla bu şekilde öfke duygusunun nasıl uygun bir şekilde idare edileceğini öğrenemez. Otoritemizi kanıtlayabilmemiz ve sınırlarımızı savunabilmemiz için öfke, hayat hikâyemiz açısından büyük bir anlama sahiptir. Çocuğun otoritesini kanıtlaması, sürekli anne babasının üstün gücü tarafından zarar gördüğü takdirde çocuk bir gün öfkesini bastırmanın daha mantıklı olduğunu öğrenir ve bu duyguyla nasıl doğru yönetebileceğini ve bununla birlikte otoritesini nasıl uygun biçimde kanıtlayacağını öğrenemez. "Kendimi savunamam!", "Sinirli olamam!", "Uyum sağlamam gerek", "Kendi irademolamaz" gibi dogmalar geliştirecektir. Fakat daha sonra, genelde ergenlikte, bir karşıt program geliştirdiğinde ve anne babasının beklentileri ile uyum baskısına karşı gelse de uyumda olduğu gibi karşıtlık durumunda özgür olmadığından, anne babasının belirlemelerinde mahsur kalır. Bu ergenlerin ve yetişkinlerin gölge çocukları tecrübeleriyle belirlenmiş ve anne babaları tarafından domine edilmiştir. Bu şekillenmelerin açısından baktığında bu kişi, diğerlerini dominant ve kendinden güçlü olarak algılayacaktır ve bunun üzerine ya uyum sağlayarak ya da karşı gelerek tepki verecektir. Söz konusu kişi ancak gölge çocuğuyla tanıştığında ve içindeki derin şekillenmeleri ve dogmalarını kaldırdığında, içsel olarak birlikte yaşadığı insanlarla aynı göz hizasında kendisini hissedecektir.

Annem Beni Anlıyor!
Anne Babasal Duyarlılık

Çocuklarının ihtiyaçlarına çok fazla duyarlılık göstermeyen anne babalar, onların duygu ve ihtiyaçlarını doğru algılamakta zorluk çekerler. Bundan dolayı çocuklar aslında doğru hissetmelerine rağmen "Hissettiklerim ve düşündüklerim yanlış" şeklinde deneyimler yaşarlar. Empati kurabilmek için kendi duygularına erişim bir önkoşuldur ve çocuklarının yerine kendini koyamayan anne babaların aslında kendi duygularına erişimleri kısıtlıdır. Örneğin, çocuk, arkadaşları onunla oynamak istemediği için üzgünse, annenin bu durumda kendi üzüntü duygusuna erişimi olması gereklidir yoksa çocuğunun durumunu anlamak için onunla empati kuramaz. Kendi üzüntü duygularını kenara iterek ve görmezden gelerek duygularını yönetiyorsa, çocuğun üzüntüsü durumunda da aynısını yapacaktır. Çaresizlikten belki kaba bir yorum yapacak ve çocuğuna bu şekilde davranmaması gerektiğini, arkadaşının zaten aptal olduğunu söyleyecektir. Bu yüzden çocuk böyle bir üzüntü hissetmesinin doğru olmadığını ve kendisine yanlış arkadaşlar seçtiğini öğrenir. Fakat annesi (ya da bakımı üstlenen kişi) üzüntü duygularını iyi idare edebilen biriyse, çocuğun üzülmesinde bir sorun görmeyip bunun üstüne gidebilirdi. Örneğin, o zaman, "Jonas bugün seninle oynamak istemediği için neden çok üzgün olduğunu anlayabiliyorum," derdi ve çocukla birlikte Jonas'ın bu davranışının nedenlerini açıklamaya çalışıp onun da bu duruma bir katkısı olup olmadığını ona gösterebilirdi. Bu şekilde çocuk hissettiği duygulara, bu durumda üzüntüye, ne ad verildiğini ve anlayışa ihtiyacı olduğunda yalnız bırakılmadığını öğrenir. Bununla birlikte de sorunlarına bir çözüm bulabileceğini de öğrenir.

Anne babasının empatiyle yaklaşmaları sayesinde çocuk duygularını ayırt etmeyi ve adlandırmayı keşfeder. Anne babası çocuğun yaşadığı duyguların normal olduğunu ifade ettiklerinde çocuk bu duygularla başa çıkmayı ve onları doğru bir şekilde düzenlemeyi öğrenir.

Bu yüzden anne babaların duyarlılığı çocuk yetiştirme yeterliliği için en önemli kriterdir. Tabiri caizse iyi ya da kötü özelliklerimizi aldığımız araçtır.

Genetikten Karaktere: İçimizdeki Çocuğu Etkileyen Diğer Faktörler

1960'lı yıllarda psikolojide ve pedagojide çocuğun aslında "*tabula rasa*", yani "boş bir levha" olarak dünyaya geldiği görüşü savunuluyordu. Dönemin araştırmacıları bir insanın karakter ve gelişme sürecinin tamamen çevre ve yetiştirme etkenlerine bağlı olduğundan emindiler. Bu doktrin, son birkaç yılın nörobiyolojik ve genetik araştırmaları tarafından temelden değişmiştir. Günümüzde genlerin insanın karakter özellikleri ve zekâsını da belirlediği bilinmektedir. Bu durumu aydınlatmak için genetik mizacın belirlediği kişilik özelliği olan içedönüklüğe ve dışadönüklüğe değinmek istiyorum.

Bu karakter özellikleri birçok özellikle ilişkilidir: Buna göre içedönük olan kişiler yalnızken enerji toplarlar, diğerleriyle olan temaslarda dışadönük olanlara göre daha çabuk yorulurlar ve buna çok da ihtiyaç duymazlar. Kendilerine bir soru sorulduğu zaman bir cevap bulmak için önce kendi içlerine dönerler ve daha sonra konuşurlar. Dışadönük kişilerse konuşurken düşünebilir ve bundan dolayı da bazen –hem iyi hem kötü anlamda– ağızlarından çıkanlara kendileri bile şaşırır. Dostane ortamlardayken enerji toplarlar ve yalnız kalmayı pek sevmezler. Dışadönük kişiler, içedönük kişilere kıyasla uyarılmış hissetmek ve dikkatleri çekmek için daha fazla dış etken verilerine ihtiyaç duyarlar. Buna karşın dışarıdan gelen uyarılara içedönükler kişiler daha hassas tepki verir ve dışadönük kişilere kıyasla kendilerini daha hızlı bir şekilde aşırı uyarılmış, yani duyusal olarak yüklenmiş hissederler.

Farklı temas ihtiyaçları nedeniyle içedönük ve dışadönük kişiler, iş seçimi konusunda etkili olabilen çalışma tarzlarında da farklılık gösterirler. İçedönük kişilerin genel olarak dikkat dağıtmayan ve işlerine (saatlerce ve günlerce) gömülebilecekleri daha sakin iş yerlerini tercih ettikleri söylenebilir. Dışadönük kişilerse dış dünyayla teması severler; ya temas ihtiyacını kendiliğinden karşılayan meslekler seçerler ya da bir sürelik konsantrasyon döneminin ardından enerji toplayabilmek için, çevrimiçi olarak veya dış dünyada insan temasına ihtiyaç duyarlar.

Dışadönük yapısı olan bir kişi, içedönük olan birine nispetle, nasıl yetiştirildiğine ve gölge ya da güneş çocuğunun hangi özellikleri taşıdığından bağımsız olarak, kendisini çok daha çabuk yalnız hisseder ve yalnız olduğunda canı sıkılır.

Hassasiyet ve korku eğilimimiz de genlerimizde yer alır ve özdeğerimizin nasıl gelişeceğini belirler. Bazı çocuklar diğerlerine göre daha dayanıklı bir tabiatla dünyaya gelir. Araştırmalara göre "yaralanmaz çocuklar" olarak adlandırılan %10'luk kesim vardır ve böyle çocuklar oldukça zor bir çocukluktan hemen hemen yarasız ve olabildiğince güçlü bir özdeğer duygusuyla çıkarlar.

Bir çocuğun çocukluğundan alacağı, çocuğun ve anne babasının niteliklerinin dinamiğine de bağlıdır. Psikologlar burada "anne baba-çocuk uyumu"ndan söz eder. Örneğin, doğuştan gelen yüksek hassasiyete sahip bir çocuk, az duyarlılığı olan bir anneye sahip olursa bu anne, söz konusu karakterde bir çocuğa vurdumduymaz karakter özelliğiyle dünyaya gelen bir çocuğa vereceğinden daha çok zarar verebilir. Aynı şekilde sürekli bağıran ya da hiperaktif olan çocukların anne babası, "bakımı kolay olan çocukların" anne babasından duygusal ve pedagojik olarak uygun şekilde davranmakta daha çok zorlanırlar.

Hiperaktiviteye yatkınlığı olan çocuklar fazla enerjilerini kontrol etmekte büyük zorluk yaşarlar, bu da etraflarındaki insanları çok öfkelendirir. Bundan dolayı başka çocuklar ve öğretmenlerden sıkça, "Normal değilsin!" mesajını alırlar. Böylece bu çocukların çoğu sevgi dolu anne babaya sahip olsa da düşük özdeğer duygusu geliştirirler. Elbette çocuğun gelişimini etkileyen bağlanma kişileri sadece anne baba değil, sınıf arkadaşları, öğretmenler ve büyükanne ile büyükbaba da olabilir.

Yani çocukluğumuzdan yetişkinliğe taşıdığımız izler sadece anne babamızın çocuk yetiştirme tarzına değil, birçok faktörün etkileşimine bağlıdır. Hal böyle olsa da anne babalar temel taşları yerleştirir. Çünkü çocuk, evdeki koşullardan dolayı ne kadar istikrarlı değilse başka bağlanma kişileri tarafından incitilmeye de o kadar müsaittir. Örneğin, sınıf arkadaşları tarafından dalga geçilen bir çocuk, şefkatli ve anlayışlı bir anne babaya sahipse duygularına az anlayış gösteren anne babası olan bir çocuğa kıyasla bahsettiğim diğer bağlanma kişilerinden daha az etkileneceklerdir.

Gölge Çocuk ve Dogmaları

Bugün hayatımızdaki sorunları çözmek istiyorsak, o zaman *asıl* sorunumuzun daha derin bir düzeyde ne olduğunu anlamamız gerekir. Bunun için zayıf noktalarımızı, yani *tetikleyicilerimizi* bulabilmek için içimizdeki gölge çocuğun söz alması önemlidir. İnsanların çoğu, karakterlerinin bu kısmıyla iletişime geçmek istemez. İçlerindeki yaralar ve korkuları hissetmek istemezler. Bu doğal bir koruma mekanizması ve anlaşılabilir bir istektir. Kim kendini üzgün, korku dolu, değersiz ya da çaresiz hissetmeyi sever ki? Hepimiz bu duygulardan olabildiğince kaçmak ve sadece mutluluk, sevinç ve aşk gibi duyguları yanımıza almakla ilgileniriz. Bu yüzden birçok insan içindeki yaraları bastırır; başka bir deyişle, söz almak isteyen gölge çocuklarını bir kenara iterler. Buradaki sorunsa gölge çocuğun gerçek hayattaki çocuklarla benzer karakteristik özellikler göstermesidir: kendisine ne kadar az dikkat gösterirseniz, o kadar çok dikkat çekmeye çalışır. Bir çocuğun isteklerine kulak verilirse, çocuk memnun bir şekilde tekrar geri çekilir ve bir süre boyunca yine tek başına oynar.

Gölge çocuğumuzda da durum benzerdir. Korkusu, utancı veya öfkesi hiçbir zaman gerçekten söz alamıyorsa, bilinçaltında etki etmeye devam eder; yetişkin-ben bunu fark etmeden sorun yaratır. Sonra da Michael'in sıkça yaşadığı olay gerçekleşir: Nahoş ve bastırılmış gölge çocuk, zaman zaman var gücüyle ortaya çıkar ve öfkesini küçük performanslarla boşaltır.

Terminolojik olarak ve danışman literatüründe "içimizdeki çocuğun" kişilik bileşenlerine çoğunlukla duygular atfedilir. Bense içimizdeki çocuğun (gölge ve güneş çocuk kısımlarıyla birlikte) aslında başta duygular için yol gösterici nitelikteki içsel dogmalarıyla da nitelendirildiğini düşünüyorum. Daha önce açıkladığım üzere dogmayla ifade edilmek istenen, özdeğerimiz ve başka insanlarla ilişkilerimiz hakkında bilgi veren, kökleri derine uzanan bir anlayıştır. Örneğin, eğer çocuk, anne babası tarafından sevildiğini ve kabul edildiğini hissediyorsa, o zaman içindeki güneş çocuğu güçlendiren "Ben hoş karşılanıyorum", "Seviliyorum" ve "Ben önemliyim" gibi dogmalar geliştirir. Fakat anne babalar soğuk ve reddedici olduğunda, çocuğun içinde "Ben hoş karşılanmıyorum", "Yük oluyorum" ve "İhmal ediliyorum" gibi dogmalar gelişebilir. Dogmalar çocuklukta oluşmasına rağmen bilinçaltımızın çok derinine yerleşir. Böylece farkında olmadan psikolojik program olarak yetişkin yaşımızda da üstlenilirler. Nasıl algıladığımız, hissettiğimiz, düşünüp ve hareket ettiğimiz konusunda önemli etkileri olur.

Dogmaların tesir etme şeklini yine Michael ve Sabine örneği üzerinden açıklayayım: Daha önce belirtildiği gibi, Michael'in isteklerine ve karakterine pek aldırış etmeyen bir annesi vardı. Michael'in iki küçük kardeşi daha var ve anne babası birlikte bir fırın işletirdi. Annesi her çocuğa ihtiyacı olan ilgiyi göstereyim derken kendisini oldukça stres altına sokmuştu ve çok fazla yük üstlenmişti. Babası da annenin bu eksikliğini gideremiyordu, sürekli çalışıyordu. Anne babasının sürekli duygusal ve fiziksel yokluğundan dolayı sıkça bağlanma ihtiyacı ve özdeğer yükseltme ihtiyacı zarar görüyordu. Bundan dolayı, "İhmal ediliyorum" ve "Ben önemli değilim" gibi dogmalar geliştirdi. Bu dogmaları bugün bile o farkında olmadan algısını şekillendiriyor. Ne zaman başkaları tarafından görülmediğini hissederse içindeki gölge çocuk hemen "İşte yine oluyor. İhmal ediliyorum!" diye bağırıyor. Sabine kendisini ve isteklerini –güya– fazla dikkate almadığında Michael'in o kadar öfkelenmesinin asıl sebebi bu dogmalardır.

Sabine'ninse aslında onunla çok ilgilenen fakat çok yüksek performans idealleri olan anne babası var. Anne babası neyin doğru, neyin yanlış olduğuna dair çok dar sınırlar koymuştur. Sabine çok sık anne babasının istediği şekilde davranamadığını hissediyordu. Çünkü onu övdüklerinden daha fazla eleştiriyorlardı. Takdir edilme ve özdeğer, aynı şekilde özerklik ve özgür gelişim ihtiyaçları da böylece anne babası tarafından sıkça kırılmıştır. Bu yüzden Sabine'nin gölge çocuğu "Ben yeterli değilim" ve "Sana uyum sağlamam lazım" gibi dogmalar taşıyor. Şimdi Sabine ve Michael'in gölge çocuklarının nasıl birbiriyle etkileştiklerini daha kolay canlandırabiliriz. Michael'in –daha doğrusu gölge çocuğunun– Sabine'nin ufak unutkanlıklarına karşı gösterdiği hırçınlığı ve ölçüsüz eleştirisi gölge çocuğunu derinden etkiliyor; kendisini küçük, değersiz ve kısıtlanmış hissediyor. Sabine'nin gölge çocuğu da öfke, ağlama ve karşı ithamlarla tepki veriyor ve bu yüzden aralarındaki kavgalar çabuk kontrolden çıkıyor.

Dogmalarımız deyim yerindeyse *psikolojik işletim sistemimizdir*. Kulağa ne kadar kolay ve basit gelse de üzerimizde, yani hem güneş hem de gölge çocuk modunda da büyük bir güce –iyi ve kötü anlamda– sahiptirler. *Dogmalar, onlar aracılığıyla gerçekliği görmemizi sağlayan gözlüklerdir.* Bu yüzden onlarla ilgilenmemiz çok önemlidir.

Şımartılmış Gölge Çocuk

Olumsuz dogmalar yalnız sadece yoksunluk, ihmal ya da aşırı korumadan ortaya çıkmaz. Çocuklarına çok fazla izin veren ve şımartan anne babalar, çocuklarında her şeyin onların iradesine göre ilerlemesi gerektiğini ve bunun için neredeyse hiç çaba göstermelerine gerek olmadığı inancının yerleşmesine sebebiyet verebilir. Yani kendi anlam ve önemleriyle ilgili küçümseme değil, kendilerini olduklarından büyük görme içeren dogmalar geliştirebilirler. Böyle çocuklar istedikleri şey ne olursa olsun, onu mutlaka alacaklarına dair kesin bir anlayışa sahip olur ve bunun gerçekleşmediği durumlarda oldukça gücenmiş ve sinirli tepki verirler. Çok fazla şımartılan çocuklar "düşük engellenme toleransı" geliştirirler. İsteklerinin biraz engellenmesine bile dayanamazlar. Aslında bazı yoksunluklarla büyüyen çocukların uyum gösterme yaklaşımı çok yüksekken şımartılmış çocuklarınki düşüktür. Böyle çocuklar anne babalarının prensesi, kıymetlisi olduklarından, toplumda kendi yerini bulmayı ve uyum göstermeyi çok öğrenememişlerdir. Dolayısıyla dogmaları şu şekilde olabilir: "Ben çok önemliyim!", "Her zaman hoş karşılanıyorum!", "İstediğim her şeye sahip olabiliyorum!", "Her şey benim!", "Başkalarından daha güçlüyüm!", "En önemli benim!". Bu durum anaokulunda, okulda ya da yetişkinlik evresinde uyum sorunları yaşamalarına ve birlikte yaşadıkları insanları sinirlendirmelerine yol açabilir. Ayrıca öncelikle hayatta her şeyi karşılıksız alamayacaklarını ve kendilerinin de bir şeyler için çaba göstermesi gerektiğini öğrenmelidirler. Bu bazı kişilerde eğitimleri sırasında giderek azalan bir ivme göstermelerine, hatta eğitimlerini yarıda bırakmalarına sebep olur. Çok belirgin olmayan durumlardaysa topluma kolayca katılabilirler ve verimlidirler de fakat kaybettikleri zaman bunu çok zor atlatırlar. Örneğin, aşk ilişkilerinde reddedildiklerinde bu onları çok büyük çaresizliklere sürükleyebilir; istedikleri bir şeyi elde etmemeye alışkın olmadıkları için bu anlaşılabilir bir durumdur.

Kendi Anne Babamızı Eleştirmek mi? O Kadar da Kolay Değil!

Çocukluğumuzu ve anne babamızı incelediğimizde, bazı insanlar kendi sorunları için anne babasını sorumlu tutmamakta direnir. Anne babasına eleştirel gözle bakmaları gerektiğinde hastalarımın sadakat çelişkisine girdiklerini tekrar tekrar görüyorum. Söz konusu durumu yaşayan kişiler anne babalarını severler ve onlara birçok şey için minnettarlardır. Anne babalarının hangi davranışının yerinde olmadığını bana anlatmaları gerektiğinde kendilerini suçlu hissederler. Anne babalarına bir şekilde ihanet ettikleri duygusuna kapılırlar. Bunu yapmadaki amacımın, anne babaların emeklerini tartışma konusu yapmak ve yetişkin hayatımızdaki sorunların sebebi gibi göstermek olmadığını, aileden hangi izleri taşıdığımızı anlamak için derin bir anlayış kazanmanın olduğunu bu noktada vurgulamak isterim. Burada sadece eleştirel olanlar değil, anne babalarımıza borçlu olduğumuz olumlu özellikler de söz konusudur. Bununla beraber anne babalarımızın da kendi anne babaları tarafından şekillendirildiklerini ve böylece kendi anne babalarının çocuk yetiştirme tarzlarının mağdurları olduğunu hep göz önünde bulunduralım. Örneğin, benim anne babam hep çok şefkatliydi. Kesinlikle istenen bir çocuktum ve çocukluğuma dair ağırlıklı olarak daha mutlu anılarım var. Fakat annem zayıf duyguları yaşamaya kendine pek izin vermiyordu. Dokuz kardeşin en büyüğüydü ve o henüz on bir yaşındayken zayıflıklara pek alan tanımayan İkinci Dünya Savaşı başlamış. Tüm olumsuzluklara rağmen bir şekilde sorumluluklarını yerine getirmek zorundaymış. Üzüntü gibi zayıf duygularla başa çıkmak konusunda kendisi iyi olmadığı için, benim üzgün olduğum durumlarda bazen çaresiz kalırdı. Bundan dolayı bende "Güçlü olmalıyım!" ve "Ağlamak ayıptır!" gibi dogmalar oluştu. Yani şefkatli anne babalar da her zaman, her şeyi doğru yapamazlar.

Anne babaların çocuklarına nasıl birer rol model oldukları da önemli bir sorundur. Örneğin, bir kız çocuğunun çok sevecen fakat biraz zayıf karakterli ve sürekli baskın olan babaya uyum sağlayan bir annesi varsa, annesi ile kendini özdeşleştirdiği zaman "Kadınlar güçsüz", "Uyum sağlamak zorundayım", "İtiraz edemem" gibi dogmalar geliştirebilir. Ya da anneden kendini uzaklaştırarak "Kendimi savunmak zorundayım", "Asla boyun eğmemeliyim", "Erkekler tehlikeli" gibi dogmalar kazanır.

Evde hangi norm ve değerlerin savunulduğu da önemli bir rol oynamaktadır. Oldukça şefkatli olan fakat aşırı sıkı cinsel normları olan bir evde, bir çocuk ileride bedeni ve cinselliğiyle doğal bir ilişki kurmakta sorunlar yaşayabileceği yönde şekillenebilir. Yani anne babasına birçok şeyi borçlu olan insanlar bile, bugün kendilerine sorun yaratan birkaç dogma geliştirmiştir.

Bazı insanlarsa anne babalarının gerçekçi bir resmini çizmekte zorlanır. Bu durum çocuğun anne ya da babaya bakışı, ancak onlardan biri tarafından çok fazla manipüle edildiği takdirde farklı olabilir. Bir anne çocuğunun yanında sıkça "kötü baba" hakkında içini dökerse, çocuk babayı annesinin bakış açısından görür. Aile mahkemelerinde uzun yıllar boyunca sürdürdüğüm bilirkişilik görevim sayesinde, bu şekillenmelerin çocukların babalarıyla ilişkilerini bir ömür kötü olacak ya da hiç olmayacak şekilde kalıcı bir şekilde etkileyebileceğini biliyorum.

Bazı insanların neden anne babalarının gerçekçi bir resmini çizmede zorlandığının bir nedeni daha vardır ve bu da çocukların anne babalarını idealize etme eğilimlerinden kaynaklanır. Çocuklar varoluşsal olarak anne babalarına güvenmek ve onları iyi ve doğru şeklinde algılamak zorundadır, yoksa hatalı ya da belki kötü anne babanın ellerinde oldukları için içlerine olağanüstü bir korku yerleşirdi. Bu idealize etme bazı insanlar tarafından yetişkinlik dönemlerine taşınır. Bu da anne babaların güçlü ve zayıf noktalarını da gösteren gerçekçi bir resmini çizmekte bazen zorluk yaratabilir. Yetişkinlikte de onları idealize eden bir bakış açısıyla anne babamı algılarsam, onlarla arama sağlıklı bir şekilde mesafe koyamam. Bunu yapamadığım takdirde bu hayatta kendi yolumu bulmakta zorlanırım. Kendimi tanımak istiyorsam –zira kişisel gelişimimin koşulu budur– kendim ile anne babamın olabildiğince gerçekçi bir tablosunu görebilmem çok önemlidir. Anne babanın gerçekçi bir tablosuna sahip olmak, onlara duyacağımız sevgiye engel teşkil etmez. Elbette anne babamı şu anda ve geçmişte yaptıkları şeyler için sevip onlara değer verebilirim. Bunun için mükemmel ve hatasız olmalarına gerek yok. Aşkta olduğu gibi, hayatta da aynı şey geçerlidir: Sadece mükemmel olanı sevebiliyorsam, o zaman bu gerçek aşk değildir.

Ara Söz: Kalıtsallıktan Kaynaklanan Keyifsizlik

Olumsuz izlerimizle ilgili, hafızamızda derin etkiler bırakmak için olayların biraz bile olumsuz olmasının yeterli olacağını söyleyebilirim. Olumlu yaşanmışlıklar durumundaysa maalesef aynısı söz konusu değildir çünkü genetik olarak, iyiden ziyade kötü haberlere dikkat etmeye ve bunları uzun süreli hatırlamaya yatkınız. Bunun sebebi hayatta kalmak için yolunda olana değil, tehlikelere dikkat etmenin daha önemli olmasıdır. Örneğin, bir taş devri ailesi eğlenceli bir oyun oynayarak zaman geçirdiği sırada aniden bir kılıç dişli kaplan ortaya çıkarsa, oyuna bağlı olan olumlu duyguların hemen korkunun lehine değişebilmesi beyin açısından hayati önem taşır. Yani beyin, ailenin kaplandan korkup kaçarak hayatta kalma şansını yakalayabilmesi adına bir an önce mutluluk devresinden korku devresine geçiş yapmak zorundadır. İlk insanların hayatta kalması için yine zehirli olmayanlardansa zehirli olan bitkileri akıllarında tutmaları daha önemliydi. O zamanlarda yapılan hatalar ölümcül olabiliyordu ve aslında hâlâ da olabilir. Bu yüzden beynimiz hatalara ve eksikliklere dikkat etmeye uygun yapıdadır. Özellikle gölge çocuk modunda bulunduğumuz zamanlarda, hata algımıza tamamen gömülmüş olmamız bunu etkileyebilir. Bu da üzücü olayları mutlu olanlardan neden daha kolay hatırladığımızın sebebidir. Bu şekilde utanç verici bir durum için yıllar sonra da sanki dün gerçekleşmiş gibi utanabiliriz, oysa güzel bir anıya ait mutluluk nispeten daha çabuk yok olabilir. Bu genlerin çok olumsuz bir diğer yan etkisi de bir insanla yaşanan *bir* kötü deneyimin, yüz tane olumluyu geçersiz kılabilmesidir. Yani bir dahaki sefer bir arkadaşına ya da başka bir insana sinirlendiğinde, kendini kızgınlığına daha fazla kaptırmadan bilinçli bir şekilde bu insanla ne kadar çok güzel şey de yaşadığını hatırla.

Dogmaların Algımızı Nasıl Belirlediği

Kendi dogmalarını nasıl keşfedeceğini göstermeden önce onların hayatımızı ne kadar büyük ölçüde etkilediklerini sana anlatmak istiyorum.

Derindeki ve farkında olmadığımız dogmalar, yukarıda Michael ve Sabine örneğinde gördüğümüz üzere, *algımız* için bir filtredir. Oysa bir durumun algısı hissetmemizi, düşünmemizi ve eylemlerimizi etkiler. Tam tersi olarak da düşüncelerimiz ve duygularımız da algımızı etkiler. Bu yüzden kendimden üstün olarak algıladığım bir insan benim aşağılık duygusu yaşamama sebep olabilir. Fakat kendimi güçlü ve başarılı hissettiğim bir gün geçirdiğimde aynı insanı eşit, hatta benden aşağıda olarak algılamam da mümkündür.

Bu işlemlerin ve bağlantıların ne kadar çok farkında olursak bazı şeylere, duygularımıza ve davranışlarımıza olan bakış açımızı değiştirebiliriz. Ama bunun için sorunlarımıza karşı içsel bir mesafe almamız gerekir. Sorunlarımızla, yani sorunumuzu oluşturan olumsuz dogmalarla, duygu ve düşüncelerimizle kendimizi bütünüyle tanımladığımız sürece, bu sorun derinden hissedilen gerçekliğimiz halini alır ve kendimizi ondan kurtaramayız. Bunu bu defa Sabine örneğinde açıklamak istiyorum: Michael ona bağırdığında, bilinçsizce gölge çocuğunun algısına kayar. Gölge çocuğun gözleriyle olaya baktığında, Michael ondan büyüktür ve onun hakkında değerlendirme yapıp karar verme gücüne sahiptir. Sabine'nin içindeki gölge çocuk –Sabine bunun bilincinde olmadan– Michael'e üstün ve otoriter bir baba figürü yansıtır. "Ben yeterince iyi değilim" ve "Uyum sağlamak zorundayım" gibi dogmalar Sabine'nin içindeki gölge çocuğun kendisini küçük ve değersiz hissetmesini etkiler. Sabine bu durumda kendini bütünüyle gölge çocuğuyla kişiselleştirdiği için *küçük ve değersiz olduğu* duygusuna kapılır. Sağlam olmayan özdeğer duygusunun açık yarasına Michael bir avuç dolusu tuz serpmiş olur.

Buna karşın Sabine yetişkin-ben ya da güneş çocuğu modunda kalsaydı Michael'le, deyim yerindeyse, göz hizasında olacaktı. O zaman da Michael'in o esnada gölge çocuk modunda bulunduğunu ve aslında öfkesinin onunla bir ilgisi olmadığını anlayabilecekti. Bu durumda Michael'in sinir krizi, onda değersizlik duygusuna kapılmasına sebep olmazdı ve sakin kalabilirdi. Belki de Michael'in olgun olmayan davranışı onu sinirlendirebilirdi. Sabine kavgaya girmeyip sakin kaldığı müddetçe Michael de kısa bir zaman sonra sakinleşebilir. Michael sakinleştiği ve yetişkin-ben moduna geçtiği anda hemen kendisinin durumu çok abarttığını fark eder ve o zaman da Sabine'den özür dilemeye hazır olur. Sabine eğer sakin kalsaydı Michael'in öfkesi en geç beş dakika sonra kaybolacaktı.

Şimdi bazı okuyucular, "Aslında gerçekten yanlış davranan Michael, neden yalnızca Sabine davranışları üzerinde çalışsın?" diye soracak. Bu psikoterapi seanslarımda, özellikle de çiftlerle çalıştığımda karşılaştığım klasik "sorumluluk meselesi"dir. Bir partner diğerinden,"apaçık" x sorununun hep ondan kaynaklanması nedeniyle onun değişmesini bekler. Sabine de kendini bu pozisyona koyabilir. Ancak bunun Michael'in davranışını değiştirmesine doğrudan hiçbir etkisi yoktur. Sabine en fazla ricada bulunabilir ya da onu baskı altına alabilir. Ama bunun istenilen sonuca varıp varmayacağı Sabine'nin elinde değildir. *Kendimizden başka hiç kimse üzerinde etki yaratamayız.* Eğer Sabine bu durumda bir şeyi etkin şekilde değiştirmek istiyorsa kendi payı üzerinde çalışmalıdır.

Çocukluk Deneyimlerimize Neredeyse Vazgeçilmez Şekilde İnanıyoruz

Bu programlamaların ne kadar derinde bulunduğu ve gölge çocuğumuzun yaralı kısmıyla hareket ettiğimizde bunu fark etmemizin ne kadar nadir olacağı abartılacak bir şey değildir. Her gün yetişkin-ben'lerini çok doğru yansıtabilen insanların, yine de eski programlamalarına takılı kaldıklarına şahit oluyorum. Çocukken anne babalarıyla yaşadıkları *deneyim*, her türlü mantıklı düşünceden daha gerçek geliyor. Bunun ne kadar ileriye gidebileceğini bir hastamda çok çarpıcı şekilde gördüm: Bayan B. (58) çocukken komşusu tarafından cinsel istismara uğramış bir kadın. Bunu o zaman annesine anlatmış; anne de buna inanmak istememiş ve kızına "buna rağmen" adama karşı "kibar" olmasını öğütlemiş. Cinsel istismar ve ailesinin ilgisizliğinin birleşmesi Bayan B.'yi travmatize etmiş ve bunun sonucu olarak dogmaları da şu şekilde oluşmuş: "Savunmasızım", "Kimse beni korumuyor" ve "Erkekler tehlikeli". Yetişkinliğinde erkeklerden panik derecesinde korkuyordu, bu da özel ve iş hayatında çok sıkıntı yaşamasına neden oluyordu. Bayan B. bana geldiğinde 10 yıl psikoterapi görmüştü, bunun yanında travma terapisi de görmüş ve sorunlarının çoğunu kontrol altına almıştı. Ancak yıllar süren terapi çalışmalarına rağmen derinde yer alan, erkeklere karşı duyduğu korku geçmemişti. Benimle yaptığı seanslarda da bu konuyla ilgili pek bir gelişme göstermiyordu. Fakat daha sonra beni çok şaşırtan beklenmedik bir şey oldu: Bir seansta gölge çocuğu birden bu durumun artık *geride kaldığını*, failin uzun zaman önce öldüğünü, artık yetişkin olduğunu ve bütün erkeklerin tecavüzcü olmadığını anladı. Bu durum beni afallatmıştı çünkü bunu çoktan anlamış olduğunu varsayıyordum. Neticede idrak ettiği bütün bu şeyler, hakkında daha önce sıkça bahsettiğimiz ve sayısız terapi seanslarımızda konuştuğumuz elle tutulur olgulardı! Ama aslında bu temel mesaj hep sadece içindeki yetişkine yollanmıştı, gölge çocuksa o sırada hâlâ 50 yıl önceki gerçeklikte yaşıyordu. Ancak o gün gölge çocuk, istismarın sona erdiğini ve artık korkmaması gerektiğini idrak etti. Bu seanstan sonra Bayan B. neredeyse tamamen iyileşmişti.

Bayan B.'nin gölge çocuğunun hâlâ çocukluğunun gerçekliğinde yaşadığı gibi bizim içimizdeki çocuk da her birimize aynısını yapar. Bu, çocukluğunda temel güveni ve çok sayıda olumlu iz edinmiş, yani iyi derecede gelişmiş bir güneş çocuğa sahip olanlar için de geçerlidir. Böyle kişiler olumlu deneyimlerini insanlara ve dünyaya yansıtırlar; bu da çoğu durumda onlar için hayatı kolaylaştırır. Fakat bazen de aşırı olumlu nitelikteki çocukluk yansımalarından dolayı çok naif ve saf olabilirler. Çok mutlu bir çocukluğa sahip insanlar, yetişkinliklerinde dışarıdaki dünyanın her zaman anne ve baba kadar iyi olmadığını acı çekerek öğrenmek zorunda kalırlar. Ancak genelde çok iyi bir özdeğer duygusuna sahip oldukları, yani çoğu zaman güneş çocuk modunda bulunduklarından bu gerçeklik şokuyla iyi denebilecek bir şekilde başa çıkabilirler. Kendine ve dışarıdaki dünyaya fazla olumsuzluk yansıtan gölge çocuk, bize çok daha fazla sorun çıkarır. Bu yüzden önce ona yönelelim.

Gölge Çocuk ve Dogmaları: Yıldırım Hızıyla Kötü Hisler

Algımıza çok büyük etkisi olması, algımızın da hislerimizi büyük oranda etkilemesi ve bunun tam tersinin de geçerli olması nedeniyle gölge çocuğun dogmalarının bize bir hayli sorun yaratabileceğini artık anladık.

Michael ve Sabine gölge çocuklarıyla kendilerini özdeşleştirdiklerinde ve kavga ettiklerinde, her şeyden önce duyguları tarafından yönlendirilirler. Bu duygular, onların algılarını yani gerçekliğin yorumunu etkileyen dogmalarının birbiriyle etkileşimiyle milisaniyeler içinde oluşur. Yani Sabine, Michael'in sosisini almayı unuttuğunda, Michael'in içindeki gölge çocuk "İhmal ediliyorum" ve "Ben önemli değilim" gibi dogmalarından dolayı durumu şu şekilde yorumlamaya devam eder: "Sabine beni yeterince sevmiyor ve isteklerimi ciddiye almıyor." Bu onu hızlıca ve doğrudan kırgınlık hissetmeye sürükleyen, yaşananlar hakkındaki algısıdır; sonrasında bu kırgınlığı öfke izler ve ardından da kavga başlar. Michael böyle bir *dogma–gerçekliğin yorumlanması–duygu–davranış* zincirinin bilincinde değildir. Bilinci öfke anında devreye girer fakat daha derinde yatan tetikleyici ona yabancı kalır. Dogmalarından bihaberdir ve öfkesinin kırgınlıklarından kaynaklandığının da bilincinde değildir. İşte sorun tam da burada yatar: Durumlar ve karşılaşmalar içimizde aniden bizi âdeta "zapt eden" ve düşüncelerimiz ile eylemlerimizi yönlendirebilen duygular yaratabilir; bunlar öfke, üzüntü, yalnızlık, korku, kıskançlık veya sevinç, mutluluk ve sevgi olsa bile. Belli durumlarda ortaya çıkan duyguların yokluğu da yani genel bir içsel boşluğun hâkim olduğu hissi de bu mekanizmanın bir neticesi olabilir. Özellikle öfke, korku, üzüntü ya da kıskançlık gibi duygular bize ve ilişkilerimize muazzam ölçüde sıkıntı verebilir.

Şimdi muhtemelen gölge çocuğun yaralarına değil, dış koşullara dayanan gerekçeli öfke ve gerekçeli üzüntüden de söz edilebilir diye bu savıma karşı çıkacaksın. Örneğin, sevilen bir insanın ölümünün yarattığı üzüntü ya da başa gelen bir haksızlıktan dolayı hissedilen öfke gibi. Bu elbette tümüyle doğru. Sahip olduğumuz bütün duygular gölge ya da güneş çocukla ilgili değildir. Bu duygular da zaten bize genelde büyük sorunlar yaratmaz. Bir arkadaşımız öldüğünde sadece üzülürüz; başka insanlarla problem yaşamayız ve kendi tepkilerimize şaşırmayız. Aynı durum hissettiğimiz diğer pozitif duygular için de geçerlidir. Seviniriz ve mutlu oluruz. Her insan bu duyguları yaşar. Bu tür duygular bize normalde sorun yaşatmaz.

Ancak Michael ve Sabine'de olduğu gibi gölge çocuktan kaynaklanan ve refleksiyon yapılmayıp yalnızca davranışa dökülen duygular, bize kendimizle ve ilişkilerimizle ilgili sorunları yaşatan duygulardır. Eğer sorunlarımızı çözmek istiyorsak, tam da bu noktadan başlamalıyız.

Gölge Çocuk, Yetişkin Kişi ve Özdeğer

İçimizdeki çocuk ve onun dogmaları bir anlamda özdeğerimizin duygu merkezini oluşturur. "Ben değerliyim" ya da "Ben hiçbir şey hak etmiyorum" gibi dogmalar bize derin bir düzeyde, bu dünyada hoş karşılanıp karşılanmadığımızı hissettirir. Sonuç olarak hep bizi yukarı ya da aşağı çeken duygu durumları söz konusudur. Temel güven ya da temel şüphe, fiziksel belleğimizde kayıtlı derin duygulardır. Bu duyguları her zaman bilinçli bir şekilde hissetmeyiz fakat onlara kolay erişebiliriz. Özellikle temel güven edinemeyen insanlar kendilerini çabuk tedirgin ve aşağı hissederler. Yani çoğunlukla gölge çocuk modunda bulunurlar. Buna karşın ağırlıklı olarak olumlu dogmalara sahip, yani temel güvene ve bir şekilde işleyen bir özdeğer duygusuna sahip olan insanlar, derin bir düzeyde, mevcut halleriyle iyi olduklarını hissederler. Yani çoğunlukla güneş çocuk modunda bulunurlar, bu da hayatlarında kendilerinden şüphe ve tereddüt ettikleri anlar ya da dönemler olmadığı, yani gölge çocuğun etkin olmadığı anlamına gelmez. Ama bu dönemleri daha hızlı atlatırlar çünkü neticede iyi duyguları ve dogmalarıyla güneş çocuk, gölge çocuktan daha güçlüdür. Ya da başka şekilde ifade edilirse: Yaraları genelde bir süre sonra iyileşir, oysa kendine güveni olmayan insanlar içlerinde, sadece bir tuz tanesi bile girdiğinde bile yanan yaralar taşırlar.

Özdeğerimizin "düşünen" kısmı, aklımız, yani içimizdeki yetişkindir. Böylece aklımız sayesinde, gölge çocuk kendini değersiz hissetse bile hayatta çok şey başardığımızı, kendimizle gurur duyabileceğimizi ve aslında iyi olduğumuzu biliriz. Hastalarımla özdeğerleri üzerinde çalıştığımda, "Aslında kendimden memnun olabileceğimi biliyorum ama içimde en derinlerde bunu böyle hissetmiyorum!" şeklinde ifadeler kullanırlar. Buna karşın başkaları da kendilerini tamamen gölge çocuklarıyla özdeşleştirirler – yeterli olmadıklarını hisseder *ve* düşünürler. Yetişkin akıllarının yardımıyla da gölge çocuğun duygularından kopamazlar. Başka bir kesim de özdeğerlerine dair sorunlarının olmadığını düşünür. Rasyonel düşünceye fazla bağlıdırlar ve içlerindeki gölge çocuğu bastırmışlardır. Bu sonuncu kategoriye Michael de dâhildir. Ona özdeğerini sorduğunuzda size onunla bir sorunu olmadığı cevabını verecektir. Hassas tarafını bastırmıştır. Sabine'yse gerçek ve varsayılan eksiklikleriyle çok uğraşır, özdeğer duygusunun sağlam olmadığının bilincindedir.

Düşünce ve duyguların zıt olabileceği durumunu herkes tecrübe etmiştir ve biz de bunu sürekli yaşarız. Kendimize ne kadar sık şunu söylüyoruz?: "...'in farkındayım ama yine de bunu değiştirmeyi başaramıyorum." Bu şekilde içimizdeki zeki yetişkin, daha sağlıklı beslenmesinin daha iyi olacağını çok iyi bilse de içimizdeki çocuk şiddetli bir tatlı krizine girdiğinde sık sık çaresiz kalır. Özellikle söz konusu gıda ya da madde bağımlılığı olduğunda çoğu zaman açgözlülüğü dizginlemek ve mantık ile irade gücüne, yani yetişkin-ben'e öncelik tanımak oldukça zordur.

Gölge çocuk ve içimizdeki yetişkin ne kendi özdeğeri ne de başka konular hakkında mutlaka aynı görüşte olmak zorundadır. Çoğu insan gölge çocuğun güçlü duygularıyla sözünü geçirmesini ve düşünce, hissetme ve eylem üzerindeki yönetimi ele almasını yaşar. Ama gölge çocuk ve şekillenmeleri hakkında ne kadar çok bilinçlenirsek içimizdeki yetişkinin, çocuğu düzenleme ve yönetimi ele alma, daha doğrusu bilinçli olarak güneş çocuğu moduna geçme şansı yükselir.

Gölge Çocuğunu Keşfet

Gelecek bölümlerde seninle birlikte gölge çocuğun üzerine çalışacağız. Şimdiye kadar bunun sana sürekli sorunlar yaratan davranış biçimleri ve tutumlarını değiştirmek için önemli olduğunu anlamışsındır. Yani burada olumsuz izlerinin farkına varman söz konusudur. Ondan sonra olumlu izlerinin ve güneş çocuğa geleceğiz. Kitabın henüz ilk çeyreğinde gölge çocuğunla ve seni yoran duygularla yüzleşmen için cesaretlendirerek senden çok zor bir şey istediğimin farkındayım. Dolayısıyla sorunlarınla yüzleşmeden, önce güç kaynaklarına ve güçlü yanlarına seni yaklaştırmak için güneş çocuğun için de alıştırmalar yapabilirdik. Ama genel konseptin psiko-mantığında gölge çocuktan güneş çocuğa doğru ilerlememiz yatmaktadır, tersi değil. Öncelikle gölge çocuğu tanıyıp anlayabilmeyi öğrenerek —bunun üzerine inşa ederek— güneş çocuğu da gölge çocuğu şefkatli bir biçimde düzenleyebilme ve yönlendirebilme hedefiyle geliştirebiliriz.

Alıştırma: Dogmalarını Bul

Bu alıştırma için A4 boyutunda bir yaprak kâğıda ihtiyacın var. Alıştırmada sana yardımcı olabilmesi için kitabın ön iç kapağında bir örnek basılmıştır. Aşağıda anlatılanlar için orayı örnek alabilirsin.

Lütfen kâğıdına –hangi cinsiyete sahip olduğuna bağlı olarak– bir kadın ya da erkek çocuk silueti çiz. Bu siluet gölge çocuğunu temsil ediyor. Bu çocuk siluetinin kafasının sağına ve soluna "anne" ve "baba" ya da "anneciğim", "babacığım" veya çocukluğunda anne babana nasıl hitap ettiysen onu yaz. Anne babanla büyümediysen sana bakan kişinin adını yazabilirsin. Yani kısaca altı yaşına kadar senin için ana bağlanma kişisi olanları yaz. Bunu basit tutmanı ve gerçekten sadece en yakın bağlanma kişilerini yazmanı ve bütün geniş aileni not etmemeni tavsiye ederim.

1. Çocukken annenle yaşadığın ve gerçekten hoş olmayan en az bir olayı hatırla: Belki sana aldırış edilmediği için kendini kırılmış ya da aşağılanmış hissettiğin bir an ya da senin yanında olunmadığı veya başka bir şekilde ihtiyaç ve sıkıntılarının dikkate alınmadığı ya da ciddiye alınmadığı duygusunu hissettiysen.
2. Bu somut olaydan yola çıkarak anahtar sözcükler topla. Annen nasıldı? Bu soruların aynısını baban hakkında ya da başka ikinci en yakın bağlanma kişisiyle (iyi olan özelliklere güneş çocukta değineceğiz) yapabilirsin.

Olumsuz nitelikler için örnekler: kaprisli, soğuk, meşgul, yapışkan, aşırı korumacı, ilgisiz, zayıf, çok şımartan, hemen pes eden, tutarsız, bağımsız olmayan, benmerkezci, dengesiz, değişken, kestirilemez, baskın olma isteği, korkak, havalı, kibirli, otoriter, anlayışsız, empati yoksunu, uzakta, gürültülü, saldırgan, sadist, cahil.

3. Sonra ailende belli bir rolün olup olmadığını düşün. Bu rol dile getirilmeyen bir görev de olabilir. Bazı çocuklar anne babalarının onlarla hep gurur duyacağı şekilde hareket etmeleri gerektiği görevini hissederler. Ya da anne ile baba arasında aracı olma görevini üstlendiklerini hissederler. Bazılarınınsa anneye iyi bir arkadaş olma görevi vardır. Ya da anne ve babayı mutlu etmek. (Bu örnekler çoğaltılabilir.) Çocukluğunda kendini iyi hissetmediğin belli olayları tekrar gözden geçir ve anne babandan hangi görevleri aldığını düşün.
4. Bunların yanına anne babanın tipik sözlerini de yazabilirsin, örneğin, "Aynı Elli teyze gibisin...", "Dili pabuç kadar ama icraat yok...", "Böyle mutsuz olmamın sebebi sensin", "Baban eve gelince

görürsün...", "Baksana XY sana kıyasla ne kadar çalışkan...", "Senden asla bir şey olmaz." Tüm bunları bağlanma kişisinin yanına kısa kısa yaz.

Sonra çocuk siluetinin üzerine kişilerin arasında bir bağlantı çizgisi çek ve onların üzerine de aranızdaki ilişkinin hangi açılarının daha zor olduğunu belirt. Yani örneğin: "Çok kavga ederdik", "Yalnızca yan yana yaşadık", "Annem her şeyi belirlerdi ve babam zayıftı", "Anne babam ayrıldı".

5. Hepsini not ettiğinde, anne babanın davranışlarının sende neleri çağrıştırdığını hissetmeye başladığında içini hissedersin ve içindeki gölge çocukla iletişim kurarsın. Burada derin, bilinçsiz kabullerini olumsuz dogmalar şeklinde araştırmak söz konusudur. Anne babanın davranışları, sen daha çocukken içinde nasıl olumsuz kabuller yarattı? Burada anne babanın sana hangi kabulleri aktarmak *istedikleri* değil, çocukken senin hangi kabulleri benimsediğin önemlidir. Geçen bölümlerde değindiğim üzere, çocuklar anne babalarından, onları eleştirebilecek kadar aralarına neredeyse hiç mesafe koyamazlar ve iyi ya da kötü bu davranış biçimlerini kendileriyle ilişkilendirirler: Anne genelde iyi ve morali yerindeyse bu durum çocuğa, annenin ondan memnun olduğu ve onu sevdiği hissini aktarır. Anne sık sık stresli ve gerginse bu, çocuğa anneye yük olduğu hissini aktarır. Bir şekilde çoğu durumda çocuk, annenin ya da hem annesinin hem de babasının ruh halinden bir şekilde kendisini sorumlu tutar ve içindeki dogmaları bunlardan yola çıkarak geliştirir.

Kendi kişisel dogmalarını bulabilmene yardım etmek için, olası dogmaların bir listesini vereceğim. Bu listede olabilecek her şey elbette yer almıyor, yalnızca sana dogmalarını bulmak için ilham vermek amacıyla burada ona yer verdim. Söylediğim gibi, önce ilk adımda olumsuz dogmalarına konsantre olacağız, iyi olanlar sonra gelecek.

Önemli olan dogmalarının belli bir biçimde ifade edilmiş olmasıdır: "Ben ...-im" ya da "Ben ... değilim", "Ben ... yapabiliyorum" ya da "Ben ...yapamıyorum", "... yapmaya iznim var" ya da "... yapmaya iznim yok".

Ayrıca yaşam hakkında genel varsayımlarda da bulunulabilirsin: Örneğin, "Erkekler güçsüzdür", "İlişkiler tehlikelidir", "Kavga ayrılığa götürür".

Buna karşın, "Ben ... yüzünden üzgünüm" bir dogma *değildir*. Üzüntü hissi, "Ben değersizim!" gibi bir dogmadan kaynaklanabilir. Üzüntü, korku, mutluluk gibi duygular ya da aynı şekilde, "Mükemmel olmak istiyorum" gibi düşünceler dogma ifade etmezler. Böyle amaçlar arka planda "Ben yetersizim" gibi dogmaların karşı programıdır.

Aşağıda sana bazı dogma örnekleri vereceğim. Bunlar olumsuz dogmalarını bulabilmek için teşvik niteliğindedir. Genelde içinde birden belirenler doğru olanlardır. Listeyi gözden geçirdiğinde duygularına dikkat et: Hangi dogmalar sende bir şeyler tetikliyor? Bazı dogmaların etkilerini dışarıdan da duymuşuzdur zaten; örneğin, "Hemen boyun eğiyorsun!" ya da "Herkesi memnun etmek istiyorsun!" gibi.

Doğrudan Özdeğerle İlgili Olan Olumsuz Dogmalar

Benim hiçbir değerim yok!
İstenmiyorum!
Hoş karşılanmıyorum!
Sevilmeye değer değilim!
Kötüyüm!
Çok şişmanım!
Yeterli değilim!
Ben suçluyum!
Kısa boyluyum!
Aptalım!
Önemli değilim!
Hiçbir şeyi beceremiyorum!
Bir şeyler hissetmeye hakkım yok!
İhmal ediliyorum!
Ben beş para etmez biriyim!
Ben başarısız biriyim!
Haksızım!
Vb.

Bana Bakan Kişiyle İlişkime Dair Olumsuz Dogmalar

Yük oluyorum!

Senin ruh halinden ben sorumluyum!

Sana güvenemiyorum!

Dikkatli olmak zorundayım!

Senin duygularına saygı göstermek zorundayım!

Ben zayıfım!

Sana göz kulak olmam gerekiyor!

Senden güçlüyüm!

Acizim!

Çaresizim!

Savunmasızım!

Beni sevmiyorsun!

Benden nefret ediyorsun!

Seni hayal kırıklığına uğratıyorum!

Ben istenmiyorum!

Vb.

Bana Bakan Kişilerle Yaşanan Sorunlar İçin Çözümler (Korunma Stratejileri) Sunan Olumsuz Dogmalar

Akıllı ve uslu olmalıyım!

Kendimi savunamam!

Her şeyi doğru yapmak zorundayım!

Kendi iradem olamaz!

Uyum sağlamak zorundayım!

Tek başıma üstesinden gelmek zorundayım!

Güçlü olmak zorundayım!

Zayıflık göstermemem lazım!

En iyi olmak zorundayım!

İyi notlar almak zorundayım!

Her zaman yanında kalmalıyım!

Beklentilerini karşılamak zorundayım!

Bağımı koparamam!

Vb.

Genel Olumsuz Dogmalar

Kadınlar güçsüz!

Erkekler kötü!

Dünya kötü/tehlikeli!

Bu hayatta kimseye bir şey hediye edilmez!

Zaten her şey ters gidecek!

Konuşmak işe yaramaz!

Güvenmek iyi, kontrol etmek daha iyi!

Vb.

Bu dogmaları çocuk şablonunun karnına not et (yine kitabın ön kapağının iç kısmında bulunan resme bak).

Olumsuz dogmalar, hayatındaki sorunların sebebidir; eğer söz konusu sorunlarda senin de bir katkın olmuşsa, bunlar talihsizlikler dışındaki bütün sorunlardır. Yani işinle, ilişkinle ya da hayat tarzınla ilgili sorunların varsa ya da korku, depresyon veya bunalım yaşıyorsan, sorunun ne olursa olsun her durumda bunlar olumsuz dogmalarınla bağlantılıdırlar. Senin antivirüs programın gibidirler. Yüzeysel bakıldığında sorunların sana ne kadar faklı ve karmaşık oldukları izlenimini verse de daha dikkatli baktığında, çok basit bir temel yapıya indirgeyebileceğini fark edeceksin. Bu kitabın konusu ve amacı bunları tanımak ve değiştirmektir.

Şimdi önemli dogmalarını, bu arada kaç tane olduklarının bir önemi yok, not ettiysen bir sonraki adıma geçeceğiz.

Alıştırma: Gölge Çocuğunu Hisset

Gelecek alıştırmalarda, içinde olumsuz dogmalarını tetikleyen duyguları bir kere de bilinçli olarak hissetmeyi deneyeceğiz. Çünkü bu duygular, bizi hızlıca ve inatla duygusal çıkmazlara sokabilecek türdendir. Yani gölge çocuk modunda bulunduğunda ve içinde "Bunu asla başaramayacağım!" gibi bir dogma etkinse, buna seni aşağı çeken bir duygu da eşlik eder. Bu duyguları ne kadar çabuk ve doğru bir şekilde fark edersek, bunları o kadar iyi düzenleyip olabildiğince nadir ortaya çıkmalarını sağlayabiliriz.

Bütün duygularımız, sevinç, aşk, utanç, korku ya da üzüntü, hepsinin bedensel bir duyum seviyesi vardır. Özellikle korku türevi hisleri muhtemelen hemen anlarsın: Korktuğunda kalbinin deli gibi attığını, dizlerinin bağının çözüldüğünü ya da ellerinin titrediğini daha önce yaşamışsındır muhtemelen. Ama korkudan daha az yoğun olan duygular da bedensel hislerle kendini gösterir, yoksa onları hiç hissedemezdin. Buna göre üzüntü çoğu insanda boğazda bir darlık hissine ya da göğüste bir ağırlığa sebep olur. Mutluluğu birçok kişi "karıncalanmalı" olarak yaşar. Böylece her duygu, onlara dikkatimizi fazla vermeye alışkın olmadığımız için bilinçli olarak sıkça algılayamasak da kendisini bedensel bir düzeyde ifade eder. Çok güzel bir anıyı hatırlayarak duyguların bedensel düzeyinin bilincine varabilirsin. Yaşadığın an gerçekten çok mutlu hissettiğin bir anıyı. Sonra gözlerini kapatıp bütün duyularınla (görme, duyma, koklama, tatma, hissetme) bu anıyı canlandır ve hayalinde o anının içine dal. Daha sonra bu anının karın-göğüs bölgende hangi hisler yarattığına konsantre ol. Kastedilen şöyle duygu düzeyleridir: göğüs bölgesinde bir sıcaklık yayılır, kanın çekilir gibi olur, kalbin çarpar...

Temel Dogmanı Bul

Şimdi senden dogmalarının bulunduğu listeyi tekrar gözden geçirmeni rica edeceğim. Lütfen listeni cümle cümle gözden geçir – hatta her cümleyi sesli oku. Lütfen sana en fazla dokunan ve seni aşağıya çeken bir ila üç tane olumsuz cümle tespit et. Bunlar bahsi geçen *temel dogma*ların. Temel dogmalarını hangi durumlarda hemen çok sinirlendiğin, kırıldığın ya da çok utandığın sorusunu kendine sorduğunda da bulabilirsin. Başlangıç örneğimizdeki Michael'e "Hangi durumlarda çok sinirleniyorsun ve bundan utanıyor musun?" ve "Seni böyle sinirlendiren derinde yatan düşünce ne?" sorularını sorsaydık hemen cevap verirdi: "O beni hiç ciddiye almıyor!" ve bu da onun temel dogması olurdu.

Temel dogmalar en önemli dogmalarındır; eğer sadece bir tane bulduysan o en önemli dogmandır. Çoğu zaman diğer dogmalar temel olanın varyasyonlarıdır.

Dogmalarını ya da temel dogmanı bulduysan, lütfen gözlerini kapat ve dikkatini içe, karın-göğüs bölgene yönelt. Bu cümlelerin, içinde hangi duyguyu ya da duyguları tetiklediğini hisset. Şu an vücuda yakın olan ve gerginlik, çekilme, karıncalanma, kalp atışı gibi kendini belli eden hisleri arıyoruz.

Büyük ihtimalle uzun zamandır tanıdığın duygular içinde yükselecektir. Belki de Michael ve Sabine'de de olduğu gibi seni engelleyen, kızdıran, yıldıran, kaçıran ya da her neyi yaptıran bu duygu durumuna düştüğünü hissedeceksin. Bu alıştırmada olumsuz izlerinin iyice bilincine vardığın için kendini oldukça kötü ve üzgün hissedebilirsin. Bu duygulara bir anlığına izin ver çünkü onlar iyileşme sürecin için önemliler. Duyguyu çok kısa bir süre algılayıp hemen onu terk etmen de yeterlidir. Duygularını sindirmek için onları tamamen yaşamak gerektiği görüşünün yanlış olduğu kanıtlanmıştır. Aksine kendini uzun süre olumsuz duygu durumlarına bırakmak iyi değildir.

Bu içsel duruma kaydığını olabildiğince erken fark edip bunların bilincine varabilmen için bu duygulara erişmeni istiyorum. Çünkü içimizde olumsuz duyguların yükseldiğini ne kadar erken fark edersek, bunları o kadar doğru düzenleyebiliriz. Buna karşın öfke patlaması yaşamak üzereysek ya da ciddi anlamda çaresiz hissediyorsak bu güçlü duygular neredeyse kontrol edilemez olur. Yani "erken teşhis" sadece tıpta değil, psikolojide de tedbirlerin anasıdır.

Lütfen bu alıştırmada hissettiğin bütün duyguları çocuk şablonunun karnına not et (bkz. iç kapaktaki resim).

Olumsuz Duygulardan Nasıl Kurtulunur?

Böyle duygulardan kurtulmakta sorun yaşıyorsan başka şeylerle dikkatini dağıt. Bu her ne kadar kulağa sıradan gelse de söz konusu olumsuz duygu durumundan çıkmak için en etkili yöntemler arasındadır. Nitekim beynimizin aynı anda birçok şeyi yapma kapasitesi yoktur. Dikkatini başka bir şeye verdiğin anda acı hissedemezsin. Örneğin, algını tamamen dış çevreye yöneltmeyi denediğinde dikkatini dağıtabilirsin, yani etrafında kırmızı ya da mavi olan cisimlerden on tane sayabilir veya alfabedeki her harfle başlayan bir ülke bulabilirsin.

Bunun dışında duygularını ellerinle vücudunun her yerine hafifçe vurarak veya hoplayarak da dökebilirsin. Bedenimiz ve duygularımız birbiriyle yakından ilişkilidir. Duruşumuz ve fiziksel aktivitelerle duygularımızı etkileyebiliyoruz. Bu bağıntıya ilerleyen bölümlerde daha çok değineceğim.

Kendi duygularını düzenleyebilmen için güzel bir alıştırma daha önerebilirim: Hissettiğin duygunun yalnızca bedensel olan kısımlarına odaklan, yani korktuğunda "kalbim çarpıyor" ya da üzüldüğünde "göğsüm daralıyor" gibi. Sonra bu duyguya ait olan bütün görüntü ve anıları aklından kov. Sil onları. Onları karart. Sadece bedensel olan duygulara konsantre ol ve öyle kal. O duygunun hızlıca kaybolduğunu göreceksin, daha doğrusu hissedeceksin. Bu basit canlandırma alıştırmasıyla bütün duygularını düzenleyebilirsin. Hatta bu, aşk acısını atlatmada bile yardımcı olur.

Olumsuz dogmalarına daldığında hiçbir şey hissetmemen de mümkündür. Bu biraz konsantrasyon eksikliği ya da tıkanmış olmandan kaynaklanabilir. Bu alıştırmayı başka bir zaman tekrar et. Bir şeyler hissetmen için bunu daha sık yapman gerekli olabilir. Belki de genel olarak duygularınla kötü bir iletişime sahip olabilirsin. Bu soruna aşağıdaki bölümden sonra daha detaylı değineceğim.

Alıştırma: Duygu Köprüsü

"Duygu köprüsü" ya da (John Watkins'e göre) "etki köprüsü", aslında geçmişimize ait olan duyguların nasıl sürekli şimdiki zamana uzanıp bize sorun yaşattığını anlamaya yardımcı olacak başka bir alıştırmadır.

1. Bu alıştırma için lütfen temel dogmalarının (ya da başka önemli bir dogmanın) yetişkin hayatında etkili olduğu tipik bir durumu ele al, yani ortamın küçük değişikliklere uğradığı varyasyonlarında ve eylemlerinin hep aynı olduğu fakat sürekli girdiğin ve olumsuz dogmanın gerçek ve

uygun göründüğü bir durum. Örneğin, kendini reddedilmiş hissettiğin ve "Yetersizim" dogmanın pekiştiği bir durum. Ya da kendine yeterince saygı gösterildiğini hissetmediğin ve "Beş para etmez biriyim" dogmanı etkinleştiren bir durum.

2. Durumu bulduğunda bütün hayal gücün ve duyularınla bu durumun içine gir. Eğer kendini bütünüyle bu duruma vermek istemeyeceğin kadar kötüyse, biraz içsel mesafeyle ya da durumun sadece bir kısmını kafanda canlandırman da yeterli olacaktır. Önemli olan –biraz hafifletilmiş biçimde de olsa– bu duruma ait olan duyguya izin vermen ve şimdilik hissedilebilir olmasıdır.

3. Bu duruma uyan korku ya da üzüntü gibi bir duygu ortaya çıktığında bu duygu aracılığıyla içinde geçmişe, hatta bu hatıranın başlangıç noktasına kadar dönersin. Bu alıştırma aracılığıyla, bu duyguyu ne kadar zamandır hissettiğini ve bunun çocukluğunda hangi durum(ları) şekillendirdiğini hissetmeye çalış. Anne babanın ya da başka kişilerin hangi davranışlarının böyle hissetmene sebep olduğunu analiz et.

Bu ve yukarıdaki alıştırmanın mantığı, Sabine ve Michael gibi otomatik şekilde ilerlememen, aksine bilinçlenerek bunları düzenleme şansını elde etmen için, kendi özelliklerin ve örneklerin için derin ve hissedilebilen bir anlayış edinmektir. Duyguların hakkında ne kadar bilinç sahibi olursan o kadar çabuk onları tanıyabilir ve buna uygun olarak da onlara müdahale edebilirsin.

Ara Söz: Sorunlarını Bastıranlar ve Duyguları Güçlü Olmayanlar

Duygularına iyi erişimi olan insanlar duygularını bastıran insanlara kıyasla kendilerini reflekte etmeyi ve sorunlarını çözmeyi daha kolay hallederler. Duygularını bastıranlar sadece duygularını bastırmakla kalmaz, aynı zamanda düşünsel olarak da ruhsal süreçleriyle pek ilgilenmezler. Kendilerini ve hayatlarını reflekte etmeyi, çoğunlukla içlerinde bilinçdışı çok fazla olumsuz duygu yükseleceği korkusu yüzünden çok sevmezler. Hatta kendi dikkatlerini kendilerinin dağıtmasıyla bilinirler. Diğerleriyse kendileri hakkında çok düşünür ama teorik düşüncelerde kalıp gölge çocuklarının duygu dünyasına giremezler.

Özellikle de erkeklerin yapı gereği ve yetiştirilme tarzından dolayı kendilerini tamamen mantıkları ve rasyonel düşünceleriyle tanımlamaya yatkın olmaları, bir şeyler hissetmelerini engelleyebilir. Bu elbette yalnızca erkekler için geçerli değildir, duygularıyla az iletişimi olan kadınlar da vardır. Ama erkekler üzüntü, çaresizlik ve korku gibi "zayıf" duyguları, kadınlardan daha fazla bastırma eğilimi gösterirler. Buna karşın sevinç ve öfke gibi "güçlü" duyguları erkekler gayet iyi yaşayabilirler. Michael'de durum tam olarak böyle: Sabine'nin unutkanlığından dolayı "zayıf bir duygu" olan incinmeyi hissettiğini algılamaz. Onun yerine yalnızca özdeğerinin kırılmasının sonucu olan öfkeyi hisseder. Öfke, her zaman önemli fiziksel ya da psikolojik bir temel ihtiyacımız zarar gördüğünde başlar.

Eril sosyalleşme, erkeklerin binlerce yıl zayıflık duyguları göstermemesi üzerine kurulmuştu. Ancak son zamanlarda bir bilinç değişimi kendisini göstermekte: Artık bir erkek de üzülebilir ya da korkabilir ve bununla birlikte de "Kızılderili kalbi acı tanımaz" cümlesi anne babaların söz dağarcığından yavaş yavaş çıkmaktadır.

Yetiştirilme etkilerinin yanı sıra erkekler evrimsel olarak duygularını engelleyebilme mizacına sahiptirler; bunun Taş Devri'nde erkekler ve kadınlar arasındaki görev dağılımıyla ilgisi vardır. Erkekler başarılı bir şekilde avlanmak için duygu ve zayıflıklarını kenara atma becerisini kazanmak zorundaydılar. Cesur olmak zorundaydılar. Kadınlar da hem o zaman hem bugün cesur olmak zorundalar ancak Taş Devri'nde de bugün de daha çok aile alanında görev almaktalar. Burada cesaretten çok duyarlılık gereklidir. Bu bağlamda erkekler dünyayı nesnelleştirmek için belirli bir genetik eğilimle, kadınlar da diğer insanlarla daha kolay empati kurabilme yeteneğine sahip olarak dünyaya gelirler.

Birçok erkeğin olumsuz duyguları kenara atma eğiliminin, özellikle de nesnel sorunların çözümü söz konusu olduğunda kesinlikle avantajları vardır. Kişilerarası alanda, bazı erkeklerin düz duygu dünyasına sahip olmaları sorunlara yol açabilir. Psikoterapi seanslarımda ve seminerlerimde, duygularına erişimleri olmadığı için kişilerarası sorunların etrafında pusulasını kaybetmiş bir gemi gibi dönen erkeklere sıkça rastlıyorum. Aslında duygular, bir durumu daha iyi analiz edebilmek ve değerlendirmek için gereklidir. Duygular bize bir şeyin bizim için ne kadar önemli olup olmadığını gösterir. Böylece korku bizi tehlikeye karşı uyarır ve onu önlemek doğrultusunda motive eder. Üzüntüyse önemli bir şey kaybettiğimiz ya da edinemediğimiz hakkında bizi aydınlatır. Utanç, toplumsal ya da kişisel bir normu ihlal ettiğimiz anlamına gelir. Sevinç de canımızın neyi istediğini bildirir.

Bir insanın duygularıyla iletişimi azsa, o zaman ihtiyaçlarına olan iletişimi de sorunludur. Bu yüzden ne istediklerini bilmedikleri için şikâyet edenlerin sayısı hiç de az değildir. Soyut düşünce konusunda çok yetenekli olan fakat hayatlarını bir türlü düzene sokamayan erkekler tanıyorum. İş hayatlarında imkânlarının altında kalırlar, özel hayatlarında, özellikle de ilişkilerinde sorunlar yaşarlar. Bazıları entelektüel yetenekleri sayesinde mesleklerinde çok başarılı olabilirler ama bu defa da aşk ve aile hayatları yarı yolda kalır. Soyut düşüncelere takılıp kalırlar ve duygusal önemli kararlar vermeleri gerektiğinde ya da kişisel hedefler belirlemeleri gerektiğinde artı-eksileri sıralarken bunun içinde kaybolurlar. Mantıkları tarafından yönlendirilen düşünceleriyle –el ele– uyum sağlayabilecek duygularıyla iletişimleri yoktur. Çünkü mantığımızla gerekçelendirebildiğimiz kararlar da *iyi hissettirebilir.* Bu duygu ancak bilinçaltında algılansa da sonuç olarak bir kararı belirleyecek bir niteliğe sahiptir.

Bazı insanlar arka plandaki güçlü *bir duygu* tarafından kontrol edilirler. Bu duygu korku, depresyon ya da saldırganlık olabilir. Bu "yönlendirici duyguların" ardında çoğunlukla algılanmayan, Michael'in gücenme duygusunun reflekte edilmediği fakat öfkesinin hâkim olduğu durumda olduğu gibi, başka duygular yatar.

Erkeklerin duygu dünyası hakkında daha çok bilgi edinmek istersen, sana Björn Süfke'nin *Männerseelen** kitabını tavsiye edebilirim.

Duyguların Yeteri Kadar Güçlü Değilse Ne Yapabilirim?

Duygularıyla iletişim kurmakta zorlanan ve yukarıdaki alıştırmalarda hiçbir şey hissetmeyen insanlar arasındaysan eğer, lütfen gözlerini kapat ve göğüs-karın bölgene konsantre ol. Önce yalnızca nefesinin nasıl aktığını hisset. Karnına kadar derine iniyor mu? Bir yerde takılı mı kalıyor? Sık sık sığ nefes alarak farkında olmadan duygularımızı bastırırız. Bundan dolayı kendine bir kere de karın bölgesine kadar derin bir nefes almaya izin ver. Bunu en iyi uzanarak yaparsın. Daha sonra bunun nasıl hissettirdiğine odaklan. Derin nefes alırken de hiçbir şey hissetmeyecek olursan, lütfen dikkatini göğüs-karın-bölgesine ver ve bilinçli olarak o içindeki "*hiçliğin*" nasıl hissettirdiğine odaklan. Bu hiçlikle olmak nasıl bir duygu? Bedeninin bu hiçliği nasıl hissettiğini algıla. Karnın rahat mı? Kalbin sakin mi atıyor? Nefesin derin mi? Hiçlik nasıl hissedilir? Sonunda da bu "hiçliğin" ardında bir alanın daha olup olmadığını hisset.

Ayrıca hissetmek üzerine dikkat aracılığıyla çalışmak da yardımcı olabilir. Bir şey hissetmemek genellikle böyle kişilerin, anne babalarında neden oldukları acı ve çaresizlik duygularından kaçınmak için çocukken kendilerine bilinçsizce öğrettikleri

* (Alm.) Erkeklerin Ruhları. (yay. n.)

bir kendini korumadır. Buna göre insan dikkatini duygularına vermeyi öğrenebilir.

Bunun için bir güne yayarak sürekli kendine dönüp sıradaki soruyla dikkatini içine doğru yöneltmen yeterli olacaktır: Kendimi şu an nasıl hissediyorum? Göğüs-karın bölgene ve orada hissettiğin fiziki duygulara dikkat et. Örneğin, karıncalanma, sızı, sıkıntı hissettiğinde dikkatini buraya yönlendir. Hangi duygu ifadesinin buna uyabileceğini düşün: Korku? Üzüntü? Utanç? Öfke? Sevinç? Aşk? Ya da rahatlama? Sonra da bu fiziki duyguya bir soru sorabilirsin. Bu soru da şöyle olabilir: *Hayatımdaki her ne* ... sıkıntı, karıncalanma, kalp atışı ya da başka fiziki duyguya sebep oluyor? Bunu o duyguya yönelt ve buradan yola çıkarak bir cevap bul. Kafanda, yani yetişkin-ben'inle bir cevap arama. İlk bakışta biraz garip görünse de genelde ilk cevap doğru olandır. Bu cevap bir hatıra ya da görüntü şeklinde de olabilir. Bilinçaltından, yani içimizdeki çocuktan, gölge ya da güneş çocuktan gelir. Bu şekilde doğrudan onunla iletişim kurabilirsin. Bu şekilde duygulara odaklanmak Eugen Gendlin'in *focusing* isimli psikolojik yöntemine dayanır.

Göreceksin, dikkatini ne kadar çok içsel olaylarına yöneltirsen onları o kadar iyi algılayabileceksin. Bazı kişilere meditasyon yapmak da bu konuda yardımcı olabilir.

Yansıtmamız Gerçekliğimizdir

Olumsuz dogmalarında gerçeğin değil, anne babanın –en azından kısmen– çocuk yetiştirme başarısızlığından şekillenen içindeki öznel gerçekliğin söz konusu olduğu anlaman gereken tek şeydir. Kendini ve birlikte yaşadığın insanları bu dogmaların açısından görürsen, bu senin kişisel algı bozukluğundur. Senin kendi gerçekliğinin –yetiştirilme şeklinden içeri sızan– yansımasıdır. Yani bu durumda asıl mesele, bu elverişsiz yansıtmayı giderip onu daha iyi ve daha gerçekçi bir yansıtmayla değiştirmektir.

Bunu gerçekleştirebilmek adına içindeki gölge çocuğu ve akıl sahibi yetişkini birbirinden ayırmak olması gerekendir. Şimdiye kadar olduğu gibi algında birbirine karışmamalılar. İçindeki yetişkinin aklının gücüyle, bunların gölge çocuğun özelliklerinden kaynaklandığını görmek zorundasın ve yine onun yardımıyla, anne baban sana karşı başka türlü davransaydı ya da başka bir anne babaya sahip olsaydın farklı özelliklerinin olacağını anlamalısın. Yetişkin aklın bu kötü, küçük cümlelerin senin ve kendi değerin hakkında değil, aslında sadece anne babanın yetiştirme tarzı hakkında olduğunu kabul etmelidir.

Örneğin, "Ben yetersizim!" diye bir dogman varsa o zaman yetişkin aklın, hayatında hatalar yapmış olsan da böyle bir şeyin mantıksız olduğunu anlamalıdır. Hayatımızda yaptığımız hataların çoğu zaten olumsuz dogmalarımızın bir sonucudur. "Ben değersizim!" şeklinde bir dogman varsa, yetişkin aklın her insan değerli olduğu için bunun da mantıksız olduğunu fark etmelidir. Bu dünyada onun için büyük anlam ifade ettiğin en az bir insan vardır.

Her çocuk masum dünyaya gelir ve niyetleri bu olmasa da anne babası ona bir değeri olmadığını söylediğinde çocuğun yapacağı bir şey yoktur. Bu onun suçu değildir. İçindeki yetişkini sağlam argümanlar yardımıyla nasıl güçlendirebileceğini "Yetişkin-Ben'ini Güçlendir" başlığı altında değineceğim.

Ünlü psikolog ve yaşam koçu Jens Corssen der ki, "Doğduğun andan itibaren parlayan bir yıldızsın!". Bu benim de kullanmak istediğim bir ifade. Yani bazen "mugayir" davransan da doğduğun andan itibaren parlayan bir yıldızsın! Evet, doğru okudun; uygunsuz kelimesini değil, "mugayir"i kullandım. Bu da Corssen'den aldığım bir fikir. Bu kelimeyi bu şekilde kullanma nedenim, kulağa "uygunsuz" kelimesinden "daha uygunsuz" gelmesi.

Yetişkin-ben'in parlayan bir yıldız olduğunu ve anne babasının davranışlarından dolayı suçlu olmadığını kavradığında, gölge çocuğuna da bunu açıklamak zorundasın. Aksi takdirde çifte gerçekliğinde yaşamaya devam edersin; bu da içindeki çocuğun hâlâ daha küçük olduğu, dışarıdaki dünyanın da anne ve babasından ibaret olduğu, içindeki yetişkinin de düşünüp hissettiği her şeyin gerçek olduğuna inanması anlamına gelir. Bu, içlerindeki programı reflekte edip çözemeyen bütün insanlarda gerçekten böyledir. Kendisine zarar veren kişinin çoktan öldüğünü ve kendisinin artık yetişkin biri olduğunu ilk defa ellili yaşlarının sonunda *hisseden* hastamı hatırlarsın. Onun, bu durumda senin, içindeki çocuk gelişme çağının erken bir evresinde takılı kalır. Bahsettiğim hastamın gölge çocuğunun yaşı beşti. Lütfen içine dön ve gölge çocuğunun kaç yaşında hissettirdiğine bak. Sana gölge çocuğunun aynı şekilde geçmişteki gerçeklikte sıkışıp kaldığını ve bunun da düşünmeni, hissetmeni ve eylemlerini aşırı derecede etkilediğini söylediğimde buna lütfen inan. Dogmalarının etkilerini hiçbir zaman yeterince ciddiye alamazsın.

Yansıtma zaten başlı başına bir olaydır. Bunu yaptıkça büyük oranda dogmalarımız tarafından belirlenen benlik algılamamızı başkalarının aklına yansıtırız. Kendimizi iyi bulduğumuzda, bunu başkalarının da böyle görmesi gerektiğini düşünürüz. Kendimizi kötü bulduğumuzda, bu yargıyı da başkalarının akıllarına yansıtırız. Bir başkasının (başkasının aklına yapılan yansıtma) senin çok şişman, çirkin, salak, sıkıcı gibi özelliklere sahip olduğunu düşündüğünü ne kadar sık düşündüğüne ve başkasının bunu düşündüğünü düşünmenin senin nasıl moralini bozduğuna dikkat et. Sonra da yalnız bir adada yaşadığını hayal et: Aynı sorun ne kadar kötü olurdu? Başka biri bunu fark etmediği müddetçe çok kilolu, çok çirkin, çok salak ya da çok sıkıcı olduğumuz çoğumuzun hiç umurunda bile olmazdı. Bir şekilde genelde başkalarının ne düşündüğünü düşünmemiz önemlidir. Başkalarının akıllarına yansıtmalar yapıp kendi kendimizi bitiriyoruz. Bunun arkasında zaten daha yukarıda bahsettiğim yansıtmalı özdeğer algı mekanizması yatıyor.

Bu yüzden sadece dünyadan dışarı bakıp ve sadece orada neler olduğunu görmek ve kendini başkalarının gözlüyle görmeyi, yani kendimizi izlemeyi bırakmak iyi bir alıştırmadır. Bu şekilde daha iyi görebiliriz ve dışarıda ne olup bittiğini daha net algılarız.

"Gölge Çocuğunu İyileştir"* başlığında, gölge çocuğunla barışıp arkadaş olabilmene yardımcı olan alıştırmaları anlatacağım. Sırada gölge çocuğunun korunma mekanizmalarına geçmek istiyorum. Bunlar –genelde bilinçsizce– gölge çocuğumuzu bastırarak güçsüz hale getirmek istediğimiz davranış biçimleridir. Öfkenin asıl sebebinin, olumsuz dogmalardan ziyade dogmalarımız yüzünden kurduğumuz öz savunmamızdan kaynaklandığı bu noktada söylenmelidir.

* Dilersen bu aşamada "Gölge Çocuk Hipnozu" fantezi seyahatini indirebilir, olabildiğince sık dinleyebilirsin.

Gölge Çocuğun Korunma Stratejileri

İçsel izlerimize sıkıca bağlı olduğumuzda, yani farkında olmadan –ve bu yüzden tamamen– gölge çocuğumuzla kendimizi özdeşleştirdiysek gölge çocuğumuzu bastırmaya, daha doğrusu olumsuz dogmalarımızı hissetmeyecek şekilde davranmaya çalışırız. Aslında kendimizi ne kadar yetersiz hissettiğimizi başkalarının fark etmemesi için özellikle çabalarız. Yani gölge çocuğumuzun olumsuz duyguları ve düşüncelerinden bizi koruyan bahsi geçen korunma stratejileri geliştiririz. Bu korunma stratejilerinin büyük bir kısmı çocukken geliştirilir, örneğin, bağımlılıktan kaçma gibi; bazıları da yetişkinlik döneminde kazanılır. Önemli olan normalde içimizde çok sayıda dogma taşıdığımızı ki bu dogmaların çoğunun bazı insanlarda dört psikolojik ihtiyaç şeklinde sonuçlandığını anlamaktır. Buna uygun olarak çoğu insanda birden fazla korunma stratejisi vardır. Çoğu korunma stratejisi davranış düzeyinde faaliyet gösterir, yani davranışlarımıza yerleşirler.

Bu bölümde sana korunma stratejilerinin temel işlevlerini ve etki şeklini açıklamak istiyorum. Sonraki bölümlerde sıkça adı geçen korunma stratejilerini mercek altına alacağız.

Örneğin, bir insan içinde "Ben yetersizim!" dogmasını gizlice taşıyorsa ya onu zayıflatmak için (bilinçsizce) çok uğraşır ya da pes edip onu onaylamak için (bilinçsizce) çok çabalar. Bu dogmayı (ve bunun gibi doğrudan özdeğerle alakalı diğer dogmalarını) zayıflatmak için tipik bir strateji, *mükemmeli-*

*yetçilik çabası*dır. Mükemmeliyetçilik nadir durumlarda bir göreve bağlılık sonucu oluşur ama çoğunlukla bilinçaltında yatan başarısızlık ve reddedilme korkusundan kaynaklanır. Olumsuz dogmaları nedeniyle her şeyi doğru yapmak için çok uğraşan birçok insan vardır. Hata ve başarısızlıklar içlerinde utanç duymalarına yol açar – ki bu, hissettikleri yetersizliğin acıklı bir tescilidir. Bazılarıysa çoktan pes etmiştir; çocukken kendini zorlamanın bir işe yaramadığını sıkça deneyimlemişlerdir. Dogmalarının boşa olmadığını bu şekilde tekrar tekrar onaylarlar. Aşk konusunda da ilişkileri kötü gidecekmiş ya da işlerinde başarısız olacakmış gibi davranırlar. Örneğin, ilişki yaşamaya uygun olmayan bir partner seçerek veya karmaşık davranışlar sergileyerek partnerlerinin onlara karşı sabrı kalmayana kadar bunu yaparlar. İş hayatlarındaysa başarısız olma korkuları onları önemli görevleri ertelemeye ve önemsiz bir şey için çok zaman harcamaya itebilir veya başaramama korkuları nedeniyle asıl potansiyellerinin çok altında kalırlar. Bazıları da terminolojide "narsist" olarak adlandırılan bir korunma stratejisi geliştirmiştir. Bu da içlerindeki hassas gölge çocuğu, despot bir tavır aracılığıyla, kendilerini ve başkalarını en iyi oldukları konusunda aldatıp o ruh sağlığı yerinde olmayan gölge çocuğunu dengelemek anlamına gelir. (Bu konuya ve mükemmellik arayışına daha sonra daha detaylı değineceğim.)

Bir çocuğun otonomi ve kontrol isteği çok fazla zarara uğradıysa, "Senin insafına kaldım" ya da "Acizim" gibi dogmalar geliştirebilir. Yetişkin kişi, içindeki çocuk sürekli yenik bir pozisyona düşmekten korktuğu için, bunları mümkün olduğunca hissetmemek adına çok fazla *kontrol* ve *güç* arayışına girebilir. Fazla güç motivasyonu olan insanlar üstünlüklerini hep korumak isterler: konuşurken, iş hayatlarında, ilişkilerinde. İçlerindeki çocuk, şefkatli bir yakınlığı teslim olmayla ilişkilendirdiği için bağlanma korkusu yaşayanların sayısı da az değildir. Böyle kişiler duygusal ilişkilerden kaçarlar ya da yakınlık anlarından sonra partnerleriyle aralarına sürekli mesafe koyarlar. Bu kişinin gölge çocuğu çoktan ümitsizliğe kapıldıysa, kişi güçlü ve dominant gördüğü kişilere bağlanır ve kendini gönüllü olarak o kişiye tabi olur. Yani anne ya da babasıyla yaşadığı acı verici deneyimleri tekrarlar. Buna en tipik örnek, bir kadının onu aşırı derecede domine eden ya da kendisine kötü davranan bir erkeğe bağlanmasıdır; aynı şekilde buyurgan bir kadının boyunduruğu altına giren bir erkek de buna örnektir.

Buna karşın bir çocuk bağlanma ihtiyacı duyduğunda, dogmalarından biri "Ben yalnızım!" olacak kadar zarar görmüşse, korunma stratejisi olarak çok *kenetlenen bir davranış* kazanmış olabilir. Diğer insanlarla olan ilişkilerinin zarar görmemesi için, *huzuru* ve *uyumu* sürekli gözetecektir. Ya da gölge çocuk terk edilme korkusunu yakın ilişkiler kurmaktan kaçarak korur. Söylenegelen şu sözde de ifade ettiği gibi: Sahip olmadığım bir şeyi kaybedemem. Böylece kişi olaylar üzerindeki kontrolünü kaybetmez. Bu durumda gölge çocuk yalnızlığın en güvenilir seçenek olduğunu öğrenmiştir.

Haz tatmini ya da duruma göre isteksizliği önleme temel ihtiyacıyla ilgili olabilecek bir dogma da: "Keyif alamam!" Bu insanlar genelde *işe sığınarak* kendilerini korur çünkü boş zamanlarında pek bir şey yapamazlar. Bazıları neredeyse *mecburi rutinler* izler ve aşırı disiplinlilerdir. Diğerleri çocukluk deneyimlerini, *aşırı ve ölçüsüz tüketim* yaparak dengelemeye çalışır. Disiplin eksiklikleri vardır ve genelde dürtülerinin, kendilerini yönlendirmesine izin verirler.

Bunlar sadece korunma stratejilerinin esas olarak etki biçimini göstermek için birkaç örnekti. Bir üst seviyede korunma stratejileri *uyum, geri çekilme* ya da *aşırı telafi* olarak sınıflandırılabilir.

Korunma stratejileri ve dogmalar, yukarıda bir kısmını göstermeye çalıştığım gibi burada temel ihtiyaçlarla bire bir eşleştirilemez. Yani aynı "Ben önemli değilim" dogması bağlanma, kontrol, özdeğer ve haz tatmini ihtiyaçlarının zarar görmesinden ortaya çıkabilir. Aynı şekilde güç ve mükemmellik arayışı gibi korunma stratejileri de farklı temel ihtiyaçların karşılanmamasından doğabilir. Bunun dışında birçok korunma stratejisi çok fazla kesişim noktası içerir: Mükemmellik ve kontrol çabası ve aynı şekilde uyum çabası ve yardımcı sendromu birbirine böyle bağlanır.

Daha önce de belirttiğim gibi korunma stratejileri genellikle sorunlarımızın sebebidir. Bir insan "Ben sevilmeye değer değilim" dogmasını içinde taşıyorsa ve bundan dolayı başka insanlardan uzaklaşıp yakın ilişkilerden kaçınıyorsa, kendini geri çekmesinden kaynaklanan yalnızlık onun asıl sorunu olur. Buna karşın başka insanlarla iletişimini sürdürürse ve sevilmeye değer olmadığını düşündüğünü onlara anlatırsa yalnız olmaz, birileriyle bir bağlantısı olurdu. Kişilerarası ilişkilerimizi ve yaşam tarzımızı üstlenen, kendi içimizdeki olumsuz dogmalar değil de dogmalarımıza karşı etkili olsun diye seçtiğimiz korunma stratejilerimizdir. Sahip olduğumuz sorunların birçoğu sonuç olarak özkorunmadan kaynaklanır.

Önemli olan, korunma stratejilerinin değerini bilmen ve onlara saygı duymandır. Onlar sen çocukken çok anlamlı ve ölçülüydüler. Çocukluğunda anne babana en iyi şekilde uyum sağladın ya da onlara isyan ettin ki bunun için de muhtemelen iyi sebeplerin vardı. Fakat bugün korunma stratejilerin sebebiyle kendin ve başka insanlarla geçinmekte zorlanıyorsun. Bu çabalar bütün övgüleri hak ediyor. Burada tek bir sorun var: Gölge çocuğun senin artık bir yetişkin olduğunu anlamamış ve hâlâ geçmişin gerçekliğinde yaşıyor. Gerçekten gölge çocuğun ve yetişkin-ben'in şimdi özgür ve kendi ayakları üzerinde durabilir. Anne ve babaya bağımlı değilsiniz artık. Yetişkin kişi, korunma stratejilerinden daha iyi araçlarla kendisini koruyup savunabilir. Bunları sana "Korunma Stratejilerinden Hazine Stratejilerine" başlığı altında tanıtacağım. Fakat çocukluk stratejilerini, onlara saygı duyup olumlu şekilde değiştirmeden önce tanıman ve anlaman gerekmektedir.

Sana birazdan kendi kişisel ve özel stratejilerini sınıflandırabileceğin meta stratejilerini tanıtacağım. Örneğin, sürekli bilgisayar oyunları oynayıp böylece gerçeklikten kaçarak kendini savunuyorsan, bunu "kaçış ve geri çekilme" korunma stratejisinin altına yazabilirsin. Ya da kendi düşünceni savunacağına, şefinin önünde sürekli lafı dolaştırıp duruyorsan bunu da "uyum çabasının" altına ekleyebilirsin. Lütfen okumaya devam ederken ileride açıkça belirtilmeyen hangi bireysel stratejileri uyguladığına kendin dikkat et.

Özkorunma: Gerçekliği Bastırma

Rahatsız edici ya da katlanması zor gerçeklikleri bastırmak, yokluğunda zor işlev göreceğimiz çok temel bir korunma mekanizmasıdır. Dünyada meydana gelen bütün korkunç şeylerin, kendi saldırıya uğrama ihtimalin ve ölümlülüğün dâhil, farkında olsaydın büyük ihtimalle güçlü korku ve acizlik duyguları içini o kadar kaplardı ki neredeyse hiç hareket edemeyecek hale gelirdin. Yani bir şeyleri bastırmak başlangıçta sağlıklı ve değerli bir özkorunmadır.

Bir şeyi bastırdığımızda algımız kenara çekilir. Bir şeyi algılamadığımızda da buna yönelik (bilinçli) duygu, düşünce ve eylemler geliştiremeyiz. Bu yüzden psikolojik olarak korku, üzüntü ya da çaresizlik gibi rahatsız edici duyguları tetikleyen gerçeklikleri bastırırız. Bize büyük mutluluk ve haz veren bir şeyi (örneğin, eşimizi aldatmamız gibi büyük bir çatışmaya sebep olabilecek hazlar hariç) bastırmak için neredeyse hiçbir güdümüz bulunmamaktadır. Güzel bir çocukluk geçiren insanların bu hatıraları çok iyi hatırlayabilmelerinin, üzgün bir çocukluğu olan insanların ise boşluklu hatırlamalarının sebebi budur.

Aslında bastırma bütün "korunma stratejilerinin anasıdır" çünkü kendimizi korumayı, hissetmediğimiz ya da inanmak istemediğimiz şeyleri bastırarak sonuçlandırırız. Diğer güç ve mükemmellik arayışları, uyum çabaları ya da yardımcı sendromu gibi korunma stratejileri de bastırmaya hizmet eder.

Fakat sorunlarımı bastırırsam onlar üzerine çalışamam. Hatta onları çok uzun süre bastırırsam, bu durum bir gün artık gözlerimi yumamayacağım kadar çok sorunun birikmesine neden olabilir. Böylece "mükemmellik çabası" yorgunluk durumundan tükenmişliğe kadar götürebilir. Halbuki tükenmişlik, çoğu durumda sadece bunu yaşayan kişiye ve en yakın çevresine etki eden sonuçlardan biridir. Bir insan acizlik duygularını aşırı iktidar hırsıyla bastırdığında, özellikle de toplumda büyük bir etkiye sahipse bu çok daha sorunlu olabilmektedir.

Özkorunma: Yansıtma ve Suçu Başkasına Atma

Bastırma evrensel bir korunma stratejisidir ve bunun sonucunda diğerleri için dayanak oluşturur; yansıtmanın özkorunması için de durum böyledir. *Yansıtma* psikolojik bir teknik terimdir ve diğer insanları kendi ihtiyaç ve duygularım açısından algıladığımı ifade eder. Kendimi güvensiz ve aşağılık hissettiğimde, kolayca başka insanlara özel bir güç ve üstünlük hissediyor gibi yansıtabilirim. Örneğin, annemiz ve babamızla yaşadığımız deneyimleri, ilişki içinde olduğumuz partnerimize yansıttığımız durumlar sıkça olmaktadır. Örneğin, bizi sürekli yöneten bir annemiz var idiyse partnerimiz tarafından da yönetiliyor gibi hissetmemiz mümkündür çünkü onun da annemiz gibi olduğunu bilinçsizce varsayarız. Ya da cimrilik ve kurnazlığa yatkınsam, başka insanlara da aynı motifleri kolayca yakıştırabilirim. Aynı zamanda olumlu duygular ve istekleri de yansıtabiliriz. Örneğin, çok düzgün bir çevrede yetiştiysem, başka insanların da kendi anne babam gibi güvenilebilir olduğunu naifçe bekleyebilirim.

Bastırma ve yansıtma, algının psikolojik işleviyle ilgilidir. Algı da düşünme, hissetme ve eylemde bulunma gibi diğer psikolojik işlevlerin temelidir. Her şey algının üzerine kuruludur, yani bilincimizle eşit konumdadır. Bu yüzden gerçekleştiği anda algı bozukluğu, bunu yaşayan kişi için fark edilemezdir. Bozuk algının refleksiyonu en iyi şartlarda sonradan gerçekleşebilir. Sonra aniden "kafama dank edebilir" ve "yanlış filmde" hapsolduğumu anlayabilirim. Davranış ve eylemlere yönelik diğer korunma stratejilerinde, onları uygularken kendimizi yakalama şansımız daha yüksektir.

Biz insanlar hayvanlardan farklı olarak kendimizi reflekte edebilme yeteneğiyle donatılmışız. Fakat insanların bundan ne kadar faydalandıkları konusunda arada büyük farklılıklar vardır. Bazıları sürekli kendini reflekte etme ve kişisel gelişim ile meşgulken başkalarıysa bunu çok az yapar ya da neredeyse hiç yapmazlar. Kendini tanımaktan kaçan insanlar, genelde gölge çocuklarıyla iletişim kurmaktan son derece korkarlar. Örneğin, Petra'nın gölge çocuğu onun kötü biri olduğunu ve kimsenin onu sevemeyeceğini düşünür. Bu hissedilen değersizlik Petra için katlanılması zordur ve bu yüzden bu duyguyu geri püskürtmesi gerekir. Ancak bundan dolayı herhangi bir işleme açık değildir. Şimdi Petra'nın, kendinden daha iyi ve güçlü olduğunu algıladığı Julia'yla karşılaştığını hayal edelim. Petra kendiliğinden ama bilinçsiz olarak Julia'nın ona yukarıdan bakacağını ve onu reddedeceğini sanır. Kendisini Julia'nın olası mağduru olarak kendiliğinden kabul eder. Bu içsel olay Petra tarafından reflekte edilmez. Bunun yerine gölge çocuğu ve içindeki yetişkin birlikte ona psikolojik bir oyun oynarlar: Julia'nın güvenilir ve sempatik olmadığı hükmünü verirler ve onu kabul etmezler. Petra kendisinin hissettiği yetersizlik duygusunu, daha güçlü olarak addettiği karşısındaki kişiye düşmanlık olarak yansıtır.

Petra gibi sancılı kendini tanıma süreçlerini olabildiğince bilinçlerinden uzak tutmaya çalışma eğilimleri olan insanlar, kendi nahoş duygularını başka insanlara yansıtmaya yatkındırlar. Başkalarına, özellikle de bir şekilde üstün olarak algıladıkları kişilere, sürekli aslında kendi psikolojik eğilimlerinden kaynaklanan güdüler, duygular ve amaçlar yüklerler. Böylece suçluluk duygularını da bu şekilde püskürtürler. Kişi kendisine yanlış bir şey yaptığını kabullenmek istemez ve suçu bu yüzden bir günah keçisine atar. Bu, iki komşu arasında olabileceği gibi, geniş siyasi sahnede de gerçekleşebilir.

Hiç kimse algı bozukluğu ve yansıtmalardan muaf değildir. Bu hepimizin başına, hatta sürekli gelir. Fakat kendini tanımaya karşı çok büyük, hatta âdeta agresif bir şekilde karşı koyan kişiler de vardır. Bu kişilerle sorunlar hakkında yapıcı bir tartışma yürütmek çok zor, neredeyse imkânsızdır. Kendini tanımaktan ısrarlı kaçışlarından dolayı insanın eli kolu bağlanır. Bu kişilerin özdeğer duyguları da kendi suçlarını kabul etmek için çok kırılgandır. Aslında tamamen normal görünen insanların bir olayda kendi üstlerine düşen payı reflekte etmeye hazır olmadıklarında, ne kadar gerçeğinden çarptırılmış ve haksızca düşünebildiklerini görmek beni sürekli sarsıyor. Adaletsizlik ve şiddet daha hızlı yasal hale geldiği için, bütün halk gruplarının bu tür yansıtmaların kurbanı haline gelmesi asıl kötü ve tehlikeli olandır. Buna karşın A kişisi B kişisini çok bozuk algıladığında, B kişisine sadece A kişisinden uzak durmak kalır. En azından B kişisi A kişisi ile bağımlı bir ilişki içerisinde bulunmuyorsa eğer.

Bastırmalar ve yansıtmalar, her insanın gösterdiği ve algının temel ve psikolojik işleviyle alakalı olan korunma mekanizmalarıyken birazdan değineceğim korunma stratejileri biraz daha spesifik ve bireyseldir. Özellikle eylem düzeyine ilişkindirler ve böylece çok daha çabuk fark edilebilir ve bu yüzden de daha çabuk değiştirilebilirler.

Özkorunma: Mükemmeliyetçilik, Güzellik Takıntısı ve Takdir Edilme Bağımlılığı

Tipik dogmalar: *Ben yetersizim! Hata yapamam! Ben kötüyüm! Ben çirkinim! Bir işe yaramıyorum! Ben başarısız biriyim!*

Özdeğer konusunda güvensiz olan insanlar, hayatlarını defans yaparak yaşar. Hiçbir saldırı alanı bırakmak istemezler. Onlar için mükemmel, hatasız olan demektir! Mükemmeliyetçiler tüm güçlerini tüketme riski altındadırlar; içeriden bakınca hamster merdiveni kariyer merdiveni gibi görünür. Bu stratejideki sorun "yeter" ifadesinin olmamasıdır. Her zaman daha yükseği, ilerisi ve iyisi vardır. Böyle kişiler sürekli kendi arzularının peşinde koşarlar. Daha yeni bir ödül kazanılmış olmasına rağmen, bir sonraki elde edilmek zorundadır. Elde edilen başarılar sadece kısa bir süre için rahatlatır. Çünkü ilk etapta içlerindeki yetişkini memnun ederler, gölge çocuksa bunu etkileyici bulmaz. Dıştaki başarı, içte gölge çocuğun derin yaralarını iyileştiremez; geçmişteki gerçeklikte takılı kalır ve aslında yetersiz olduğundan inatla emindir. Bu çoğu insanın nesnel olarak çok başarılı olmalarına rağmen, kendilerinden şüphe etmelerinin ve memnun olmamalarının sebebidir. Çoğu kez başarılarının şans kaynaklı olduğunu ve bunu aslında hiç hak etmediklerini düşünürler.

Mükemmeliyetçiliğin bir diğer türü de *güzellik takıntısı*dır. Dış görünüşlerine çekidüzen verdiklerinde, bunu tamamen hedefe odaklanarak yapabilirler. Kalori sayarlar ve kiloya çok dikkat ederler, saçlarını boyatırlar ve kremler alırlar. Oysaki gölge çocuğun kendinden kuşku duyması elle tutulur olmadığından bununla savaşması da zordur. Bu yüzden kendilerine güven duymayanlar, ben-korkularını dış görünüşlerine yansıtırlar çünkü dış görünüşleri üzerinde somut bir şekilde tedbir alarak müdahalede bulunabilirler. Dış güzellikleri sayesinde elde ettikleri başarılar da aynı şekilde onlara sadece bir rahatlama sağlayabilir ama bu kalıcı bir iyileşme değildir. Çünkü bir insan ne kadar yaşlanırsa, bu stratejiyle o kadar çok zorlanacaktır.

Bu iki stratejinin ortak noktası böyle kişilerin, birlikte yaşadıkları kişilerin takdirini kazanmak için çok çaba göstermelerine neden olmalarıdır. Çoğu insan başkaları tarafından *takdir edilme* motivasyonuyla çok fazla şey yapar. Hobilerini, satın aldıklarını, partnerlerini ve bu gibi şeyleri de bu amaçlara göre belirleyenlerin sayısı az değildir. Hobileri, malları ve partnerleri özdeğerlerini yükseltmeye yarar. Oysaki neredeyse hiçbir insan böyle hırslardan arınmış değildir. Bunun sebebi de aslında sürü canlıları ve böylece de bağlılığa muhtaç olmamızdır. Takdir de toplumla bağ ve bağlantı kurmanın, tabiri caizse, para birimidir. Bağlanma ihtiyacımızla birlikte, reddedilmeye karşı büyük bir korku da ortaya çıkar. Sorun –yine sıklıkla olduğu gibi– olayın kendisinden, yani takdir edildiğimizde sevinmemiz ve reddedildiğimizde utanmamız gerçeğinden değil ama takdire ihtiyaç duyduğumuz kapsamında gerçekleşir. Takdir edilmeye neredeyse bağımlı olan insanlar, eylemlerini aşırı derecede buna odaklar ve gerçek istekleriyle ve kısmen de ahlaki değerleriyle irtibatlarını kaybederler.

Stratejinin takdir edilebilecek yanları: Mükemmelliğe özenen bir kişinin savaşçı bir doğası vardır. Fazla güce sahiptir, çalışkan ve disiplinlidir. Bunların hepsi güçlü özelliklerdir. Bu yüzden bu strateji sayesinde sen de çok yol aldın. Kendinle gurur duyabilirsin.

İlk yardım: Gölge çocuğunu, kimseye seni eleştirme fırsatı vermeyerek korumaya karar vermişsin. Stratejin sana başarılar için yardımcı olur fakat tükenme tehlikesi altındasın. Bunun dışında bu stratejiyle gölge çocuğuna ulaşamazsın aslında. Bu yüzden sana gölge çocuğunu teselli etmek için daha kısa ve daha az stresli yollar seçip seçemeyeceğini soruyorum. Ayrıca –içindeki yetişkin vasıtasıyla– başarı ve takdir ile ilgili bu olayın aslında tamamen zihninde gerçekleştiğinin bilincine var. Belki de kendini biraz serbest bıraksan hakikaten daha sempatik olacaksın. Ve lütfen gölge çocuğunun her zaman "daha yeni ve yüksek bir doza" ihtiyaç duyduğunu unutma. Bu stratejiyle zamanla huzur bulamazsın. Gölge çocuğunu nasıl daha az stresli tedbirlerle sakinleştirebileceğini bu kitabın devamında daha detaylı açıklayacağım.

Özkorunma: Uyum Çabası ve Aşırı Uyum Gösterme

Tipik dogmalar: *Sana uyum sağlamam lazım! Yetersizim! Sen benden karakter olarak daha güçlüsün! Hep iyi ve terbiyeli olmalıyım! Kendimi savunamam!*

Uyum çabası tıpkı mükemmeliyetçilik gibi çok uygulanan bir korunma stratejisidir ve bunlar genellikle birlikte devreye girerler. İki strateji de gölge çocuğun başkaları tarafından aşırı reddedilme korkusunu maskeler.

Uyum çabasında olan insanlar özellikle birlikte yaşadıkları insanların beklentilerini karşılamak isterler. Çünkü çocukken sevgi ve takdir kazanmak için bunun en başarılı yol olduğunu deneyimlemişlerdir. Güçlü bir irade uyuma engel olacağından, en iyi şekilde uyum sağlayabilmek adına "uyum için çabalayanlar" istekleri ve duygularını erkenden bastırmayı öğrenmişlerdir. İrademize inanılmaz bir ivme kazandırabilen öfke ve saldırganlık gibi duyguları refleks olarak bastırırlar. Onlar bir duruma agresif karşılık veremezler. Kişisel sınır ihlalleri ve incinmelere karşı öfkeden ziyade üzüntüyle tepki verirler. Bu yüzden bu tür bir korunma stratejisi olan insanlar, öfke duygularına iyi erişimi olan insanlardan daha fazla depresyona girme riski altındadırlar. Ancak bu, olaylara agresif karşılık veremeyen kişilerin öfke duygularının olmadığı anlamına gelmez; tepkileri bir nevi soğuk öfkeye dönüşür ve bu genelde pasif direnişle sonuçlanır. Yani ne istediklerini sesli olarak söylemezler ve kurdukları iletişimi kırılmış olarak sonlandırırlar, daha sonra da diğer insanlarla aralarına duvar örerler. Pasif ve aktif saldırganlığın farklı şekillerine "İktidar Hırsı ve Kontrol Çabası" bölümlerinde daha detaylı değineceğim.

Bir insanın kendisini daha çok uyum mu, yoksa direnme tarafına mı koyduğu sadece çocukluk deneyimlerine değil, doğuştan genel mizacına da bağlıdır: Buna göre yüksek bir uyum ihtiyacı olan kişiler daha barışçıl ve hassas bir ruhla dünyaya gelirken anne babalarına karşı gelen, yani isyan tarafına geçenler daha dürtüsel mizaca sahiptirler.

Uyum çabasında olan kişiler kendi isteklerini bastırmak konusunda çok antrenmanlı oldukları için, çoğunlukla kendileri de aslında ne istediklerini bilmezler. Kişisel hedefler belirlemek ve karar almakta zorlanırlar.

Kişilerarası ilişkilerde uyum çabasında olanlar çok kibar ve tatlı kişilerdir fakat korunma stratejileri, ilişkilerine bazen yük olabilir ya da ilişkilerinin tamamen bozulmasına sebebiyet verebilir. Uyum bağımlıları sivrilmekten çok korkarlar ve bu yüzden çatışmalardan çekinirler. Dolayısıyla çoğu zaman, en azından bununla direnişe sebep olacaklarından korktuklarında ne hissettiklerini, düşündüklerini ve istediklerini dürüstçe söylemezler. Gölge çocukları karşılarındakini hemen daha büyük ve daha üstün olarak algılar. Bu algı bozukluğundan dolayı kolayca kurban rolüne bürünürler: Görünürde güçlü olandan korktukları için gönüllü olarak ona tabi olurlar ve aslında istemedikleri şeyleri yaparlar. Ancak görünürde güçlü olan kişi, bundan dolayı diğer kişilerin gözünde suçluya dönüşebilir. Çünkü genelde içimizdeki yetişkin, gönüllü tabi olunmasına sebep olanın gölge çocuğun yansıması olduğunu düşünmez. Bunun yerine karşı tarafın sözde dominantlığına alınganlık gösterirler. Yetersiz kaldıkları ve diğer kişi tarafından domine edildikleri duygusu ne kadar çok artarsa, kişisel özgürlük alanlarını korumak için bu kişiden uzaklaşmaya o kadar çok eğilimli olurlar. Görünürde güçlü olanın genellikle bu sürece müdahale etme şansı yoktur çünkü bunun için çatışmadan çekinen kişi kendisini açığa çıkarmalıdır fakat reddedilmeye karşı temel korkusundan dolayı bundan kaçınır. Böylece sıkça gözlemlenen psikolojik bir etki ortaya çıkar: Görünürde zayıf olanın korku savunması, görünürde zayıf olanın kendisini korumak istediği şeyin görünürde güçlü olanın başına gelmesidir. Bu durum bu stratejide reddedilmekle karşılanır. Buna mağdur-fail sapkınlığı denir.

Stratejinin takdir edilebilecek yanları: Birlikte yaşadığın insanlarla iyi geçinmek ve onları kırmamak için çok emek veriyorsun. Bu seni, kendini ve ihtiyaçlarını sıklıkla arka plana attığın için sempatik ve sevmeye değer yapmakla birlikte çok iyi bir ekip arkadaşı olarak görülmeni sağlıyor.

İlk yardım: Gölge çocuğun olabildiğince kendisini saklı tutmak istiyor. Bu yüzden senin durumunun ne olduğu tam bilinemiyor. Gölge çocuğuna kendini biraz daha gösterebileceğini fark ettir. İsteklerin ve ihtiyaçlarının arkasında dur. Bunlar nedeniyle sempati kaybetmezsin, hatta bu seni etrafındaki insanlar için daha ulaşılabilir ve şeffaf kılacağından ötürü daha çok sempati kazanabilirsin. Çünkü böylece onların senin içinden ne geçtiğini sürekli düşünmeleri gerekmeyecek. Birlikte yaşadığın insanlardan uzaklaşıp onlara küsmektense ne istediğini söylemenin onlar için daha kolay olacağının farkına var. Bu sayede –amacın bu olmasa bile– mağdurdan faile dönüşmeyi önleyebilirsin.

Özkorunma: Yardımcı Sendromu

Tipik dogmalar: *Ben değersizim! Ben yetersizim! Sevilmek için sana yardım etmek zorundayım! Senin insafına kaldım! Ben sana muhtacım!*

Yardımcı sendromundan muzdarip kişiler, ihtiyacı olduğunu düşündükleri kişilere yardımlarını teklif ederek gölge çocuklarını korurlar. İyi eylemlerinden dolayı kendilerini daha değerli ve işe yarar hissederler. Bu açıdan yardımcı sendromu sosyal açıdan en zararsız korunma stratejileri arasında yer alır. Buradaki sorun yardımcıların aslında yardım edemeyecekleri kişilere bağlanmasıdır. Özellikle de ihtiyaç sahibi kendi partnerleriyse ümitsiz yardım çabalarında bulunabilirler. Tercihen bariz bir şekilde eksiklikleri olan kişilere bağlanırlar. Yardımcı kendisini, partnerini sıkıntısından kurtaran ve bundan dolayı onun için tahmin edilemeyecek derecede önemli bir beyaz atlı şövalye zanneder. Böyle kişiler psikolojik sorunları olan, bağımlı, bakıma muhtaç ya da finansal olarak batmak üzere olan kişileri partner olarak seçmeye yatkındırlar.

Kendi ayakları üzerinde duran kişilerse yardımcıların aşağılık duygusu hissetmelerine neden olurlar çünkü onların yardımlarına ihtiyaç duymazlar. Yardımcıların ilişkilerinde kurdukları denklem şöyledir: "Bana ihtiyacın var, o yüzden benimle kalacaksın!" Buradaki tek sorunsa bu denklemin nadiren çözüldüğüdür. Yardım edenler genellikle kazanamayacaklarını bile bile güçleri tükenene dek savaşırlar. Hedef objeye etkilerinin çok az olduğunu kabullenmek istemezler. Çünkü kişi kendi sıkıntıları için sorumluluk almadığı ve bir şeyleri değiştirmek istemediği müddetçe en iyi önerilerin dahi bir yardımı olmaz. Böylece durum bağımlılığa dönüşür: Yardımcı, aslında partnerini kendine bağımlı hale getirmek isterken ona yardım edemediği ve ondan kopamadığı için kendisi ona bağımlı hale gelir.

Yardımcının gölge çocuğu, partnerinin bu şekilde olmasının kendi suçunun olduğunu düşündüğü için bu kısırdöngüden çıkmak çok zordur. Neticede partnerinin sorunları sadece onu değil, ilişkiyi ve yardımcıyı da etkiler. Kişinin kendi ilgi ve sevgi ihtiyaçları kronik şekilde eksik kalır. Bundan dolayı yardımcının gölge çocuğu, değersiz ve kötü olduğu temel korkusunda tasdik edilir. Kendisine aksini ispat etmek için partneri için belki ona bir gün daha iyi davranır umuduyla savaşmaya devam eder ve kendisini değiştirmeye çalışır. Fakat bu savaş yüzünden partnerinin kancasında takılı kalır.

Stratejinin takdir edilebilecek yanları: Yardım etmek ve iyi bir insan olmak için inanılmaz çok emek veriyorsun. Bu çok fazla saygıyı hak ediyor. Bazı insanlara gerçekten çok yardımcı oldun ve onlar da sana bu yüzden müteşekkirler.

İlk yardım: Bu stratejinin sorunu, umutsuz projelerde kendini kaybetmeye eğilimli olmandır. Bu yüzden gölge çocuğuna, herkesin hemen yardımına koşamasa da yeterli ve değerli olduğunu sürekli hissettir. Ona bazı insanlara yardım edemeyeceğini göster. Kendi mutluluğundan yalnızca senin, yani gölge çocuğun ve içindeki yetişkinin sorumlu olmadığını, aynı zamanda başka insanların da bundan sorumlu olduğunu ona açıkla. Başka insanlara yardım etmeye elbette devam edebilirsin, bu müthiş bir özellik. Ama yardımının hangi durumda yerinde olduğuna ve hangi durumda uygun olmadığına dikkat et. Yardım ettiği kişileri kendine yardım etmek için dayanak olarak kullandığı hususunda gölge çocuğunu bilinçlendir. Yardımcı sendromunda tükenmek yerine, kendine daha sağlıklı bir içsel dayanağı nasıl bulacağını sana bu kitapta ileride göstereceğim.

Özkorunma: İktidar Hırsı

Tipik dogmalar: *Senin insafına kaldım! Ben acizim! Kendimi savunamıyorum! Ben yetersizim! Hata yapmamam lazım! Kimseye güvenemem! Her şey kontrolüm altında olmalı! İhmal ediliyorum!*

Bu korunma stratejisine sahip olan insanlar, daha aşağı ve zayıf bir pozisyona düşmekten, kendilerine saldırılmasından ve yok edilmekten aşırı korkarlar. Böyle kişiler çocukluklarında anne babalarının üstünlüklerinin insafına kalmışlardır. Uyum çabası olan kişiler gibi, iktidar hırsına sahip olanlar da gölge çocuğu çevresindeki insanlara potansiyel üstünlük ve dominantlık yansıtır. Aradaki fark bu stratejiye sahip kişilerin böyle durumlara cevabı uyum sağlama şeklinde değil, başkaldırma şeklinde olur. Bu modele sahip olanlar, kişilerarası ilişkilerde üstünlüklerini korumak isterler. Bunu yaparken (farkında olmadan) temelde iki strateji arasında bir seçim yaparlar: *aktif* ve *pasif direniş*. Çoğu kişi ikisini de uygular. *Aktif* ve *pasif direniş* sadece iktidar hırsına sahip kişilerle sınırlandırılabilecek bir davranış biçimi değildir, hepimiz –bazen zorunlu olarak– kişisel sınırlarımızı korumak için bunları uygularız. Bu noktada bu kavramları vurgulamamın nedeni, bunların iktidar ve kontrol güdüleri çok güçlü olan insanlar üzerinde çok önemli bir role sahip olmalarıdır.

Direniş gösterebilmek için belli bir oranda saldırganlığa ihtiyaç duyarım, bu yüzden duruma bağlı olarak aktif ya da pasif saldırganlıktan bahsedilir. Aktif saldırganlık şu şekilde tanımlanabilir: Bir kişi hakkını savunur, kavga eder, saldırır.

Pasif saldırganlık ya da pasif direniş ilk bakışta çok net anlaşılmaz. Pasif saldırgan davranan bir kişi karşı tarafa açıkça isteğini bildirmez, aksine büyük ve küçük sabotaj eylemleriyle direnir. Hepsinin temeli, kişinin kendisinden bekleneni *yapmamasıdır.* Sözler verilir, sonra ya "unutulur" ya hiç yerine getirilmez ya da ızdırap verici bir şekilde yavaş yapılır.

Pasif direnişin diğer tipik bir örneği de duvar örmedir: Diğerlerini terslemek ki bu durumda yatıştırmaya çalışmak ve yalvarmak da işe yaramaz. Bunun ardında ilişkide x kişiye çok fazla taviz verdiğini düşünen gölge çocuk vardır. Örneğin, hastalarımdan biri aslında memleketinde kalmayı tercih etmesine rağmen kendi "isteği dışında" partnerinin yanına, Trier'e taşınmış. Bilinçaltında partnerini o kadar çok suçlamış ki bu olaydan sonra cinsel aktiviteye olan isteğini kaybetmiş. Cinsel isteksizlik hem erkeklerde hem de kadınlarda pasif saldırganlığın en sık ifade biçimlerinden biridir. Bu küçük örnek bir karar verildiği takdirde bunun sorumluluğunu almanın ne kadar önemli olduğunu gösteriyor. Hastam kendisini –farkında olmadan– görünürde dominant olan partnerinin kurbanı yapmış ve gölge çocuğunun gönüllü olarak onun isteklerinin emrine girdiğini yansıtamamış.

İnatçılığın tabiatı pasif direnişle çok yakından ilişkilidir. Kendi istediklerini inatla ve taviz vermeden yapan insanlar, karşılarındaki insanda saldırganlığa sebep olurlar çünkü direnen kişi üzerinde hiçbir etki yaratamadığı için, kendisini çaresiz hisseder. Aktif saldırgan gibi davranan kişiler, korku ağır basmadığı sürece hedef objelerinde haliyle öfkeye sebep olurlar. Ancak aktif saldırgan kendisini böyle gösterir ve bu anlamda davranışının sorumluluğunu da üstlenir. Pasif saldırgansa dıştaki sakinlik maskesinin altında hareket eder. Bu davranış etkileşim içinde olduğu kişiyi öyle çıldırtabilir ki kişi etrafına çaresiz öfkesiyle saldırdığı için sonuçta "suçlu" o olur. Son olaydaki kişi psikoloji terminolojisinde "tanı konmuş hasta" olarak adlandırılır. Semptomları, yani bu durumda öfke ve saldırganlık, gösteren kişi olaya müdahil diğer kişilerin gözünde "psikopattır" ve bilinçdışı manipülasyon sayesinde verimli bir birlikteliği boykot eden pasif-saldırgan olarak görülmez.

Yüksek iktidar güdüsü olan kişiler, sürekli haklı olmak istedikleri, kendi dileklerini dayattıkları ya da pasif-saldırgan şekilde mantıklı iş birliklerini reddettikleri için kişilerarası ilişkilerde karşılarındakini yorarlar. Sıkça olduğu gibi burada da mağdur-fail sapkınlığı söz konusudur: Kendisini (anne babasının) mağduru ve zayıf olarak gören iktidar hırsı olan kişinin içindeki çocuk, karşısındaki kişiye kendisini aslında koruması gereken suni bir dominantlık ve üstünlük yansıtır. Güç stratejileri aracılığıyla kendinde mutlaka önlemek istediği acizlik duygularını karşısındakine yaşatır.

Bunun yanı sıra ilişkilerinde nazik ve uyum odaklı kişiler de en azından "zaman zaman" yüksek iktidar güdüsüne takıntılı olabilirler. İçlerindeki gölge çocuk bazen partnerlerini sebepsizce kırarak üzerinde baskı kurmanın tadını çıkarır. Hatta çok sempatik ve cana yakın bir hastam bana birlikte yaşadığı partnerinin morali yerinde olduğunda ve çok sakin olduğunda sürekli yıkıcı yorumlar yaparak onu aşağı çekme dürtüsü olduğunu anlattı. Aslında kendisi de bu davranışı çok korkunç buluyordu ve başlangıçta hangi amaçla bunu yaptığına dair bir açıklama getiremiyordu. Münferit durumları incelediğimizde incinmiş gölge çocuğun, partneri üzerindeki iktidarın tadını çıkardığı ortaya çıktı. Bu şekilde aşırı iktidar sahibi babasından farkında olmadan intikam alıyordu.

İktidar hırsının açık belirtisi de *talepkâr davranış*tır. Çok talepkâr tutumları olan kişilerin genelde "İhmal edildim!" şeklinde dogmaları vardır. Bu özelliklerinden dolayı kendilerini çabuk kandırılmış zannederler. Özkorunma için içlerindeki gölge çocuk "kendi çıkarını korumaya" karar vermiştir. İhtiyaçlarının karşılanmasını sert bir şekilde talep eder. Söz konusu kişiler bunu yaparken verdiklerinden çok daha fazlasını beklerler. Fakat dogmalarından dolayı kendilerini daha çok mağdur tarafında gördükleri için bunu farklı algılarlar. Onlarla etkileşimde bulununca diğer kişiler, "hanımefendiyi" ya da "beyefendiyi" hizmete hazır hatırşinaslıkla eğlendirmek zorundaymış gibi hissederler.

Böyle kişilerin daha ılımlı olanları da cimri olur. Haklarına titizlikle dikkat eder, başkalarınınkileri de gözetirler ama nedense ne mali işlerde ne de övgü ya da iyiliklerde eli açıktırlar. Her şeyi hesaba katar ve karşılığı da hesaplarlar. Gölge çocukları kendilerini "hiç harcamayarak" korur.

Stratejinin takdir edilebilecek yanları: Güçlü birisin. Kendini savunuyorsun ve karşı tarafa kafa tutuyorsun. Boyun eğmenin tam zıddısın. Epeyce güçlü bir hayatta kalma ve kendini kanıtlama iraden var. Bu da seni çoğu kez korumuş ve ileriye taşımış.

İlk yardım: Gölge çocuğuna annen ve babanla olan zamanın artık bittiğini anlat. Artık siz –içindeki yetişkin ve gölge çocuk– büyüdünüz. Elbette diğer insanlarla aynı haklara sahipsiniz ve elbette kendinizi savunabilirsiniz. Ancak sorun, sizin serçeleri âdeta bombalarla vurmanız. Dışarıdaki dünya düşündüğünüz kadar kötü değil. Rahatla, kendine ve başkalarına daha çok güven. İktidar hırsıyla çözmek istediğin ve hatta bununla körüklediğin birçok çatışma gereksizdir. İyi niyet ve empati seni ileriye daha rahat götürür. Bunun nasıl olacağını sana sonra göstereceğim.

Özkorunma: Kontrol Çabası

Tipik Dogmalar: *Her şeyi kontrol altında tutmak zorundayım! Kendimi kaybediyorum! Senin insafına kaldım! Sana güvenemiyorum! Ben yetersizim! Ben değersizim!*

İktidar hırsının bir çeşidi de aşırı kontrol çabasıdır. Kontrol de yine iktidar gibi güvenlik ihtiyacımıza hizmet eder ve o yüzden biraz da olsa hayatta mutlu kalmak için belli bir ölçüde kendimiz ve çevremize kontrol uygulamak zorundayız. Yüksek kontrol çabası olan kişiler, ortalamadan daha fazla netlik ve güvenliğe ihtiyaç duyarlar. Bunun arkasında gölge çocuğun kaos ve kendi kişiliğinin kaybetmesi korkusu (saldırılma ve yaralanmaya karşı) saklıdır. Kusursuz bir düzen, mükemmeliyetçilik ve belli kuralların sıkı takip edilmesiyle bu korkunun üstesinden gelinmek istenir. Kontrol çabasının bir çeşidi olan mükemmeliyetçilikte olduğu gibi, böyle kişiler –kontrol kaybı korkusundan– görev devretmekte sorun yaşadıkları için kendilerini anlamsızca tüketmeye yatkındırlar.

Fakat yüksek kontrol çabası olan kişiler, sadece kendilerini en uygun hale getirmeye değil, partnerlerine ve aile mensuplarına da dikkat etmeye meyillidirler. Kontrol manyağı olan kişi, onların eylemleri hakkında çok iyi bilgi sahibi olmak ister – kendine ne kadar az güvenirse, başkalarına güvenmekte de o kadar çok zorlanır. En şiddetli halinde bu güvensizlik, kıskançlık kaynaklı kuruntulara kadar varabilir. Bu nedenle birçok ilişki, taraflardan birinin aşırı kontrol çabası yüzünden bozulmuştur. Aynı şekilde kontrolün aşırılığı altsoyun sağlıklı gelişimini olumsuz etkiler.

Çoğu kontrolcü, sağlıkları veya fizikleri üzerindeki kontrolü korumak için neredeyse mecburi bir özdisiplin uygularlar. Gölge çocuk içsel olarak saldırılara açık oluşunu bu durumda bedenine yansıtır. Aşırı durumlarda hipokondriyak sağlık sorunları şeklinde kendini gösterir. Güzellik takıntısında olduğu gibi beden, altta yatan dağılmış yok edilme korkularının aksine, daha somut –ve böylece daha kontrol edilebilir– bir yansıtma alanı sunar.

Kontrol etmenin başka bir türü de *obsesif ruminasyon*dur. Birçok insan düşüncelerini durduramamaktan şikâyet eder. Neredeyse takıntılı bir şekilde düşünceleri hep aynı yolda gider. Obsesif ruminasyon çaresiz bir çözüm arayışı olarak görülebilir: İnşaat sahası temizlenene kadar beyin rahat bırakmaz. Sorunun düşünüp taşınıldığı bu sonsuz düzen, yardımı dokunmasından ziyade sorunun çözülmesini engeller.

Stratejinin takdir edilebilecek yanları: Kendine çok hâkim ve disiplinlisin. Hayatla başa çıkmak için disiplin çok değerli bir kaynak. Gurur duyabileceğin güçlü bir iraden var.

İlk yardım: Gölge çocuğunu saldırıya uğrama ve incinme temel korkusuna karşı korumak için genellikle elinden gelenin fazlasını yapıyorsun. Kontrol çaban yüzünden çoğu zaman kendini stresli hissediyorsun ve çevreni de strese sokuyorsun. Senin için gölge çocuğunun daha fazla özgüven kazanması çok önemli. Her şeyi bir şekilde yoluna koyabilmek için biraz da "tevekkül" göster. Gölge çocuğuna mevcut halinin yeterli olduğunu ve kendini hep böyle yormaması gerektiğini tekrar tekrar açıklayarak daha çok yaşama sevinci ve sakinlik geliştirmeye çalış. Sıkça mola ver ve bir şeyi tamamladığında kendini ödüllendir.

Obsesif ruminasyon sorunu yaşıyorsan, kendine her gün yarım saat ayır ve sorununu yazarak ele al. Ondan sonra var gücünle başka iş ve şeylere düşüncelerini ve dikkatini vermeye çalış. İçindeki yetişkin tereddüt ettiğinde her şeyin bir kâğıtta yazdığına ve hiçbir bilginin kaybolmadığına emin olacaktır.

Özkorunma: Saldırı ve Atak

Tipik dogmalar: *Ben senden karakter olarak daha zayıfım. Sana güvenemiyorum. Kendimi sınırlamamalıyım. Dünya kötü! İhmal ediliyorum! Ben önemli değilim.*

Daha önce de bahsettiğim üzere kişisel sınırlarımızı koruyan öfke ve kızgınlık duyguları insan hayatı açısından bir anlama sahiptir. Günümüzün sorunuysa düşmanlarımızı Taş Devri'ndeki gibi objektif olarak tespit edememememizdir. Yansıtmamız ve algı bozukluklarımızdan dolayı, olmadığı halde düşmanlar belirleriz. Gölge çocuğu başka insanlardan aşağı olduğunu zanneden kişiler, kendilerini hemen tek yanlı olarak saldırıya uğramış hissederler. Bu nedenle objektif açıdan masum olan yorumları hemen farklı anlayabilir ve buna alıngan tepki verebilirler. Aşırı (aktif) saldırganlığı açığa çıkarabilen bir duygu olan alınganlık, özellikle de –uyum için çabalayanların aksine– tepki olarak öfkesini bastırmayanlarda kendini gösterir.

Farkında olmadan kendilerini isyan tarafına atan insanlar, gerçekleşen ya da olası saldırılara karşı yine saldırıyla tepki verirler. Bu kitapta kırılmış egosundan karısını bıçaklayacak kadar nefret hisseden kıskanç koca gibi aşırı durumlara değil, günlük hayatımızda karşılaştığımız örneklere değinmek istiyorum. Örneğin, her yerde meşhur "cadaloz" insanlar gibi. Malesef cadaloz tabiri kadınlara yapışmıştır ancak o kadar fazla erkek cadaloz da var ki bu terimi iki cinsiyet için de kullanma özgürlüğünden istifade edeceğim. Herkes karşı tarafın birden alındığı ve insanın bu kadar kötü ne demiş ya da yapmış olduğunu kendisine şaşkınlıkla sorduğu durumu bilir. Cadalozlarda uyarı-tepki-eylem zincirlemesi çok çabuk ilerler, Michael örneğinde bunu açıklamıştım. Sözde bir saldırıyı, kırılma duygusu izler bu da öfkeyi açığa çıkarır ve ajitatörü kişiyi, sözlü ya da fiziksel, tepkisel olarak saldırtır. Elbette burada fiziksel saldırılar ve şiddetli sözlü saldırılar artık sadece "cadalozca" değildir.

Dürtüselliğe yatkın olan insanların en çok kendileri bundan muzdarip olur. Üstelik öfke krizleri geçtiğinde ve tekrar yetişkin-ben'e döndüklerinde durumu abarttıklarını bilirler. Sorun dürtüsel öfkenin dizginlenmesinin çok zor oluşudur. Bir kişi dürtüselliğine hâkim olmak istiyorsa, öfkenin en başta oluşmaması için müdahalede bulunmayı amaçlamalıdır. Yani müdahale incinmede başlamalıdır ve bu da elinizdeki kitabın asıl konusudur. İncinme konusuna ileride yine ve daha detaylı değineceğim.

Stratejinin takdir edilebilecek yanları: Hiçbir şeye boyun eğmiyorsun. Çok güçlüsün ve kendini savunmayı biliyorsun. Savaşçı bir doğan var. Ayrıca dürtüselliğin seni çok canlı yapıyor ve seninleyken kimsenin canı kolay kolay sıkılmaz.

İlk yardım: Gölge çocuğun biraz incinmiş. Bu yüzden ansızın ona saygısızca davranıldığı ve saldırıya uğradığı hissine kapılabilir. Mantıklı ve ölçülü tepki verebilmek için etrafındaki insanlarla olabildiğince yetişkin-ben durumunda ve aynı seviyede kalmaya çalışmalısın. Bunu yaparken seni öfkelendiren durumlara önceden hazırlanmak sana yardımcı olabilir. Algı bozukluğuyla gölge çocuğunun hangi kısmının burada iştirakçi olduğunu çok iyi analiz et ve onu içindeki yetişkinden ayır. Çünkü sonuncu mutlaka üstünlüğünü korumalıdır. Cevap stratejileri edinmen sana bunda yardımcı olacaktır. Bunun nasıl olduğunu sana "Hazırcevaplık Hakkında Kısa Bir Ders" başlığı altında açıklayacağım.

Özkorunma: Çocuk Kalma

Tipik dogmalar: *Ben güçsüzüm! Ben değersizim! Ben bağımlıyım! Uyum sağlamam lazım! Seni hayal kırıklığına uğratma-*

mam lazım! Tek başıma işlerin üstesinden gelemiyorum! Ben yetersizim! Seni terk edemem!

Bazı insanlar yetişkinliğe adım atmak istemez ve çocuk kalmak isterler. Hayatları boyunca kendilerini taşımaları umuduyla başkalarına sırtlarını dayarlar. Bu kişiler partnerleri ya da anne babaları olabilir. Anne babasından ayrılamayan insanların sayısı hiç de az değildir. Böyle kişiler kendi yollarından gitmeye cesaret edemezler ve önemli kararlarda anne babalarının veya başka insanların onayına bağımlılık hissederler. İçlerindeki gölge çocuğun, hayatına kendi başına şekil vermeye cesareti yoktur. Kendisini bağımlı ve değersiz hisseder. Bunun yanı sıra anne babasından ya da partnerinden kopma düşüncesi bile onlarda çok büyük suçluluk duygusuna sebep olur.

Anne babanın kararlarına kendini bağımlı hissetmek için onlarla iyi bir ilişkiye sahip olman şart değil. Artık anne babasıyla hiç iletişimi olmayan insanlar, onların –içselleştirilmiş– kurallarına göre hareket etmeye devam ederler. Ona çok kötü bir çocukluk yaşattıkları için anne babasını tamamen reddeden bir hastamı, adına Harald diyelim, hatırlıyorum. Ailesinden yüzlerce kilometre uzakta yaşıyordu ve onları nadiren görüyordu. Buna rağmen gölge çocuğu anne babasının, özellikle de otoriter babasının kendisine aktardıkları değerler ve görüşleriyle neredeyse yüzde yüz özdeşleşmişti. Babası için sadece başarılar önemliydi. Dinlenmek ve eğlenmek babasının gözünde değersizdi. Harald'ın annesi eşinden korkardı ve böylece oğlunu onun aşırı beklentilerinden ve şiddet içeren cezalarından koruyamazdı. Babasından çocukluğunda bile nefret etmesine rağmen onun başarı takıntısını tamamen almıştı ve psikoterapi seansları sırasında yetişkin-ben'iyle bile bundan uzak duramıyordu. Anne babasının yetiştirme tarzına uygun olarak çok başarılı bir kariyere sahipti ve sürekli çalışıyordu. Kendine hiç yaşama sevinci izni vermiyordu ve hayatın tadını nasıl daha çok çıkarabileceğine dair bir vizyonu da yoktu. Fakat içinde rahatlama ve hayat sevincine dair büyük bir özlem taşırdı. Buna rağmen isteklerine biraz daha boyun eğerse ipin ucunu kaçıracağına dair içinde büyük bir korku taşırdı. Sahip olduğu en önemli korunma stratejileri duruma uygun olarak kontrol ve özdisiplindi. Harald görünürde yetişkin olmasına, kendi kararlarını kendisi verebilmesine ve ailesiyle arasına ciddi bir mesafe koymasına rağmen yetişkin bir kişinin nasıl çocuk (gölge çocuk) kaldığına dair etkili bir örnektir.

Kendileri ve hayatı hakkında kararlar almak birçok insan için sorundur. Kader, partnerleri ya da anne babalarının kural ve beklentilerine uyarak sorumluluğu onlara yüklerler. Kendi yollarından gittikleri takdirde hayal kırıklığına uğratmaktan ve başaramamaktan korkarlar. Bunun yanı sıra çok düşük *engellenme toleransı*na sahiptirler; bu da bir hata yaptıklarında hissettikleri olumsuz duygulara neredeyse katlanamadıkları anlamına gelir. Çünkü eylemlerimin sorumluluğunu üstlendiğim zaman, hem karar verme hem de yanlış bir karar alma özgürlüğüne sahip olurum ve buna "kişisel başarısızlık" olarak katlanma riskini alırım. Bu bakımdan böyle insanlar için koruyucu kişinin, ne yapmaları gerektiğini kendilerine söylemesi daha tehlikesizdir.

Ayrıca böyle kişiler, başkalarının kendileri adına karar vermesine çocukluktan beri o kadar alışmışlardır ki çoğunlukla ne istediklerini kendileri bile bilmezler. Çoğu kez aslında yapmak istemedikleri şeyleri yaptıkları için hallerinden memnun olmazlar ve moralleri bozulur. Çoğu kez de yanlış sorumluluk duygularıyla kendi istek ve görüşleri olmadan hareket ederler. Bu yüzden kim oldukları ve ne istediklerine dair net bir duygu geliştirmeleri gerekir.

Bazı anne babalarsa baskıdan tehdide varana kadar farklı birçok yöntem kullanırlar. Anne babasının doğru bulduğu şeyi yapmadığı takdirde âdeta aile tarafından reddedileceği sinyalini çocuğa verirler. Böyle kişiler kendi yollarına gitmek istiyorlarsa ailelerinden kopmalıdırlar. Her şeye rağmen aileleriyle aralarında bir bağ olduğunu hissettikleri için bu çoğu kişi için ürkütücüdür. Bunun dışında bu radikal adımı atabilmek için çocuklar, anne babalarının tam da içlerinde bastırdığı şeye ihtiyaç duyarlar: güçlü bir kendine güven. Anne babalar –iyi de olsa kötü de olsa– çocuklarının hayati kararlarına çok karıştıklarında, bu durum çocuklarda anne babaları olmadan mantıklı bir karar verip veremeyeceklerine dair temel bir belirsizlik oluşturur.

Aynı şekilde bazı iktidar hırsı olan kişiler, istediklerini yapmadıklarında partnerlerini yaptırımla ya da ayrılıkla tehdit eder. Kişinin partneri gerçekten karşı çıkmak ya da kaçmak için kendisini fazla bağımlı hisseder. Bu konstelasyonda* da bağımlı olanın gölge çocuğu, partneri olmadan yaşayamayacağından çok korkar. Buna ayrıca "çocuk kalma" korunma stratejisine sahip olan kişilerin gölge çocuğunun kendisini hemen suçlu hissetmesi de eklenir. Böylece bu durumda kendisini suça iştirak ediyor gibi hisseder ve buna kişinin anne babası ya da partneri tarafından inandırıldığı durumlar da az değildir. Kişinin kendi suçunu kabul etmesi "zalim"lerle ilişkisini biraz daha katlanılabilir yapar: Kendi suçu, anne babasını ya da partnerini daha iyi gösterir. Böyle kişiler varsayılan koruyucu kişileriyle ilişkilerini idealleştirerek varolan bağımlılıklarını sürdürebilirler. Söz konusu bağımlılık, kişileri aynı zamanda korkutucu ayrılıklardan ve/veya şiddetli tartışmalardan korur. Buna ek olarak da sözde suça iştirak varsayımı, kişiye kontrol duygusunu geri verebilir, daha doğrusu hissedilen acizliği azaltabilir. Örneğin, hastalarımdan biri dominant ve manipüle edici eşinin ona yaptığı her suçlamayı haklı buluyordu. Kadın onu sürekli eleştirip depresyonu ve migren ataklarının suçlusu olarak görüyordu. Hatta o da eşine hak vererek (farkında olmadan) belli bir kontrol

* Bir sistem içindeki ögelerin birbirine göre konumu, durumu ve birbirinden etkileşimi anlamına gelen ve psikoterapi literatürüne Bert Hellinger tarafından kazandırılan bir kavram. (yay. n.)

illüzyonu sürdürüyordu. Bu durumun alternatifi, eşinin haksız kararlarına yenik düşmüş hissetmek olacaktı.

Sözde suç iştirakinin kabulünde, her şeyi iyiymiş gibi göstererek kendini korumak yatar. Bunu yapan kişiler kendi bağımlılıklarının boyutunu bastırırlar ve partnerleri ile anne babalarını savunurlar. Aralarındaki ilişki sıkıntılı da olsa onlara karşı sadakat hissederler. Yüksek bağlanma istekleri ve hissedilen bağlılıktan dolayı "koruyucu kişi"yle ilişkilerindeki zorlukları bastırırlar.

Eskiden kadınlar eşlerine klasik anlamda bağımlılardı ve bu durum bugün de kısmen böyledir. Sorumluluklarını eşlerine yükleyen yeterince erkek vardır; bunlar "annecik"lerinin her şeyle ilgilenmesini beklerler ve bu da direkt olarak evin geçimini sağlamakla alakalı değildir – ya da tam da bununla alakalıdır. Eşlerine maddi anlamda bağımlı olan erkeklerin sayısı gittikçe artmaktadır; bu da erkeklerin çocuk yetiştirmeyi üstlenmelerinden değil, mesleki açıdan ayaklarının yere sağlam basmamasından kaynaklanır.

Stratejinin takdir edilebilecek yanları: Gölge çocuğunu korumak ve her şeyi olabildiğince doğru yapabilmek için çok çaba gösteriyorsun. "İyi bir oğlan" ya da "sevimli, uslu bir kız" olmak için çok uğraşıyorsun. Anne babanın seninle gurur duyabilmesi için elinden gelen her şeyi yapıyorsun.

İlk yardım: Gölge çocuğun başkalarını hayal kırıklığına uğratmaktan ve hata yapmaktan aşırı derecede korkuyor. İçindeki yetişkininle hataların da hayatın bir parçası olduğunu ve hata yapabileceğini ona anlat. Yetişkin-ben'ini güçlendirmen önemli. Argüman yoluyla alıştırma yaparak bunu başarabilirsin. İyi bir argüman tıpkı anne babanın kendi yaşama sevinçlerinden sorumlu olmaları gibi, senin de kendi yaşama sevincinden bizzat sorumlu olmandır. Etrafındaki insanların beklentilerini karşılamak için bu dünyaya gelmedin. Verdiğin her kararın, seni yolunda biraz daha ilerlettiğini kendine fark ettir. Bunun aksine sabit durup ilerlemediğinde kaybolmazsın belki ama bir yere de varamazsın. Tartışma konusunda nasıl kendini geliştireceğini sana "Çatışmalarla Başa Çıkabilecek Nitelikte Ol ve İlişkilerini Düzenle!" başlığında göstereceğim.

Özkorunma: Kaçış, Geri Çekilme ve Kaçınma

Tipik dogmalar: *Savunmasızım! Ben zayıfım! Ben değersizim! Güçlü bir karaktere sahip değilim! Sana güvenemiyorum! Yalnız olmak daha güvenli! Başaramıyorum!*

Kaçış ve geri çekilme, kendini bir konuda yüzleşme yapacak kadar güçlü hissetmediğinde kaçınmak istediğin bir konuşma için çok tercih edilen korunma stratejileridir. Daha önce de bahsettiğim gibi, normalde aynı anda birçok korunma stratejisi uygularız ve bunları duruma göre değiştiririz. Böyle bir durumda saldırıya geçilir, başka bir durumda kaçmaya öncelik verilir – bu kendi başarı şansının tahminine bağlıdır. Bunun yanı sıra saldırı ya da kaçış gibi korunma stratejileri tek başına sorunlu değillerdir, aksine kendimizi tehlikelerden korumak için mantıklı ve doğal tepkilerdir. Sorun yalnızca tehlikenin tanımında yatar. Gölge çocuk kendini ne kadar zayıf ve saldırıya açık hissederse, durumunu o kadar çabuk tehlikeli olarak sınıflandırır. Dogmaları yüzünden yeteneklerini azımsayan kişiler, bu yüzden kronik olarak firardadırlar. Bunu yaparken korkularıyla ve sözde güçsüzlükleriyle yüzleşmekten kaçtıkları gibi, kendilerini zayıflıklarıyla karşı karşıya bırakabilecek insanlarla yüzleşmekten de kaçarlar.

İlk etapta duvarları arasına çekilerek kendini koruyan insanlar, çocukluk tecrübelerinden dolayı yalnızlığın kişilerarası temastan daha güvenli bir seçenek olduğu anlamına gelen dogmayı içselleştirmişlerdir. Yalnız olduklarında kendilerini sadece güvende değil, aynı zamanda da daha özgür hissederler çünkü sadece yalnız olduklarında özgürce karar verme ve özgürce hareket etme duygusuna sahip olurlar. Başka insanlar yakınlarında olduğu andan itibaren, onların (sözde) beklentilerini karşılama zorunluluğunu (bununla ilgili bir sonraki bölümde daha fazla detay vereceğim) amaçlayan çocukluk programları devreye girer.

Ancak kendinden ya da başka insanlardan kaçmak için inzivaya çekilme zorunluluğu yoktur. İş, hobi ya da internet gibi aktivitelerle de kaçılabilir. Aktivitelerle bir şeylerden kaçmak, bizi temel sorunumuzdan uzaklaştırmaya yarar. Kaçan kişiler, aktivitelerle kaçışın amacı özellikle de gölge çocuğun altta yatan ihtiyaçlarının bastırılması olduğu için, bunun farkında olmak zorunda bile değildir. Sürekli meşgul olmak, gölge çocuğun kendinden şüphe etmesi ve dikkatini korkularından uzaklaştırmak için idealdir. Milyonlarca insan sessizlikte olumsuz dogmalarını işittikleri için sessizce oturamaz. Kendilerini ve etraflarını aralıksız koşuşturmaları nedeniyle yorarlar. Burada yine sağlıklı ve sağlıksız arasındaki dengeyi kurmak çok hassas bir iştir. Yani "dikkat dağıtma" kendimizi olumsuz durumlardan kurtarmak için mantıklı bir tedbir olabilir. Fakat asıl sorun dikkat dağıtma yüzünden küçüleceğine gittikçe büyüyorsa, o zaman doğrudan sorunu kabullenmek daha uygun olur. Bunun için en başta, sorun çözmekteki en önemli ve temel adım olan bir sorunumun olduğunu kabullenme adımını atmam gerekir.

Kaçma ve geri çekilmeyle birlikte *kaçınma* da korunma stratejisi sayılır. İstisnasız hepimiz nahoş bir durumdan ya da işten kaçınırız. Söz konusu olan yine bir işten ne ölçüde kaytardığımızdır. Özellikle de içimizde korku ya da isteksizliği tetikleyen durum ve işleri kaçınmayla karşılarız. Buradaki sorun kaçınmadan dolayı korku ve isteksizlik duygularının zayıflamak yerine daha güçlenmesidir. İsteksizlik duygusuyla, ertelenen işler yığını gittikçe daha da büyür ve bu da isteksizliği daha çok artırır. Korku duygusundan ne kadar sık uzak durursam o kadar çok kuvvetlenir. Kaçınma yüzünden bazı durumların üstesinden gelemeyeceğimize gittikçe daha fazla inanmaya başlarız. Kaçınma beyin açısından, tabiri caizse korku ve isteksizlik duygularımızı pekiştirir. Ayrıca kaçınma sorunların üstesinden gelmeyi tecrübe etmemizi de engeller. Ancak tam tersine -korkumuza rağmen- bir zorluğa göğüs germeyi başardığımızda kendimizle özellikle gurur duyarız. Bir dahaki sefere aynı ya da benzer durumlarda daha da az korkarız.

Kaçma ve kaçınmanın özel bir türü de *kaskatı kesilme refleksi*dir – bunu yapan kişiler burada kendilerini içsel olarak kapatarak aslında kendi içlerine saklanırlar. Bu süreç genelde kasıtlı bir şekilde işlemez; çoğunlukla refleks olarak ya da kendiliğinden gerçekleşir. Bu korunma stratejisi çocukluğun ilk yıllarında, çocuklar sorunlardan ne uzaklaşabildiklerinde ne de kendilerini koruyabildiklerinde, olabildiğince hiçbir şey hissetmemek için yalnızca içsel olarak temastan ayrılma imkânları kaldığında oluşur. Terminolojide bu özkorunmaya *dissosiyasyon* adı verilir.

Böyle kişiler başka insanlarla temasta aşırı zorluk çektiklerinde, içsel olarak çevrimdışı olurlar. Karşı taraf, diğer kişinin içsel olarak uzakta olduğunu çok net hisseder. Dissosiyasyona yatkın kişiler, kendilerini hem içsel hem de dışsal olarak çok sınırlandıramaz. Bu, başkalarının ruh halini ve ruh hali değişimlerini çok fazla içselleştirdikleri ve kendilerini bundan sorumlu hissettikleri anlamına gelir. Âdeta antenleri sürekli alıma ayarlı gibidir ve bu, kişilerarası temasta çok büyük strese sebep olabilir. Aşılmış içsel sınırlar nedeniyle kendilerini kısa süre içinde diğer insanların yakınlığından istilaya uğramış gibi hissederler. Böyle kişiler kendilerini sadece içe doğru değil, dışa kaçarak da korur. Kendilerini en güvenli hissettikleri anlar yalnız oldukları zamanlardır. İçlerindeki çocuk, kişilerarası temasın stres anlamına geldiğini öğrenmiştir. Bu durumun nedeni ya muhtaç ve zayıf bir anneyle ya da muhtaç ve zayıf bir babayla aralarına mesafe koyamamaları veya anne babalarını tehlikeli olarak algılamalarıdır. Travmatize olmuş (yetişkinliklerinde de) kişiler dissosiyatif belirtiler gösterir.

Stratejinin takdir edilebilecek yanları: Kendini zorlanmış hissettiğinde gölge çocuğunu, kaçma ve geri çekilmeyle koruman çok mantıklı. Bu şekilde kendinle ilgilenmiş oluyorsun ve güçlerini paylaştırıyorsun.

İlk yardım: Geri çekilme çok akla yatkın bir korunma stratejisi olsa da çoğu zaman "hayaletlerden" kaçıyorsun. Saklanmana hiç gerek yok. Bu kitaptaki alıştırmalar sayesinde gölge çocuğuna yeterli olduğunu, en önemlisi girişken olabileceğini ve kendini savunabileceğini öğret. Kendi haklarını, isteklerini ve ihtiyaçlarını daha çok savunduğunda başka insanlarla temasta daha özgür ve kendine güvenli hissedeceğini göreceksin.

Ara Söz: Gölge Çocuğun Yakınlık ve Sahiplenilme Korkusu

Bir çocuk anne babasının beklentilerine aşırı derecede boyun eğmek zorunda kalırsa kendisini yeterli bir şekilde kanıtlayamaz. Bunun yerine anne babasının duygu durumu ve isteklerine tam zamanında tepki verebilmek için sanki antenlerini uzatmaya çalışır. Anne baba kurallarını katılık ve otoriteyle değil, çocuk onların isteklerine göre hareket etmediğinde *hayal kırıklığına* uğradıklarını belli ederek yansıtıyorlarsa bu durum çocuk açısından özellikle zordur. Beklentilerini karşılamadığı için üzüntüyle tepki veren bir annenin çocuğunun, annesiyle arasına mesafe koymak gibi bir şansı yoktur. Çünkü annesi üzgün olduğu için ona karşı acıma duyar, kendisini de bu durum için suçlu ve sorumlu hisseder. Bu yüzden annesi mutlu ve memnun olsun diye "gönüllü olarak" annenin her istediğini yapar. Buna karşın beklentileri karşılanmadığı zaman öfkeyle tepki veren bir annenin çocuğunun, annesi hakkında "Aptal kadın!" diye düşünme ve bundan dolayı en azından kendini içsel olarak ondan uzaklaştırabilme ihtimali vardır.

Bağlanma korkusu yaşayan insanlarla sıkça psikoterapide karşılaşırım. Böyle kişilerin kendilerini sağlıklı bir şekilde savunma sorunları vardır ve bundan dolayı partnerin yakınlığından dolayı kısa sürede kendilerini sıkıştırılmış hissederler. Çocukken anne ya da babanın –çoğunlukla annenin– aşırı sahiplenici olduğu durumları sıkça yaşamışlardır. Çocuk annesiyle birlikte evde durmak yerine arkadaşlarıyla oynamak istediğinde, anne bu duruma hayal kırıklığıyla tepki verir. Buna Thomas'ı (39) örnek olarak gösterebilirim: Annesi, ona sevgisizce davranan ve evlilik dışı ilişkiler yaşayan babasından çok çekermiş, bu yüzden de genelde üzgün olurmuş. Küçük Thomas'ın zavallı anneyi teselli etme isteği varmış ve özellikle de annesi onun yanında "kötü baba" hakkında içini döktüğü için, gitgide annesi için yedek partner rolüne kaymış. Küçük Thomas, annesinin yanında olduğunda bunun ona iyi geldiğini hissedermiş. Bu yüzden annesini mutlu etmek için, öğleden sonraları arkadaşlarıyla oynamaktan feragat edermiş. Kişi buna benzer olaylar sonucunda şöyle dogmalar geliştirir: "Seni terk etmemem lazım", "Ben senin mutluluğundan sorumluyum", "Hep yanında olmalıyım", "Kendi iradem olamaz". Thomas bu programlamalardan dolayı partnerinin yakınlığına ancak sınırlı ölçüde katlanabiliyordu. Kız arkadaşıyla aynı odada olduğu zaman, kendisini kaybedeceği duygusuna kapılırdı. Yalnızca tek başına olduğunda kendini gerçekten özgür ve kendi hakkında karar verebilir hissederdi. Bu yüzden yakınlık anlarından sonra sürekli aralarına mesafe koyardı. İlgili sevgilinin varlığının içinde yol açtığı stresten dolayı partnerine karşı olan duyguları da değişirdi. Baştaki âşık olma duygusu yerini, aslında onun doğru kişi olup olmadığı şüphesine bırakırdı. Bu yüzden sıkça işe kaçar, bazen partnerini aldatır, yasak ilişkiler yaşar ya da ilişkiyi bitirip "daha iyi" birini arardı. Bu durum "doğru kişi"ye olan bitmez arayışının eski sevgilisinin sözde kusurlarından değil, kendinin bağlanma korkusu yaşadığından kaynaklandığını anlayana kadar devam etti.

Psikoterapide Thomas anne-yansıtmalarını çözdü ve ilişki içindeyken de kendisini özgür bir insan gibi hissedebileceğini öğrendi. Bunun için kendi isteklerini savunmayı ve kendi arzu ve ihtiyaçlarını ilişkiye dâhil etmeyi öğrenmek zorunda kaldı. Çünkü içindeki çocuk, ilişkilerin *başından geçtiğini* ancak onları direkt olarak *şekillendiremeyeceğini* öğrenmişti. Thomas, partnerinin insafına kalmadığı duygusunu daha çok kazanıp bir ilişkide kendi haklarının da olduğunu öğrendikçe ondan kaçmak yerine ona olan yakınlığın tadını o kadar çok çıkarmaya başladı.

Bağlanma korkusu konusuyla özellikle ilgileniyorsan, *Bağlanma Korkusu* ve *Vom Jein zum Ja* kitaplarımda konuya dair daha fazla şey bulabilirsin.

Özel Durum: Bağımlılığa Sığınma

Yemek yemek, alkol almak, sigara içmek, uyuşturucu tüketmek gibi şeyler koruma, şefkat, sakinlik ve ödül arayan gölge çocuğu teselli eder. Fakat dertler ve sorunlardan dikkati uzaklaştırmak için alışveriş yapmak, çalışmak, oyun oynamak, seks ve spor da bağımlılık gibi yapılabilir. Bağımlılık en başta haz duygumuzla ilgilidir. Uyuşturucular, ister maddeye ister davranışa bağlı olsun, "mutluluk hormonu" denilen bir nörotransmitter madde olan dopamini salgılar. Bir bağımlık türüne boyun eğdiğimizde isteksizlik duygularını yok edip haz duyguları oluştururuz. Madde ya da davranış tarafından doğrudan ödüllendiriliriz ya da duruma göre maddeyi alamadığımızda ya da belli bir davranışı yapamadığımızda isteksizlik duyguları yoksunluk semptomları şeklinde kendisini gösterir. Haz ve isteksizlik duyguları motivasyonumuzun temelidir ve bağımlılıktan kurtulmayı bu kadar zor kılan da tam olarak budur. Aynı şekilde hayat da bir anlamda isteksizliği önleyip hazzı artırmak hakkındadır. Sürekli mutluluk arayışındayız ve bundan dolayı bağımlılıklara yatkınız.

Uzun vadeli olumsuz sonuçlar bir şekilde gelecekte yer alır ve bu yüzden onları iyi bir şekilde bastırabiliriz ya da bağımlı kişi davranışının sonuçlarından bir şekilde muzdarip olur. Örneğin, kişi yağlanmış karaciğer ya da kronik bronşit gibi sonuçlarla karşılaşabilir fakat buna rağmen bağımlılıklarından kopamaz çünkü uyuşturucu olmadan yaşama düşüncesi, aşırı korku ya da isteksizlik duygularına, hatta fiziksel ağrılara yol açar.

Bir maddeye olan bağımlılık, alkol bağımlılığı gibi, bugünlerde "metabolik hastalık" olarak geçer çünkü bu tür bağımlılıklar âdeta beyni değişime uğratır ve bu şekilde özgür irade üzerinde olumsuz bir etki yaratır. Yoksunluk belirtileri o kadar kötü ya da istek o kadar çok olabilir ki irade onların altında çöker.

Ancak Harvard Tıp Fakültesi'nden psikolog Gene M. Heymann gibi, bağımlılığı bir hastalık olarak değil, "karar verme davranışının istemli bozukluğu" (*disorder of choice*) olarak gören araştırmacılar da vardır. Bu konudaki akla yatkın bir argüman, epidemiyolojik araştırmalara göre bağımlıların neredeyse yarısının, bir gün bağımlılıklarından kurtulduklarını gösterdiğidir. Şizofreni, Alzheimer ya da diyabet hastaları bu seçeneğe sahip değillerdir.

Heymann, bağımlılığın –örneğin göz kırpma gibi, uyarılara tepki olarak gerçekleşen irade dışı davranışların aksine– kendi sonuçları tarafından yönlendirilen bir davranış olduğu argümanını savunur. Göz kırpılması, şimşek ışığı gibi bir uyarının refleks şeklinde takip edilmesidir. Bilerek göz kırpmak keyfidir ve davranışımızın sonuçlarını tahmin edebilen beyin yapımız tarafından yönetilir. Bu şekilde bir erkek, beğendiği bir kadına göz kırpmasının başarılı bir sonucu olup olmayacağını tartar. Bu anlamda bağımlılık, davranışlarımızı yöneten aynı motivasyon ve karar mekanizmasına tabidir. Bahsi geçen varsayım çoğu bağımlının, bağımlılıklarını sürdürecek davranışlarını yapmaya devam etmenin maliyeti çok yükseldiğinde terk etmesini ya da tam tersi, vazgeçmenin karşılığı, bağımlılığı bırakmanın kazancından daha yüksek göründüğü için bağımlılığın bırakılmadığı argümanını destekler. Bu, bağımlılığın güvenilmez, bağımlılık ne kadar uzun sürerse alternatif davranış biçimlerinin o kadar cazibesini kaybetmesi olayına da bağlıdır.

Bağımlılıkta içimizdeki yetişkinin görüşleri ve gölge çocuğun duyguları arasında büyük çelişkiler vardır. Bu anlamda içimizdeki yetişkin davranışının çok zararlı olduğu ve durması gerektiğini çoğunlukla çok iyi bilir. Fakat gölge çocuk mutlaka ve derhal (!) ödüllendirilmek ve kendini derhal (!) iyi hissetmek ister. Özellikle de yemek yemek, alkol tüketmek ve sigara içme gibi oral bağımlılıklar, gölge çocuk üzerinde çok büyük teselli edici ve sakinleştirici etki yapar. Çok derinde yatan fakat bilincinde olmadan anne göğsüyle yapılan ilişkilendirme nedeniyle oral bağımlılıklar doyma, beslenme ve şefkat gibi çocukluk ihtiyaçlarını karşılar. Bağımlılıklar sadece teselli ve dikkat dağıtma arayışında olan gölge çocuğa değil; eğlence, macera ve heyecan isteyen güneş çocuğa da hitap eder. Bu yüzden sadece üzüntüsünü teselli etmek ve sorunlarından uzaklaşmak isteyen insanlar bağımlı olmaz; şevk, haz ve macera arayanlar da bağımlı olabilir. Asıl nokta içimizdeki çocuğun doğal olarak aşırılıklara yatkın olmasıdır. Çünkü çocuk hep en çok rahatlığı sağlayan şeyleri yapmak ister. Sorun şu ki bu rahatlıklar, beynin alışkanlıkların koşullandırılmasından dolayı, bağımlının bağımlılığı üzerinde kontrolünü kaybetmesinden dolayı bağımlılığa dönüşebilir. Bağımlılıktaki en kötü olan şey, ne kadar uzun yaşanır ve sürerse söz konusu kişinin bağımlılığından kurtulmayı başarma umudunu gittikçe azaltmasıdır. Kişinin içindeki yetişkin de o zaman bir gün "Bunu başaramayacağım!" diye düşünmeye başlar.

Çoğu zaman bağımlılıktan kurtulma, gölge çocukta kısa tatminlerden ziyade uzun vadeli ödül duygusu daha çekici olduğunda başarılır. Bu sayede çoğu uyuşturucu bağımlısı, hayatlarında yeni bir iş ya da yeni bir ilişki gibi olumlu bir değişim olduğunda bağımlılıktan kurtulur. Bu yüzden birçok bağımlılık tedavi programı, kısa vadeli haz kazanımını azaltıp uzun vadeli hedefleri daha çekici yapma ilkesi temeline dayanır. Kamudaki sigara yasağından dolayı sigarayı bırakanların sayısı az değildir çünkü sigara içmenin kısa süreli haz kazanımı, bunun için yağmurda ve soğukta kapı önüne çıkmaları gerektiğinde oldukça sınırlı olur. Bana göre bağımlılıktan kurtulmada etkili olan şey kişinin kendisini motive eden tüm duyguları yaşaması ve davranışlarını değiştirmesidir. Bu da uzun vadeli sonuçlara karşı duyulan korkuyu bastırmak yerine izin vererek kişinin kendisini bağımlılıklarından kurtarması sonucu gelen yaşama sevinci ve rahatlamayı umma anlamına gelir. "Bağımlılığa Karşı Hazine Stratejileri" kısmında, içimizdeki çocuğu ve içimizdeki yetişkini bağımlılık programından çıkmaya motive etmek için birkaç yöntem daha tanıtacağım.

Stratejinin takdir edilebilecek yanları: Çoğu bağımlılık onlara bir kere alışınca aşırı keyif verir. Alkol almak, sigara içmek, yemek yemek gibi şeyler şevk verir ve birçok haz duygusunun hissedilmesine neden olur. Ayrıca baştan çıkarıcı şeylerle çevrilmişizdir. Bunlara karşı sürekli iradeni kullanman kolay değil. Aslında sadece iyi olmak istiyorsun.

İlk yardım: Çoğu bağımlılığın maliyeti çok yüksektir, bundan dolayı sıkça suçluluk duygusu hissedersin ve kendini aşağı çekersin. Çok derin bir ikilemdesin: bir yanda seni kısa vadede mutlu eden bağımlılık ve diğer yanda da bunun sonuçlarından korkman. İlk adımda kendine ve bağımlılığına anlayış gösterebilirsin. Bu durumdan zaten yeterince çekiyorsun, kendini suçlayarak ayrıca sıkmak zorunda değilsin. Gölge çocuğun muhtaç durumda ve şefkatli ilgine ihtiyaç duyuyor.

Özkorunma: Narsisizm

Tipik Dogmalar: *Ben değersizim! Ben bir hiçim! Ben kötüyüm! Ben başarısız biriyim! Bir şeyler hissetmemeliyim! Her şeyi yalnız başıma halletmek zorundayım! Doyamıyorum!*

Yunan mitolojisinde durgun suda yansımasını gören yakışıklı genç Narkissos kendine âşık olur. Hayatının geri kalanını kendine olan dindirilemeyen aşkla geçirir. Buna göre narsist bir kişi kendisini çok sevdiği için kendisinin büyük ve muhteşem olduğunu düşünür. Aslında büyüklük ve hatasızlık davranışlarının sergilenmesi, bir kişinin yaralı gölge çocuğunu olabildiğince hissetmemek için farkında olmadan geliştirdiği bir korunma stratejisidir.

Narsist bir kişilik geliştiren insanlar, kendilerine ideal bir ikinci benlik yaratarak kendisini değersiz ve aciz hisseden gölge çocuğu erkenden bastırmayı öğrenir. Bu *ideal kendi*, narsist kişinin ortalamadan sıyrılmak için her şeyi yapmasıyla oluşturulur. Narsist kişiler, gölge çocuk tam tersini hissettiğinden dolayı özel biri olmak için çok çaba sarf eder. Gölge çocuklarını kontrol altında tutmak için olağanüstü başarılar, güç, güzellik, başarı elde etmek ve takdir edilmek için gayret ederler. Yani narsisizm birçok korunma stratejisinin birleşimidir. Buna maalesef başka insanları aşağılamak da dâhildir. Narsistlerin karşılarındaki kişilerin zayıflıkları için gelişmiş bir algıları vardır, buldukları zayıflıkları da keyif alarak korkunç eleştiriler olarak dile getirirler. Narsistler kendi zayıf noktalarına katlanamazlar ve bu yüzden başkalarında da buna tahammül edemezler. Ama onların zayıf noktalarına odaklanarak kendilerininkini görünmez yaparlar. Etraflarındaki kişilerde, eleştirileri nedeniyle bizzat hissetmek istemedikleri duygulara sebep olurlar: derin bir güvensizlik ve aşağılık duygusu. Narsistlerde mağdur-fail sapkınlığı prensibi gün yüzüne daha da belirgin çıkar.

Bazı narsistlerse tersine bir strateji uygulayıp yüceltmeye yönelir. Yakın oldukları insanları idealize ederler. Bu durumda mükemmel partnerleri, muhteşem çocukları ve önemli arkadaşlarıyla hava atarlar. Bir başka grup narsist de hem idealize etmeyi hem de aşağılamayı birlikte kullanır. Yeni tanışılan birinin ya da yeni başlayan bir aşkın başta idealize edilip sonra aşağılanarak terk edildiği seyrek değildir.

Narsistler idealize etme ya da aşağılama tarafında durduklarından bağımsız olarak yetenekleri, sahip oldukları ve yaptıklarıyla hava atmayı severler. Bunu da sesli ve gösterişli yapmalarına gerek yoktur. *Sessiz narsistler* de vardır; bunlar sıklıkla sessiz tonlarla üstünlüklerini ve eşsizliklerini sergileyen entelektüellerdir.

Buna rağmen narsistlerin sevmeye değer tarafları da vardır; büyüleyici, sevecen ve enteresan olabilirler. Hatta bazıları karizmatik kişiliklerdir. Başarı hırsları işlerinde çok yükselmelerini ve yüksek itibar görmelerini sağlar. Yani özel biri olmak için gösterdikleri çabalar meyve verir. Bu da diğer narsistleri olduğu kadar bağımlılığa yatkın yapısı olan kişileri de onların etkisi altında bırakır. İki aktif narsist bir ilişkide bir araya gelirse, bu ilişki tutku ile karşılıklı zarar vermenin birlikte lunaparkta hız trene binmesine benzer. Narsist kişinin partneri doğası itibarıyla bağımlı olanlar grubundaysa, onun sözlü saldırılarına pek karşılık vermeden katlanır ve onun beklentilerini karşılamak için çabalar. Bu başarısızlığa mahkûm bir girişimdir çünkü narsist kişinin partneri ne kadar "uslu" olursa olsun, davranışları narsistin algı bozukluğunda bir şey değiştirmez. Bu algı bozukluğu kendi zayıf noktalarının geniş çaplı örtülmesi ile partnerin küçük ve sözde zayıf noktalarının neredeyse mercekle büyütülerek algılanmasının bir kombinasyonudur. Narsist bu algı durumuna girdiğinde, bakışı açısı partnerinin biraz büyük burnuna odaklanır ve diğer olumlu özellikleri bakış açısından çıkar. Bu sözde kusur narsisti aşırı sinirlendirir çünkü partneri onun yüceltilmesine hizmet etmelidir. O yüzden partneri de tıpkı onun gibi tamamen mükemmel olmalıdır.

Narsistin "zayıflık arama büyütecine" karşı hiçbir partnerinin şansı yoktur. Bağımlı partnerlerse biraz daha güzel ya da iyi olsalardı, narsistin onlardan daha memnun olacağını düşünürler. Bu gölge çocuğun, sadece belirgin narsist yapıları olan bir ilişkide olmamak üzere tipik bir yanılmasıdır. Çoğu insan –ne kadar haksız ve yalnız olursa olsun– her türlü eleştiriden dolayı cesaretinin kırılmasına yatkın olur. İçsel niteliklerinden dolayı geneld,e, hatta her zaman suçlu ve yetersiz hissetme duygusuna sahipler. Söz konusu kişinin içindeki yetişkini, partnerinin narsist olduğunu ve sürekli onu aşağıladığında bunun kendi suçu olmadığını çoktan anlamış olsa da bu böyle olmaya devam eder. Gölge çocuk bunu idrak edemez ve aşağılık duyguları içinde hapsolur, bunlar da narsistin eleştirilerinden dolayı daha da şiddetlenir. Kendini iyileştirmek için gölge çocuk narsistin takdirini mutlaka kazanmak ister ve onun hoşuna gitmek için çok daha fazla çaba gösterir. Fakat narsist olduğu gibi kalır. Bağımlı olan, kendini etkisiz ve aciz olarak deneyimler; bu da hissettiği bağımlılığı daha da artırır. Bu bir kısırdöngüdür.

Aşırı hırsları ve iktidar istekleri, tipik narsistleri sevilmeyen iş arkadaşı ve amir yapar. Onlarla ilişkiyi zor yapan da onların aşırı kırılganlıklarıdır. Dışarıdan bakınca narsist kişilerin hangi masum sebeplerden dolayı incinmiş hissedebilecekleri, özellikle de görünürde kendinden emin tavırlarından dolayı hassas biri gibi görünmedikleri için anlaşılmaz. İçlerindeki derinden yaralanmış ve incinmiş gölge çocuk, incindiğinde kendini üzüntüyle geri çekmez, aksine çok şiddetli öfkelenir. Öfke ve nefret narsist kişilerin egemen duygularındadır. Ancak başarı stratejileri planladıkları gibi gitmediğinde ve kişisel bir başarısızlık yaşadıkları her durumda çok büyük depresif ruh hallerine bürünebilirler. Gölge çocuk böyle durumlarda büyük çaresizliğe düşer çünkü şimdi yetersizliğini ve kötü olduğunu bütün kapsamıyla hisseder. Gölge çocuğu korumak için yetişkin kişi, eski stratejileri sayesinde tekrar başarılı olmaya çabalayacaktır. Bazen de acı çekme seviyesi öyle büyüktür ki kişi ya intihar eder ya da psikoterapiye başvurur. En iyi durumda, özel bir başarı göstermek zorunda olmadan da kendini anlaşılmış ve değerli hissetsin diye gölge çocuğunu olduğu gibi kabullenip onu teselli etmeyi öğrenir.

Narsisizm hepimizin uyguladığı bir özkorunma stratejisidir – bu süresine ve derecesine bağlı olarak, bu kişinin "narsist" olduğunu söylememize bağlıdır sadece. Küçük oranlarda hepimiz narsist korunma stratejileri uygularız: Hepimiz iyi görünmek isteriz ve bu amaçla bazen başka insanları aşağılarız; bazen biraz isteyerek hava atarız ve kimse kendini prestij düşüncelerinden tamamen kurtaramaz. Ayrıca bazen de bakışımız sadece başka insanların zayıf noktalarına takılır ve partnerimiz bizi "rezil ettiğinde" utanırız. Gölge çocuğumuzu olabildiğince hissetmemeye ve zayıflıklarımızı saklamaya çalışırız. Bu yüzden reddedilme ve eleştiriye incinmeyle tepki veririz.

Stratejinin takdir edilebilecek yanları: İyi işler yapmak ve iyi görünmek için çok emek sarf ediyorsun. Bu çok fazla güç ve girişim gerektiriyor. Muhtemelen gurur duyabileceğin bir sürü başarıya sahipsin.

İlk yardım: Korunma stratejin çok fazla enerji gerektirir ve sürekli başka insanlarla sorun yaşamana sebep olur. Çok özel biri olmak için gösterdiğin çabaların, gölge çocuğunu iyileştirmediğinin bilincine var. Ancak kabul edip takdir edersen onu iyileştirebilirsin. Bu yüzden sözde zayıflıklarına karşı savaşmayı bırak ve kendinin de başkaları gibi bir insan olduğunu kabul et. Ancak o zaman –belki de hayatında ilk defa– rahatlayabilirsin.

Özkorunma: Gizlenmek, Rol Yapmak ve Yalan Söylemek

Tipik Dogmalar: *Ben kendim olamıyorum! Uyum sağlamak zorundayım! Ben kötüyüm! Ben yetersizim! Kimse beni sevmiyor! Ben değersizim!*

Her insan az çok toplumsal norm ve kurallara uymaya özen gösterir. Günlük beraberlikte üstüne düşünmeden gerçekleştirdiğimiz çok sayıda sosyal ritüel vardır. Sürekli ve herkese tamamen açık ve özgün davranmak istemeyiz ki bunu yapamayız da zaten. Çekingenlik ve "gizlenme" elbette kendini korumak için doğal ve sosyal olarak da kabul edilebilir. Fakat bazı insanlar âdeta rol yapar ve kendini bir maskenin arkasına gizler. Bilhassa duyguları ve gölge çocuğuyla kötü bir bağlantısı olan insanlar, kendilerini kişilerarası temasta sıkça "kılıf" gibi algılar. Bu sorunu olan bir hastam bana sabahları işe gittiğinde kendini nasıl algıladığını anlattı: "Takım elbiseli adam şirkete gidiyor!" Bu hasta kendini neredeyse hissedemiyordu ve kendini bir keresinde de "insan aktörü" olarak tanımladı. Gölge çocuğu tamamıyla uyum göstermeye ve başka insanların beklentilerini karşılamaya ayarlanmıştı. Genelde böyle kişiler kendileri hakkında kişilerarası ilişkilerde "sadece işlev gösterdiklerini" söylerler. Bir davranış programını yürütürler, rol yaparlar, bir maskenin ardına saklanırlar. Özgün olmaya cesaret edemezler. Reddedilme ve etrafındaki insanların saldırılarına açık olma korkuları çok büyüktür. Oysa dışarıdan çoğunlukla güvensiz görünmezler.

Fakat yukarıda bahsedilenlerin aksine kendileriyle ve duygularıyla daha iyi bir iletişimi olan kişiler de başka kişilerin belli bir rol oynamaları gerektiğini düşünür. Kendi ihtiyaçlarını saklar ve diğerlerinin isteklerine yönelirler. Bazı insanlar kötü bir gün geçirdiğinde kapının önüne çıkmaya bile cesaret edemezler. Kendilerini saldırıya çok açık hissederler. Dünyaya sadece güçlü ve neşeli taraflarını sunmak isterler. Bu korunma stratejisinin uyum arayışı ve mükemmeliyetçilikle birçok kesişim noktası vardır.

Sadece kamuflaj maskeleriyle evden çıkmaya cesaret edebilen insanlar, bu kılık değişimini ağır ve yorucu bulurlar. Fakat kendilerini daha çok gösterdiklerinde karşılaşabilecekleri reddedilme korkusu, kamuflajın altındaki havasızlıktan daha güçlüdür. Gölge çocukları, kendini değiştirmek ve uyum göstermeye ayarlıdır. Çoğu insan partnerlerinin yanında bile özgün olmaya cesaret edemez. Bir parçalarını hep gizlemeleri gerektiğini düşünürler. Partnerlerine olabildiğince "gösterilebilir benliklerini" sunmak isterler. Özgün olup isteklerini ve ihtiyaçlarını savunduklarında ilişkiye çok yükleneceklerini düşünürler. Halbuki durum tam tersidir: Özgünlük ilişkiyi heyecanlı ve canlı yapar. Bazı ilişkiler neredeyse rol yapmada takılı kalmış gibidir. Buna böyle kişilerin aşırı çatışma korkusu da katkıda bulunur. Çok fazla uyum gösterme baskısı yüzünden kendi ihtiyaçlarını ifade edemezler bile. Zamanla ilişkide kronik olarak ihmal edildikleri duygusu gelişir; bu da içlerinde öfkeye yol açar fakat bunu da yine çatışma korkusu nedeniyle içlerine atarlar. Bu yüzden ilişkilerde gittikçe daha fazla acımasız bir öfke birikir ve bunlar da partnere olan duygularının soğumasına neden olur. İlişki tutuk ve sıkıcı olur. Sonra bir gün kişilerin arasında hiç çekim kalmaz ve söz konusu kişiler ilişkiyi bitirir. Bu ana kadar bir tane bile kötü söz sarf edilmez.

Çok fazla uyum gösteren ve rollerle hareket eden insanlar, aynı anda dürüst olamaz. Bunun için özkorunma kalkanlarını indirmeleri, istek ve görüşlerini savunmaları gerekir. Etkin biçimde yalan söylemeseler de genelde karşı taraf açısından bu kişilerin fikirlerinin ne olduğunu kestirmek çok zordur. Arkadaşlık ya da aşk ilişkisinde, karşı tarafa sebeplerini açıklamadan iletişimi kestiklerinde bu kesinlikle adil olmaz. Aynı şekilde arkadaşlık ya da aşk ilişkisi sırasında nadiren şikâyet ettilerse, karşı tarafa ilişkinin sonunda bir nevi "nihai hesap" çıkarmak da adil değildir. Bu bağlamda bazı insanların kendilerini bazen nasıl hararetle dürüst ve doğru diye tarif edip aynı anda kendi partnerleriyle ya da iyi bir arkadaşlarıyla açıkça konuşmaktan çekindiklerine çok şaşırdığım olmuştur.

Stratejinin takdir edilebilecek yanları: Sevilmek ve takdir edilmek için elinden gelenin en iyisini yapıyorsun. Sadece iyi yönlerini göstermek için çok çabalıyorsun. Yüksek uyum gösterme ve kendini kontrol etme yeteneğine sahipsin.

İlk yardım: Gölge çocuğunun cesareti epey kırılmış, sevilmek için bir şekilde farklı olmak zorunda olduğunu düşünüyor. Ona bunun saçmalık olduğunu söyle. İçindeki yetişkinin ona özenli, sevgi dolu ve iyi niyetli davransın ki o da kendisini savunmaya cesaret edebilsin. Küçük olaylarda kendini, görüşünü ve isteklerini daha çok savunmak için alıştırmalar yap. Bunun başka insanlar üzerinde nasıl iyi bir etkisi olacağına şaşıracaksın.

Bunlar en önemli korunma stratejilerine genel bir bakıştı. Başta da anlattığım gibi belki de burada sayamadığım kendi kişisel korunma stratejilerini tespit etmen önemli. Bunun yanı sıra aslında korunma stratejilerimizin, sorunlarımızın asıl sebebi olduğu anlaşılmıştır herhalde. Aşağıdaki alıştırma da bunun için:

Alıştırma: Kendi Kişisel Korunma Stratejilerini Bul

Korunma stratejilerinin yaşam alanlarına göre değişmesi mümkün. Böylece işinizde verilen bütün görevleri olabildiğince mükemmel yaparak kendini saldırılardan koruyabilirken ilişkinde belki sürekli kavga çıkarıp "cadalozluk" yapabilirsin. Ama genellikle bütün zor durumlarda ve sorunlarda uyguladığımız tipik korunma stratejilerimiz vardır. Mükemmeliyetçi insanlar genelde hayatlarının bütün alanlarında olabildiğince mükemmel olmaya yatkındır. Başkaları birçok soruna geri çekilme ve kaçınmayla tepki verir. Bu yüzden kendimizin ve başka insanların korunma stratejilerini kişilik özellikleri olarak algılarız. Örneğin, biri kendini geri çekerek ve rol yaparak koruduğunda o kişinin kapalı olduğunu söyleriz. Aynı şekilde narsist korunma stratejisi de söz konusu kişinin karakteriyle ilgili ipuçları verir.

Birçok insan aynı zamanda bir korunma stratejisi de olan dogmalara sahiptir; "Hep uslu ve iyi olmak zorundayım!" ya da "Hata yapmamam lazım!" gibi.

En önemli korunma stratejilerini çabuk tespit etmek için, son haftalarda kendini iyi hissetmediğin ve "Benim bir sorunum var!" diye düşündüğün iki üç olayı aklına getirebilirsin. Bu, iş yerindeki bir anlaşmazlık ya da seni sinir eden, kızdıran ya da raydan çıkaran partnerinle yaşanan bir olay da olabilir. Hemen bu küçük hatırlama egzersiziyle hangi durumların şüphesiz biçimde senin için tipik olduğu ve sana sürekli zorluk yarattığını fark edeceksin. Bu durumlar sayesinde korunma stratejilerini çok net göreceksin. Saldırıya mı geçiyorsun? Geri mi çekiliyorsun? Uyum mu sağlıyorsun?

Çocuk şablonunun ayak kısmına lütfen kendi kişisel korunma stratejilerini not et (kitabın iç kapağındaki resme bak lütfen). Lütfen tam cümleler halinde ve olabildiğince çok somut şekilde yaz. Yani sadece "geri çekilme" yazma, bunun yerine "Anlaşmazlıklardan kaçınıyorum", "Öylece oyalanıyorum ve kendi fikrimi gizliyorum" ya da "İnternete kaçıyorum" gibi şeyler yaz. Çünkü korunma stratejileri genelde somut davranış biçimleriyle tanımlanır. Hareketlerimizin bir parçasıdırlar. Bu yüzden bütün kişisel korunma stratejilerini şu şekilde ifade et: "Tamirhaneye gidip arabamla uğraşıyorum", "Alışverişe gidiyorum" ya da "Hikâyeler uyduruyorum, yalan söylüyorum".

Korunma stratejilerini çocuk şablonuna eklediysen eğer, şu an psikolojik programının sana sürekli sorunlar yaratan kısmı önünde duruyor: gölge çocuğun.

Gölge Çocuk Hep Seninle

Bahsedildiği üzere hayatta sahip olunan ve kişinin kendisinin de müdahil olduğu bütün sorunlar gölge çocuktan kaynaklanır. Bundan fazlası gerçekten değildir. Hep konu ve varyasyon söz konusudur. Fakat birçok insana buna inanmak zor gelir. Sözde farklı ve karmaşık sorunlarımızın arkasında çoğu durumda basit dogmalarıyla gölge çocuğun olduğuna inanmak, gerçekten de o kadar da kolay değildir. Bunu hastalarımda da sürekli görürüm.

Örneğin, Billy (27) onuncu terapi seansına gelip geçen hafta en yakın arkadaşıyla yaşadığı sorunu anlattı. Bunun zaten çocukluk şablonunda yazdığını söylediğimde şaşırdı. Birlikte tekrar dogmalarına ve korunma stratejilerine baktık ve (yine!) birden, aslında hep aynı konunun farklı varyasyonlarının söz konusu olduğunu gördü. Bu da onun durumunda, "Ben yetersizim" dogmasıyla yaşayan gölge çocuğunun, zayıflık duygularından dolayı en ufak eleştiride bile kendini kırılmış hissedip buna geri çekilerek tepki vermesidir.

Yani gölge çocuğumla önceden tanıştıysam bile bunu günlük hayatta unutup, onun gözleriyle çevremi algılayıp eski şablonlarımla hareket ettiğimin farkına varmamam başıma kolayca gelebilir. İnsan kendini o kadar kolay gözden kaybeder ki kendi yansıtmalarına kanar.

Kendi Gerçekliğinin Kurucusu Sensin!

Çocukluk programından çıkmak, yani daha mutlu olmak istiyorsan gölge çocuğunu ve dogmalarıyla kendi gerçekliğini bizzat kurduğunu kabullenmelisin. Bu da şu anlama gelir: Sorunların –tamamen kaderden kaynaklı darbeler dışında– özünü ve çevreni subjektif olarak algılamandan kaynaklanır. *Şimdi anlaman gereken algının tamamını, düşüncelerini ve duygularını şekillendirmekte özgür olduğundur.* Büyük ihtimalle bana inanmıyorsun. Öyle ki duygularımızı çoğu zaman çok güçlü ve kaçınılmaz görürüz. Çocukluk çağlarımızdan itibaren sadece *tek bir tane* gerçekliğin, bizim olan gerçekliğin olduğu fikrine alışkınızdır. Bundan dolayı olumsuz dogmalarının duygularını nasıl etkilediğini ve korunma stratejilerinin günlük hayatına ne kadar geniş çapta etki ettiğini bilinçli olarak göz önünde bulundur.

Çocukluk programının bu kadar derin etkilemesinin ve subjektif bir gözlük gibi işlemesinin sebebi beynimizin *şart-*

lanma yoluyla öğrenmesidir: Bir şey hakkında ne kadar sık düşünürsek, bir eylemde bulunursak, bir duyguyu hissedersek bize o kadar çok gerçek gelir ve o kadar çok sinirsel uyarı-tepki bağlantısı olarak beynimizde ve bilincimizde şekillenir. Beynimizdeki nöronal bağlantılar alternatif düşünce, duygu ve eylemler olsa olsa küçük bir patikada hazırda beklerken düşünce duygu ve eylemlerin alışılagelmiş tekrarı gittikçe genişleyen bir veri anayoluna dönüşür.

Yani tekrarlamak gerekirse: Gerçekliğini kendin kurarsın ve bu süreç sen bunu fark edene kadar kendiliğinden ve bilinçsizce gerçekleşir. Bunun farkına vardığında gerçekliğini ve bununla birlikte düşüncelerini, duygularını ve eylemlerini değiştirebilirsin. Bu beyin araştırmalarının en güncel halidir ve ezoterik değildir. Bu değişikliklerin nasıl yapıldığı ve gerçekliğini nasıl yapısal ve uygun olarak tasarladığı sonraki bölümlerin konusu olacaktır. Fakat güneş çocuk ve hazine stratejilerine kendimizi vermeden önce, yaralı gölge çocuğu kabul ve teselli edip hatta belki de iyileştirebiliriz.

Sonraki bölümlerdeki alıştırmalara ek olarak "Gölge Çocuk Hipnozu" isimli fantezi seyahatini de indirebilirsin.

Gölge Çocuğunu İyileştir

En büyük üzüntüyü kendimize yanlış kararlar verme ve hata yapma endişesiyle yaşatırız. Doğru olmak ve doğru davranmak için yoğun çaba gösteririz. Hataları kolayca affetmeyiz. Ancak bazı insanların canı sadece hatalarına sıkılmaz, kendilerinin de bir şekilde hata olduklarını düşünürler. Yetersiz oldukları ve bir şekilde farklı olmaları gerektiği konusunda bilinçdışı duygulara sahiptirler. Bu duygu, gölge çocuk ve olumsuz dogmalarından kaynaklanır. Zavallı çocuk. Gölge hayatı sürer ve kendinin hatalı olduğunu düşünür. Büyüklerin, yani içindeki yetişkinin onu anlamadığını ve dışladığını hisseder. Tıpkı eskiden belki de annesi ve babası (veya başka çocuklar) tarafından pek anlaşılmış hissetmediği gibi. Fakat kendini ne kadar az benimsenmiş ve kabul edilmemiş hissederse durumu o kadar kötüleşir. Onun artık senin tesellini ve anlayışını kazanmasının zamanı çoktan geldi bile.

Sonraki bölümlerde gölge çocuğunu nasıl iyileştirebileceğini ya da en azından nasıl teselli edebileceğine dair birkaç pratik alıştırma göstereceğim. Söylediğim gibi, içindeki yetişkinle kendine sürekli bu bütün korkunç küçük cümle ve duyguların sadece çocukluk şekillenmelerinin sonucu olduğunu ve gerçeğin bu olmadığını fark ettirmen çok önemli. Bana şu an pek inanmıyorsun belki de fakat bunu kitap ilerledikçe daha net görebilmen için gayret ediyorum.

Gölge çocuğumuz ve onun korunma stratejilerinden dolayı kendimizi ve bazen de başka insanları yaraladığımızı şimdiye kadar anladık. Bu yüzden gölge çocuğu, kendimizi daha iyi düzenleyip yönetebilmek için yetişkin-benliğimizden ayırmamız çok önemlidir. Bu da gölge çocuğumuzu her defasında hissedip hareket ettiğimizde kendimizi suçüstü yakalamamızı gerektirir. Çünkü yalnızca kendimizi bu esnada yakaladığımız takdirde gölge çocuk modundan çıkıp yetişkin-ben'e geçebiliriz. Sıradaki alıştırmalarda algımızın, düşüncemizin ve duygularımızın düzenlenmesi esas alındı. Başka bir deyişle: *özyönetim.*

Önemli olan değişim sürecin için sorumluluğu kendin üstlenmendir, bu da alıştırmaları yapman ve bunları günlük hayatta da uygulaman anlamına gelir. Bunu ne kadar sık yaparsan, beyninde o kadar çok yeni programlar ve iyi duygular şekillenecektir. Bu tıpkı bir dans öğrenmeye benzer – başta çok konsantre olman gerekir ve zahmetlidir; zamanla hareketler gittikçe daha çok fiziksel hafızana kazınır, ta ki her şey kendiliğinden ilerleyene kadar.

Alıştırma: İçsel Yardımcılar Bul

Seminerlerimden birinde bir katılımcı, bir şeyleri yalnız başarmakta sürekli zorlandığını anlattı. Bazı zor durumlarda birinin yanında olmasını istiyordu. Buna karşın yakın arkadaşım ve eğitimci meslektaşım Karin, ona bu durumun üstesinden yalnız gelmek zorunda olmadığını belirtti. Ardından da Kamerun'da doğan ve küçük bir çocukken ailesiyle Almanya'ya gelen arkadaşı Rahmée'den bahsetti. Rahmée bugün çok başarılı bir iş kadını. Alman ve uluslararası iş ortaklarıyla pazarlığa oturduğunda bunu asla yalnız yapmaz. Arkasında ailenin en büyüğü olan büyükannesi, klanın en yaşlısı olan dedesi ve köyünün büyücü hekimi olan amcası da vardır. Bu düşünce, maalesef ten renginden dolayı bazı ticari ortaklarının sahip olduğu önyargılara karşı ihtiyaç duyduğu kuvveti ona verir.

Bu şekilde bir kendini güçlendirmeyi mantıklı olduğu kadar da sihirli bulduğum için sana da aktarmak istiyorum: Kendine zor durumlarda yanında olacak içsel yardımcılar ve destekçiler bul. Bu tek bir kişi ya da Rahmée'de olduğu gibi bir grup insan olabilir. Vefat etmiş olsalar bile gerçek kişileri düşün. Fakat masal perisi ya da Süpermen gibi hayal ürünü canlıları da yardımına çağırabilirsin. Yardımcılarını hayal gücünle yarat. Belki de değişik durumlar için –yetkinlikleri ve senin ihtiyacına göre– farklı yardımcılar seçersin.

Desteğe her ihtiyaç duyduğunda onların yanında olduklarını ve sana eşlik ettiklerini hayal et. Bu elbette sonraki alıştırmalarda da geçerlidir.

Alıştırma: Yetişkin-Ben'ini Güçlendir

Gölge çocuğunu iyileştirmek için, güçlü ve dayanak sunabilecek bir içindeki yetişkine ihtiyacın var. Çünkü o bu olumsuz dogmalarının sadece çocukluktaki şekillenmelerinin sonucu olduğunu anlayabilir. Sağduyulu aklımız, mantıklı argümanlarla düşünme yeteneğiyle donatılmıştır. Argümanlar onlar sayesinde güçlenebildiğimiz ve kesinlik bulabildiğimiz, bizi taşıyan bir yapı gibidir. Bu konuya kitabın devamında da sürekli döneceğim. Gölge çocuğun ve yetişkin-ben'inin arasına koyabileceğin küçük bir mesafe için, aşağıda göz önünde bulundurabileceğin bazı argümanları ya da olguları bulabilirsin:

- Hiçbir çocuk dünyaya kötü gelmez. Çocuklar kötü insan olamaz.
- Çocuklar sinir bozucu ve zor olabilir fakat bu değerlerinden bir şey eksiltmez. Anne baba olma stresini –daha anne baba olmadan– üstlenmeyi düşünmek, anne babaların sorumluluğundadır.
- Hatta çocuklar sinir bozucu olmak zorundadırlar. Çünkü aslında fazla güçlü değildirler ve ihtiyaçlarının karşılanması için bir şekilde yetişkinleri harekete geçirmek zorundadırlar. Sahip oldukları programlar neticede "Hayatta kalmak! Büyümek! Her şeyi öğrenmek!"tir.
- Anne babalar çocuklarının yetiştirilmesiyle başa çıkamadıklarında yardım almalıdırlar. Çocukların bunda bir suçu yoktur.

- Bir çocuğun ruhsal ve bedensel ihtiyaçlarının karşılanma hakkı vardır. Bundan da ebeveynleri sorumludur.
- Çocuk bütün duygu ve ihtiyaçlarını her an ifade etmesi gerekmediğini öğrenmek zorunda olsa da duygular ve ihtiyaçlar genel olarak normal ve doğrudur.
- Çocuklarının duygu ve ihtiyaçlarını anlamak anne babaların görevidir. Anne babasının duygu ve ihtiyaçlarını anlayıp karşılamak çocuğun sorumluluğunda değildir.
- Çocuklarını sevip onları bu dünyada hoş karşılamak anne babaların görevidir. Anne babasının onu seveceği şekilde davranmak çocuğun görevi değildir.
- Çocuklarda zahmetli olarak görülen her şey (farklı ilgi alanları, söz geçirme iradesi vs.) yetişkinlerde iyi olarak görülür ve önemsenir. Bu yüzden bu özelliklere biraz katlanıp doğru yola yönlendirmek anne babaların görevidir. Bunları bastırmaya çalışan kişi, kendisini gülünç duruma düşürür.

Kendi kişisel hikâyen ve dogmaların vasıtasıyla bunlar gibi sana göre uyarlanmış düşüncelere sahip olmakta serbestsin. Argüman bulmaya kendi kendini alıştır. Söylediğim gibi, argümanlar içindeki yetişkine güç verir ve destek sağlar.

İyi bir ipucu: Kendin hakkında düşündüğünde ya da konuştuğunda, "Reddedilmek, terk edilmek ve ayıplanmaktan korkuyorum" diye asla düşünmeden sorunlarınla arana mesafe koymayı alışkanlık edinmeye çalış. Bunun yerine "*İçimdeki gölge çocuk* ...dan korkuyor" diye düşün. Bunu hastalarımla çok yapıyoruz; gerçekten de insanın kendi ile sorunları arasına bir mesafe koyması faydalıdır. Bu ifade biçimi, kendimi gölge çocuğumla tamamen özdeşleştirmemi engeller.

Alıştırma: Gölge Çocuğu Kabul Etmek

Kendimizle ne kadar çok savaşırsak, o kadar çok stres ve baskı yaşadığımız psikolojik bir kuraldır. Çoğu insan varlığını sürekli kendisiyle savaş halinde olarak sürdürür; bu yorucu ve verimsizdir. Verimli bir gelişim için kendini kabul etmek, rahatlamanın koşuludur. Yanlış anlamaların önüne geçmek için şunu ekleyeyim: Kendimi kabul etmek, her şeyimi iyi bulmam gerektiği anlamına gelmez. Kendini kabul etme varolana evet dememdir, yani kendinden nefret ve kendini aldatmanın tam tersidir. Kendini kabul etmek olumsuz duyguları da olumlu olanlar kadar, yani bana ait olanları kabul etmem anlamına gelir. Yani bu duyguların hissedilmelerine fırsat tanınmasıdır. Kendini kabul etmek ayrıca güçlerimin yanı sıra sınırlarımı da kabul etmemdir. Çünkü ancak onları kabul ettiğimde onları tasdik edebilir ve istediğim zaman üstlerinde çalışabilirim. Kendini kabul etme eylemsizlik anlamına gelmez.

Lütfen sıradaki alıştırma için gözlerini kapat ve gölge çocuğunla derinden bağlantı kur. Olumsuz dogmalarını içinden söyleyerek ve kendini derinlemesine hissederek bunu yapabilirsin. Belki de gölge çocuğunu çok aktif olduğu ya da etkinliğini hâlâ sürdüren bir durumu düşünerek daha kolay çağırabilirsin. Bu, çocukluğunda kendini utanmış, yanlış anlaşılmış ya da haksız davranıldığını düşündüğün bir durum, belki de gölge çocuğunun kendini çok kötü hissettiği, yetişkin hayatından bir durum olabilir. Ne hissediyorsan onu hisset. Büyük olasılıkla korku, güvensizlik, üzüntü, baskı ya da öfke gibi sana tanıdık gelen duygular ortaya çıkacaktır. Duygularınla bağlantı kur ve karnından derin bir nefes al ve kendine şunu söyle: Evet, işte böyle, bu benim gölge çocuğum. İşte böyle, sevgili gölge çocuğum. Şimdi sen de burada olabilirsin. Hoş geldin.

Göreceksin, onu kabul ettikçe daha da sakinleşecektir. Kendini fark edilmiş, kabul edilmiş ve anlaşılmış hissedecektir.

Alıştırma: Yetişkin Kişi, Gölge Çocuğu Teselli Eder

Bu alıştırmada bir adım daha ileri gideceğiz. Burada yetişkin-ben'inin, gölge çocuğuna olumsuz dogmaları ve olumsuz düşüncelerinin bir yanlış programlamadan ibaret olduğunu fark ettirmesi önemlidir.

İçindeki yetişkin bu alıştırmada gölge çocuğa karşı iyi niyetli ve anne baba tarzı bir yaklaşım gösterecektir. Bunu yaparken eski bir çocukluk resmini önüne koyman yardımcı olabilir belki. Gölge çocuğuna karşı sevecen bir tutum almakta zorlanırsan, herhangi küçük bir çocuğun üzgün ve korkmuş olduğunu hayal et. Örneğin, başka çocuklar onunla oynamak istemez diye korkan bir çocuk olduğunu düşün. Onu nasıl teselli ederdin? "Böyle davranma be korkak!" diyerek mi ya da onu cesaretlendirip elinden tutarak birlikte diğer çocukların yanına giderek mi? Büyük ihtimalle ikinci şekilde. Bu iyi niyetli ve sıcak tutumu gölge çocuğunla olan ilişkine de aktarabilirsin. Yani kendine karşı iyi niyetli olmaya çalış. İyi niyet sadece her türlü kişilerarası bağlantının esası değildir, kendin ve gölge çocuğunla barışmak için de çok önemlidir.

Gölge çocuğunla bu iyi niyetli içsel tutumda ve yumuşak bir tonda konuş. Sesli de konuşabilirsin, bu genelde daha etkili olur. Ama kendini bunu yaparken salak gibi hissedeceksen bu konuşmayı sadece düşünerek içinde de gerçekleştirebilirsin.

1. İçindeki yetişkin, gölge çocuğa eskiden anne ve babayla ilişkinin nasıl olduğunu açıklar. Bu da şu şekilde olabilir (elbette kendi içeriğini kullanacaksın): *Canım benim. Anne ve babanla eskiden ilişkin senin için hiç kolay olmadı. Annen hep yorgun ve stresliydi, devamlı hastaydı. Hep annene bir şeylerin fazla geldiğini hissederdin. Bu yüzden bir de sen ona yük olmayasın diye hep çok iyi ve uslu oldun. Ama anneni asla gerçekten mutlu edemedin. Baban da sana bu konuda hiç yardımcı olmadı. Annen ve senin hakkında çoğunlukla söylenirdi. Ama morali yerinde olduğunda bayağı komik de olurdu. O zaman çok mutlu olurdun ve ısrarla bu iyi ruh halinin sürmesini dilerdin. Fakat bu durum asla uzun sürmezdi ve yine annenle kavga ederdi. Annen ile baban birlikte mutlu olmadıkları ve bundan dolayı hep böyle stresli ve yorgun oldukları için sen de çok saçma kanaatlere vardın. "Ben yetersizim", "Hep iyi ve uslu olmak zorundayım", "Yük oluyorum" diye düşünüyorsun. (Bu noktada kendin için bulduğun temel dogmalarını oku.)*
2. Çocukla konuşurken lütfen içindeki çocuk kendisine hitap edildiğini hissetsin diye çocukluğunda kullandığın dilden kelimeleri kullan.

Örneğin, annen çok dominant biri idiyse, o zaman "dominant" kelimesini kullanman yetişkin dilinden sayılır. Bunu çocuk diline çevirerek annenin hep çok "belirleyici" olduğunu söyle. Depresif ve agresif gibi kelimeler de çocuk diline ait değildir ve buna uygun biçimde bu ifadeler üzgün ve öfkeli şeklinde ifade edilmelidir.

3. Bir sonraki adımda çocuğuna, olanların onun suçu olmadığını çünkü annesi ile babasının, sorumluluklarının altında ezilmeselerdi kendisinin çok farklı kanaatlere varacağı yönündeki önemli mesajı aktar. Bunu ona şu şekilde açıklayabilirsin: *Her şeyin senin suçun olmadığını anlaman benim için çok önemli! Bu hataları yapan annen ve baban, sen değil! Annen ve baban bu kadar yoğun olmasaydı, hatta başka anne baban olsaydı, her şeyinle tamamen yeterli olduğunu bilirdin. Seninle çok gurur duyduklarını bilirdin. Bazen yaramazlık yapsan da ve kendi iraden olsa da seni severler. Elbette bazen onlara yük de olabilirsin; onlara ihtiyacın olduğunda seninle seve seve ilgilenirler.*

   Bu cümleleri senin sorunun ve olumsuz dogmalarına nasıl uyuyorsa öyle ifade edebilirsin. Burada söz konusu olan metni birebir alman değil, prensip olarak anlamandır. Yani yetişkin-ben'inle gölge çocuğa, dogmalarının keyfî olduğunu ve gerçek değerin hakkında hiç, hatta hiçbir şey ifade etmediklerini öğret. Bu alıştırmayı ağırlıklı olarak mutlu bir çocukluk geçirdiysen ve anne baban görünürde az hata yaptıysa da uygulayabilirsin. Böylece konuşmaya gölge çocuğuna şu açıklamayı yaparak da başlayabilirsin: *Sevgili gölge çocuğum, annenle baban birçok şeyi doğru doğru yaptı ve onlarla mutluyuz ama bu noktada biraz daha fazla / biraz daha az....*

Bundan sonra, davranışlarında gölge çocuğunun yönetimi ele almadığına dikkat etmen çok önemlidir. Gölge çocuğun korkmuş ve cesareti kırılmış olabilir ve kaçıp kendisini dışa kapatmak isteyebilir. Ama neyin yapılacağına yetişkin kişi karar verir. Bu, gerçek hayatta küçük çocuklarla da böyledir. Örneğin, çocuk diş doktoruna gitmeye korkuyorsa onu seven anne babası çocuğun elinden tutar ve diş doktoru ziyaretinin üstesinden gelmesinde yardımcı olur. Ama diş doktoru ziyaretini iptal ederek yönetim çocuğa bırakılmaz. Ayrıca anne baba çocuğun canı gitmek istemiyor diye okulu asmasına da izin vermeyecektir. Aynısını gölge çocuk için de düşünebilirsin: Onu dinlersin, korkularını ve dertlerini anlatmasına izin verirsin. Ama sonuçta sağduyulu aklınla sen neyin yapılacağına karar verirsin.

Gölge çocuğunla bu konuşmayı sık sık, hatta sürekli yapman lazım, ta ki mesaj sonunda tam ulaşana kadar. Ama bunun için her zaman uzun bir konuşma yapmak zorunda değilsin. Örneğin, gündelik yaşamda zor bir durumda olduğunda ve olumsuz dogmalarına sıkıca sarıldığını hissettiğinde ya da korku, öfke ya da çaresizlik duygusuna kapıldığında bazen sadece düşüncelerinde, teselli etmek üzere gölge çocuğunun cesaretlendirmek ya da sakinleştirmek için başını okşaman bile yeterli olabilir. Bu jestle çocukluk programın ile yetişkinlik gerçekliğin arasına biraz mesafe koymuş olursun. Bundan dolayı da program öylece kendi başına ilerlemez. Gölge çocuğunun algısı ve içindeki yetişkinin arasındaki bu mesafe sayesinde kendi şablonunu yansıtma imkânı bulur. Bu sayede davranışın için yeni bir karara varma şansı ortaya çıkar.

Alıştırma: Eski Hatıraların Üzerine Yazmak

Daha önceden öğrendiğimiz üzere, anne babamız ya da başka bağlanma kişileriyle yaşadığımız deneyimler beynimizde izler bırakır. Bu hatıra filmi beynimizde sinir sinapslarımızın bağlantılarıyla kodlanmıştır. Bazen çok küçük tetiklemeler, bilinçli olarak fark edilmeseler bile, bizi eski hatıralara fırlatmak için yeterlidir – Michael ve unutulan sosisi hatırla. Bazı hatıralar beynimize o kadar derin kazınmıştır ki eski modelimize sürekli ve çok çabuk gireriz. Fakat bu filmleri yeniden tasarlayabiliriz. Çünkü beynimiz *hayal* ve *gerçeklik* arasında iyi bir ayrım yapamaz. Böylece korku hissetmek için sadece yakın tarihteki bir sınav gibi stresli bir durumu hayalimizde canlandırmamız yeterlidir. Buna göre hayal gücünü olumsuz hatıralarını yeniden şekillendirmek için kullanabilirsin. Yani beyin açısından eski hatıraların üzerine yazmak mümkündür. Bu, eski yaraların kendimiz tarafından iyileştirilmesine yardımcı olur. Bu üzerine yazmayla geçmişi biraz değiştirerek, onun çağrıştırabileceği olumsuz duyguları da değiştiririz. Erich Kästner'in de söylediği gibi: İyi bir çocukluk için asla geç değildir.

Aşağıdaki alıştırma şema terapisinden gelir ve ben de bunu Gitta Jacob ile Arnoud Arntz'ın aynı isimli kitabından aldım. Çocukluğundan, "mugayir" hatta üzücü, korkutucu ya da en kötü durumda –travmatize edici olan– en az bir ya da daha çok durum, anne baban ya da sana bakan kişinin yetiştirme tarzına tipik olan durumlar anımsayacaksın.

1. Gölge çocuğunun şekillenmesiyle bağlantılı olan, çocukluğundan somut bir durum bul lütfen. Bu hatıra sıkıntı veren duygular ortaya çıkardığı sürece tamamen içine dönmene gerek yoktur. Örneğin, eğer anne ya da baban tarafından istismar edildiysen, bu kişinin nasıl elini kaldırdığını hissetmen yeterli olabilir – bütün sahneyi aklında oynatmana gerek yok. Fakat bunu yaparken "alan perspektifi" diye adlandırılan bakış açısını alman lazım, yani hatıraya dıştan değil, eskiden olduğun çocuğun gözlerinden bakmalısın.
2. Bu durumda kendini nasıl hissettiğine iyi odaklan – söylediğim gibi bunu yaparken duyguya çok derin dalmana gerek yok. Korku hissettiysen eğer, hatırada sadece biraz korku hissetmen bile yeterlidir.
3. Bu durumda sana nasıl yardım edildiğini hayal gücün yardımıyla çiz. Sahneye bir yardımcı koy, yardımcı seçeneği tamamen serbest. Bu, sevdiğin teyzen ya da büyükannen gibi gerçek bir kişi ya da Süpermen veya masal perisi gibi kurgusal kişiler de olabilir. Hayal gücüne bu alıştırmada hiçbir sınır koyulmamıştır. Hatta kendin bile yetişkin olarak bu durumda ortaya çıkıp olaya müdahale edebilirsin. Aşağıda durumların üzerine nasıl tekrar yazabileceğine ilişkin öneriler vereceğim:

- Sana bakan kişi çok stresli ve sinirli idiyse, bir yardımcının ortaya çıktığını ve ona sana böyle davranmaması gerektiğini söylediğini kafanda canlandırabilirsin. Sana bakan kişi psikoterapiye gönderilir ve seni koruyan iyi bir peri bundan sonra hep yanında olur.
- Sana bakan kişi çok tehlikeli idiyse, polisin ya da aksiyon kahramanının geldiğini ve onu bir yere hapsettiğini kafanda canlandırabilirsin.
- Sana bakan kişi çoğu zaman üzgün ve depresif idiyse ve sen onunla ilgilendiysen Aile ve Sosyal Politikalar Bakanlığı'ndan bir çalışan gelip eskiden senin olduğun çocuğun oyun oynayabilmesini ve ihtiyaç durumundaki anne babasına yardım edilmesini sağlayabilir. Ayrıca çocuk için güvenilebilir ve korumacı bir bağlanma kişisi bulabilirsin – bu da yine gerçek ya da hayal dünyasından olabilir.
- Sana bakan kişi çok disiplinli ve beklentili idiyse, yardımcın ona çocukları ara sıra övmek gerektiğini ve çocukla nasıl daha iyi empati kurabileceğini anlatır. Örneğin, sana bakan kişiye hiç yanından ayrılmayan ve böylece çocuğu da koruyan bir koç verebilirsin.

Yani hayal gücünün bütün imkânlarıyla kendi mutlu sonunu şekillendirebilirsin. Bu alıştırma, anne babalarla hiçbir ilgisi olmayan başka hatıralar için de çok uygundur.

Alıştırma: Gölge Çocuk İçin Bağlanma ve Güvenlik

Bu alıştırma çocukluk ve yetişkinlikteki sevgi ve bağlanma ihtiyacını hedef alır. Bunun için anne babanla ya da başka yakın akrabalarınla edindiğin olumlu ilişki deneyimlerini aklında güçlendirirsin. Sana bakan kişilerle yaşadığın çok güzel, yakın, sevgi dolu, yumuşak ve hassas anlara içinde tekrar dalacaksın demek bu. Bu duruma tekrar gir ve şefkat, güvenlik ve güvenli ellerde olma duygularına yer ver. Bu bağı ve o an çok hoş karşılandığını ve sevildiğini hisset.

Hatıralarında anne baban ya da yakın akrabalarına dair özel anlar bulamayacak olursan, kendine hayalî anne baba arayabilirsin. Hayal gücün tarafından çocukken ihtiyaç duyduğun – bunlar iyi bir arkadaşın anne babası gibi gerçek kişiler ya da hayal ürünleri olan– anne babayı kendine hediye edebilirsin. Gözlerini kapa ve bilinçaltından sevgi dolu anne babaları kendiye hediye et.

Yeni anne babanın senin yanında ne kadar keyifli ve mutlu olduğunu düşün. Bırak çocukken nasıl istiyor idiysen öyle davransınlar sana. Kendine yeni bir yuva ver. Anne babanı her ihtiyaç duyduğun durumda tekrar yanına çağırabilirsin.

Alıştırma: Gölge Çocuğuna Bir Mektup Yaz

Bu alıştırma için bir çocukluk fotoğrafını önüne koyman yardımcı olabilir. Sonra da gölge çocuğuna mektup yazacaksın; bunu da sevgili bir anne ya da sevgili bir babanın bir çocuğa, onunla ilgilenmek ve onu teselli etmek için yaptığı gibi yapacaksın. Aşağıdaki gibi:

> Benim sevgili küçük Rikkim,
>
> Sen çok iyi bir kızsın ve seninle gurur duyuyorum. Fiziğini kendine bu kadar dert edinmene çok üzülüyorum. Benim için mükemmel olmak zorunda değilsin! Seni –aynen böyle, olduğun gibi– seviyorum. Sende birçok güzellik de görüyorum. Benim gözümde tanıdığım en tatlı kızsın. Kendini televizyon ve dergilerdeki mankenlerle kıyaslamayı bırak lütfen. Bunun yerine sokağa çık ya da yüzme havuzuna git; oradaki kadın ve kızların çok azının moda dergilerindekilerine benzediğini fark etmen için orada bir etrafına bak. Lütfen kendini hırpalama.
>
> Seni çok seven büyük Rikki.

Başka bir örnek daha:

Sevgili Jürgen,

O kadar fazla şeye kafanı yoruyorsun ki... Kaybetmekten ve sosyal sınıfta aşağıya düşmekten hep çok korkuyorsun. Bu yüzden işinde, hatta bazen boş zamanın olmasına rağmen sürekli tam gaz ilerliyor, durmak bilmiyorsun. Sana öncelikle kendini hep böyle yormak zorunda olmadığını söylemek istiyorum. Böyle, olduğun gibi yeterlisin. Kendini biraz serbest bıraksan da işini iyi yaparsın. "Ben yetersizim", "Her şeyi yalnız başarmalıyım" geçmişinden, anne ve babadan kaynaklanıyor. Doğrusu bence de o zamanlar işin hiç kolay değildi. Annen hep stresliydi, babanda neredeyse hiç evde yoktu. Anneni mutlu etmek için hep çok fazla çaba gösterirdin. Ama bunu asla tam anlamıyla başaramadın. Annen hep yorgun ve mutsuzdu. Durum böyle olunca da daha iyi bir çocuk olman gerektiğini düşündün. Bu yüzden okulda da çok çaba gösterdin. Ama annenin moralinin hep bozuk olması senin suçun değildi ki! Annen o zaman yardım istemeliydi, en iyisi keşke psikoterapi görseydi. Sonuçta kendi gölge çocuğu çok fazla kendisinden şüphe ettiği için bu kadar gergindi. Annen de hep kendisinin yetersiz olduğunu düşünmüş. Ama bu seninle ilgili değil! Artık dünyan çok faklı. Biz yetişkin ve özgürüz! Bırak da hayatın tadını çıkaralım artık! Her zaman en iyi olmak zorunda değilsin. Rahatla ve tekrar futbol sahasına git – bunu hep çok severdin. Daha fazla eğlenmeni sağla çünkü bu, ruh haline ölesiye çalışmaktan daha iyi gelir.

Sevgiler,

Jürgen

Alıştırma: Gölge Çocuğunu Anla

Aşağıdaki alıştırma da sana gölge çocuğunun algıları ile içindeki yetişkininkileri ayırt edip karar vermende ve davranışlarında daha özgür olmanda yardımcı olur.

1. Bu alıştırma için başka insanlar ya da kendinle yaşadığın somut bir problemi kullan. İki sandalye al ve onları karşı karşıya koy. Sandalyelerden

birine otur ve bilinçli şekilde gölge çocuğuna gir. Sorunun hakkında sadece gölge çocuğunun bakış açısından bakarak konuş. Bırak gölge çocuğun sorunla alakalı olan duyguları ve dogmaları hakkında konuşsun. Gölge çocuğun bakış açısıyla tamamen sorunu anlatıp yaşadığında, sorununun kulağa nasıl geldiğini ve nasıl hissettirdiğini çok dikkatli algıla.

2. Daha sonra gölge çocuk modundan çık ve bilinçli şekilde içindeki yetişkin moduna geç. Gölge çocuğunu "üstünden atmak" için bedenini ellerinle silkeleyebilir ya da zıplayabilirsin. İçindeki yetişkin modunda diğer sandalyeye otur. Bu pozisyondan biraz önce karşıda oturan gölge çocuğu izle ve sorununu eleştirel aklın aracılığıyla analiz et.

Buna bir örnek: Babsi panik ataktan muzdarip. A noktasından B noktasına yalnız yürümeye ya da arabayla gitmeye korkar. Kontrolü kaybedip bayılmaktan endişe eder. Ondan tamamen gölge çocuğunu hissedip o açıdan bana sorununu anlatmasını istedim.

Gölge çocuk: "Tek başıma sokakta olduğumu gözümün önüne getirdiğimde hemen panikliyorum. Kendimi küçük ve çaresiz hissediyorum. Yere yığılmaktan korkuyorum. Bu çok utanç verici olur. Belki de ölebilirim. Bana yardım eden biri olmayabilir. Annem gelip yanımda olsun, bunu yalnız başaramam

Sonra Babsi'den sandalyeyi değiştirip yetişkin-ben'iyle kişiselleşmesini rica ettim.

Yetişkin-ben: "Aslında kendi ayakları üstünde durmaya cesaret edemeyen küçük bir kız görüyorum. Tarafsız olarak baktığımda bayılsa bile ki bu olasılık çok düşük, ona hiçbir şey olamaz, yoldan geçenler mutlaka onunla ilgilenir. Hayır, bence asıl sorun küçük kızın bunu annesi olmadan yapamayacağına inanmasıdır. Buradan bakınca anne babasından kopamadığını anladım. Birinin onunla ilgilenmesini ve onun adına sorumluluğu üstlenmesini istiyor. Kendini bağımsız, hayatla baş edebilecekmiş gibi hissetmiyor. Galiba onunla daha çok ilgilenmem lazım. Aslında ne hissettiğini daha çok dinlemem lazım..."

Babsi bu sandalye diyaloğundan, evden yalnız çıkma korkusunun ardında eski çocukluk korkularının olduğunu anlar. Bu sayede ilgi ve desteğe özlem duyan gölge çocuğunu bastırdığını fark eder. Bu farkındalık sayesinde anne babasından ayrılamayışını yansıtarak daha bağımsız olması ve daha çok özgüven kazanabilmesi için etkin bir şekilde çalışabilir.

Çoğu insan içindeki çocuğu, içindeki yetişkinden ayırmakta gerçekten zorlanır. Bu anlamda çocuk pozisyonunda yetişkin diliyle konuşarak olayları aslında küçük bir çocuğun asla ifade edemeyeceği tarzda ifade ederler ya da tam tersi. Başlarda Babsi'de de durum böyleydi – yukarıdaki diyalog tarafımca özetlenip düzeltildi. Örneğin, Babsi gölge çocuk modundayken "Aslında korkularımın abartı olduğunu biliyorum," dedi. Ancak bu mantıklı değerlendirme yetişkin-ben'ine ait. Yetişkin pozisyonunda da "Aslında sadece evde saklanmak istiyorum," cümlesini kurdu ki bu da yine gölge çocuğa ait bir dilek. Şimdi belki itiraz edip yetişkin Babsi'nin evde saklanma isteği neden olmasın diyeceksin? Cevap da gölge çocuğun dışarıdaki dünyayla başa çıkamama korkusundan kaynaklanmasıdır. Çünkü yetişkin Babsi korkuları olmasa insanların arasına karışmayı çok seviyor.

Hangi kısmın çocukluğa, hangisinin yetişkinliğe ait olduğunu net bir çizgiyle ayırmak kolay değildir. Bu yüzden çocuk pozisyonunda, gerçekten bir çocukmuşsun gibi konuşup hissettiğine dikkat et. Yetişkin pozisyonunda da bir sorunu tamamen gerçekçi ve duygusuz analiz etmeye özen göster.

Alıştırmayı elbette yazılı olarak da yapabilirsin, o durumda iki kısmı ayrı tutmak daha kolay olabilir.

Alıştırma: Algının Üç Pozisyonu

Bu alıştırma bir öncekiyle çok benzer. Ancak buna bir "alıştırma" gözüyle bakmaktan ziyade, gerçekliğini yapılandırmak için bir yardım niteliğinde görmelisin. Algının üç pozisyonu, sorunlarını çözüp duygularını düzenleyebileceğin, deyim yerindeyse sağlam bir temeldir. Başlangıçta gerçekten odada pozisyon değiştirerek üç algı pozisyonunu çalışabilirsin; daha sonra da bunları her zaman ve her yerde kullanabilmek üzere giderek aklına kazıman gerekir.

Sürekli karşılaştığın bir kişiyle yaşadığın tipik bir çatışmayı düşün lütfen. Örneğin, partnerinin seni gerçekten görmediği ve ciddiye almadığını düşünmen ya da patronunun sana hep daha fazla iş vermesi ya da iş arkadaşının işe boğulmuş olmana rağmen her an sana danışması olabilir ya da, ya da, ya da...

1. Odada kendine (ayakta) bir yer bul. Gölge çocuğu moduna gir. XY kişisiyle olan sorununa sadece gölge çocuk perspektifiyle bak. Gölge çocuğunun sorunu nasıl hissettiğini ve burada hangi dogmaların etkili olduğunu bilinçli şekilde algıla.

2. Silkelenip zıplayarak gölge çocuğunu üstünden at ve odada başka bir pozisyona geçip etkileşim partnerinin durumuna geç. Onun gözlerinden kendini ve durumu izle. O kendini seninleyken nasıl hissediyor?

3. Odada üçüncü bir pozisyona geç ve ikinize de dışarıdan bak. Yani yetişkin-ben moduna gir ve durumu dışarıdan bakarak analiz et. Kendini ve etkileşim partnerini bir sahnedeki oyuncular gibi düşün. Gölge çocuğuna ne tür tavsiyeler verebileceğini düşün.

Kendine mutlaka, gölge çocuğun göz hizasından hızla kaydığını fark ettirmen gerekir. Gölge çocuk bu perspektifte hapsolduğu zaman, karşı taraf hemen düşmana dönüşür. Gölge çocuğunun bakış açısından insan *kendini korumak, saldırmak, kendini haklı çıkarmak* ya da *kaçmak* zorundadır.

Bunun için yine kendi hastamdan bir örnek vereceğim: Hermann (69) birkaç yıldır Miranda (65) ile birlikte. Gölge çocuğu şu dogmalara sahip: "Kendimi savunmamam lazım!", "Sana uyum sağlamak zorundayım!", "Ben kendim olamıyorum!" Bu nedenlerden ötürü korunma stratejisi olarak aşırı bir kaçma-özgürlük dürtüsü geliştirmiştir. Başka bir deyişle: Hermann'ın bağlanma korkusu var. Bir terapi seansında bana (yine) Miranda'ya sinirlendiğini anlattı: Aslında pazar akşamı arkadaşlarıyla yaptığı küçük bir geziden sonra eve geri dönmek istemiş. Sonra (o sıralarda yakınlarda olan) yetişkin yaşlardaki oğlu Manuel spontane olarak buluşmak istemiş o da bunu kabul etmiş. Miranda'yı arayıp eve bir gün geç geleceğini haber vermiş. Pazartesi günü de diğer oğlu Bernd de kardeşini ziyarete gelmiş ve iki oğlu da ondan bir akşam daha kalmasını rica etmişler. Bu fikir de hoşuna gitmiş ve Miranda'ya bir gece daha kalacağını haber vermiş. Öyle deyince Miranda "homurdanmaya" başlamış. Bu onu o kadar sinir etmiş ki o an (yine) ayrılmak istemiş.

Hermann'la bu üç pozisyonu çalıştık:

1. Pozisyon: Gölge çocuğu: "Bu bana nasıl emir verir ya? İstediğimi yapamaz mıyım ben? Beni parmağında mı oynatacağını sanıyor? Rahat bir nefes alamayacak mıyım? Gerçekten sinirliyim!"
2. Pozisyon: Hermann kendini Miranda'nın yerine koyar: "Hayal kırıklığına uğradım. Önce pazar akşamı, sonra pazartesi akşamı gelecek diye sevindim ama ancak salı akşamı gelecek. Hep kendi istediğini yapıyor. Benim hiç söz hakkım yok. Bana ne zaman yakın olup olmayacağına hep o karar veriyor."
3. Pozisyon: Yetişkin Hermann: "Yani aslında her şeye karar veren Miranda değil, dominant olan benim. Her şey benim isteğime göre oluyor. Aniden planlarımı değiştirdiğimde Miranda bunu kabullenmek zorunda kalıyor, üstüne bir de ben kendimi mağdur olarak görüyorum. Lanet olsun."

Bu algı pozisyonlarının kesin ayrımı sayesinde Hermann sorununa çok yeni ve makul bir açıdan bakabildi. Çünkü günlük hayatında genelde birinci pozisyonda, yani kendisini bütünüyle gölge çocuğuyla özdeşleştirir. Bu pozisyonda etrafındakileri düşünemez. Sadece kendisine acır ve Miranda'yla hiç empati kuramaz. Gölge çocuk pozisyonunda kendini zavallı bir mağdur gibi hisseder. İkinci ve üçüncü pozisyonda olaydaki payını tanır ve aşırı bir iktidar hırsı olan kişinin sevgilisi değil, kendisinin olduğunu anlar. Bunu idrak etmek duygularını değiştirir ve bundan dolayı yeni davranış biçimleri geliştirir. Bu durumda Miranda'yla daha sık uzlaşmaya gidebilir. Bu alıştırmanın günlük hayata aktarımının başarılı olabilmesi için kriz anlarında kısa bir ara vereceğine dair Miranda'yla anlaştılar.

Hermann çevrelerindeki insanların sözde beklentilerinden kendini uzaklaştırarak ve temastan geri çekilerek gölge çocuğunu koruyan insanlar arasındadır. Yani bu onun sıkça birinci pozisyonda bulunduğu anlamına gelir. Gölge çocuğunu harmoni arayışı ve uyumu gözeterek koruyan insanların da genellikle kendilerini sınırlandıramama sorunu vardır: Çoğu zaman ikinci algı pozisyonundadırlar; bu da başkalarının isteklerini ve onlardan beklentilerini çok fazla hissettikleri anlamına gelir. Bu kişiler aslında kendilerinin ne istediklerini ve neyi önemsediklerine dair bir his geliştirmeyi öğrenmek zorundadırlar. Yani kendilerini sınırlandırmayı daha iyi öğrenmelidirler. Bu kitapta buna dair daha birçok tavsiye bulabilirsin.

İçindeki Güneş Çocuğu Keşfet

Güneş çocuk hepimizin sevdiği bir içsel ruh halidir. Ama içimizdeki güneş çocuk ne ifade eder? Öncelikle bu, kendini Buraya ve Şimdiye verebilme yeteneğidir. Güneş çocuk eğlence ve saçmalıklara bayılır, meraklı ve spontanedir. Kendisi hakkında kafa yormaz ve kendini olduğu gibi sever. Bakışı kendine değil, dünyaya yöneltilmiş olduğu için kendini diğer çocuklarla da kıyaslamaz. Kendini sürekli takip etmediğinden diğer çocuklarda nasıl bir izlenim bıraktığı da umurunda olmaz. Spontane gülebilir, zıplayabilir, şarkı söyleyebilir ve atlayıp hayatın tadını çıkarabilir fakat aynı zamanda kendisine dalmış bir şekilde çalışabilir ve öğrenebilir de.

Kaygısız bir çocuğun sevinç ve eğlence potansiyelini, nadiren ona başvursak da güneş çocuk halinde hepimiz içimizde taşırız. Çocukken nasıl tamamen düşüncelere dalmış oyun oynadığını, sesli güldüğünü hatırla. Çocuksu merakını ve macera isteğini hatırla. Çocukken dünyayı gördüğün spontan ve önyargısız halini gözünün önüne getir. Kendini çocukken diğer çocuklarla ne kadar az kıyasladığını bir düşün. Bugün yetişkinlikteki güzel ve çirkin, doğru ve yanlış, başarı ve başarısızlık normlarının çocukluk düşüncelerinde ne kadar az rol oynadığının farkına var: Her şey olduğu gibiydi. Ailenle olan mutlu anları ve oyun arkadaşlarınla yaşadığın eğlenceyi hatırla.

Yeni yollara girdiğimizde ve eski şablonlarımızdan kurtulmak istediğimizde yalnızca artık eski programımıza inanmayacağımızı kendimize düstur edinmek pek yardımcı olmaz, *onun yerine* inanmak istediğimiz yeni bir vizyona ihtiyaç duyarız. Yönelebileceğimiz ve sıkıca tutunabileceğimiz bir hedef durumuna ihtiyacımız vardır. Eskinin yerine koyabileceğimiz bir şeye ihtiyaç duyarız. Bu amaçla gölge çocuğumuz için uyguladığımız bir alıştırmayı tekrar edeceğiz – fakat bu defa güneş çocuğunu keşfedeceksin. Bu kez *destekleyici dogmaları* arayacağız ve *güçlü* yanlarına yöneleceğiz. Ayrıca tutum ve davranış biçimlerin için sana dayanak sağlayacak ve refakat edebilecek kişisel *değerlerini* arayacağız. Son olarak da ilişkilerini nasıl daha sağlıklı ve sağlam şekillendirebileceğinin yollarını göstereceğim. Yani korunma stratejilerine alternatif davranış biçimleri sayacağım. Bunlar hazine stratejileri olarak adlandırılır.

İçindeki güneş çocuğu tamamen geliştirmek istiyoruz. Burada seni "baştan yaratmak" söz konusu değildir çünkü zaten sende çoğu şey iyi ve doğru. Şunu hiç unutma: Doğduğun andan itibaren parlayan bir yıldızsın. Sadece kendine –ve bazen de etrafındaki insanlara– yaşattığın sorunlara sebep olabilecek tutum ve davranış biçimlerini değiştirmek istiyoruz. Ancak alıştırmaların kendisine geçmeden önce kendi sorumlulukların hakkında birkaç şey söylemek istiyorum.

Mutluluğundan Sen Sorumlusun

Genelde başka insanların, olayların ve şartların içimizdeki duyguları tetiklediği illüzyonuyla yaşarız. Aynı şekilde baştaki örnekteki Michael de duyduğu öfkenin, sosisi unuttu diye Sabine'nin suçu olduğunu düşünür. Çoğu insan da tıpkı Michael gibi hissedip düşünür. Eşimizin sabah morali bozuk olduğunda bu bizim moralimizi de aşağı çeker. Bir iltifat aldığımızda seviniriz. Eleştirildiğimizde ya kırılırız ya da sinirleniriz. Trafikte kaldığımızda sinirlerimiz bozulur. Hislerimizi ve ruh hallerimizi dıştaki olayların çözülmesi vasıtasıyla deneyimleriz;

bunlar aynı çevreyi paylaştığımız insanlar ya da tecrübelerimiz vasıtasıyla olabilir. Bu algı başka insanları ya da kaderi sorunlarımız ve moralimizden sorumlu tutmamıza sebep olur. Sadık olmayan partnerin ya da dengesiz patronun, menopozun, havanın ya da bozuk arabanın kendimizi kötü hissetmemizin suçlusu olduğunu bize düşündürür. Fakat aslında ruh halimiz ve kararlarımızdan kendimiz sorumluyuz çünkü ikisi birbiriyle yakından ilişkilidir. Sonuçta yaşananlarla ilgili nasıl bir tutum ve duruş geliştirdiğimiz bize bağlıdır. Kırılganlık göstermektense partnerimizin yaşadığı erotik değişikliğin tadını çıkarmasına sevinebiliriz. Duygu durumu sürekli değişen bir patron, bizde acıma duygusu uyandırabilir. Menopozu da kadın değişiminin heyecanlı bir dönemi olarak karşılayabiliriz. Hava durumunu insan rahatlıkla kabul edebilir. Bozuk arabayı da daha fazla hareket etmek ya da daha iyi bir araba almak için bir fırsat olarak değerlendirebiliriz. Bu olayların hepsi sabır ve sakinliği korumaya yönelik iyi bir alıştırma olarak görülebilir.

Bu sana şimdi belki biraz absürt ve olağandışı gelebilir: Kim dış etkenlerden gerçekten tamamen bağımsız olup keyfinin hep yerinde olabileceğine inanır? Doğrusu ben de bunun mümkün olabileceğine inanmıyorum. Ne kadar reflekte edip meditasyon yapsa da etrafındaki insanların davranışları ya da kişisel kaderden kaynaklı talihsizliklerin üstesinden gelebilen bir insan büyük olasılıkla yoktur. Bununla beraber duygularımız, düşüncelerimiz, ruh halimiz ve davranışlarımıza yönelik sandığımızdan çok daha fazla hareket serbestliğine ve şekillendirme imkânına sahibiz.

Ruhsal durumumuza ancak kendi sorumluluğumuzu üstlendiğimiz takdirde aktif bir etkide bulunabiliriz. Çoğu zaman insan kendi sorumluluğunu başkasına aktardığını fark etmez. Hatta bazen benim hastalarımda da durum böyledir. Bazıları benim onların sorunlarını çözebileceğime dair yaygın bir inanç besler. Her randevularına zamanında gelirler ve bir şekilde onları dertlerinden kurtaracak bir şeyler yapmamı umut ederler.

Ama bu böyle işlemez. Psikoterapide insanları tıpta olduğu gibi tedavi edemezsiniz. Hasta psikoterapiyi bütün işi psikoterapistin yapıp kendisinin bunu bir nevi hizmet gibi alacağı beklentisiyle gördüğünde gelişme göstermez. Kendi adlarına fazla sorumluluk üstlenmeyen hastalar, seanslar sırasında fikir sahibi olurlar fakat bunu uygulamazlar. Başka hastalarsa seanslar sırasında etkin bir şekilde sorunlarıyla uğraşır, kendini izler, yansıtmada bulunur, yeni davranışlar üzerinde çalışır. Diğerleri yerinde sayarken böyle kişiler hızlı mesafe kateder. Aynısını bu kitapla da yapabilirsin: Sadece okuyup bu sayede bir şeylerin değişmesini umabilirsin. Ya da değişim sürecin için sorumluluğu üstlenip bu kitapla etkin bir şekilde çalışabilirsin.

Senden hayatının hangi alanlarında sorumluluğu üstünden attığını düşünmeni istiyorum: Hangi alanlarda sen daha iyi ol diye başkasının değişmesi gerektiğini düşünüyorsun? Ne derecede kendini bağımlı ve dış etkenlere bağlı hissediyorsun? Ya da moralin ve ruh haline teslim olmuş gibi mi hissediyorsun? Muhtemelen yetişkin-ben'in durumu ya da ruh halini kendi sorumluluğunda nasıl değiştirebileceğine dair fikirlere sahiptir. Örneğin, yetişkin kişi işini değiştirmenin ya da bu mümkün değilse duruma bakış açını değiştirmenin daha iyi olacağını bilir. Yetişkin partnerinin değişmesini beklemenin pek anlamlı olmadığını ve partnerini olduğu gibi kabul etmenin daha mantıklı olduğunu bilir. Ya da kendi eliyle ilişkinin kalitesini yükseltmek için kendi davranışını değiştirebileceğini bilir. Yetişkin belki de partnerinden ayrılmanın daha iyi olacağının farkına varır. Belki de bir partnerin yok fakat onun bir gün kapında belireceğini umut ediyorsun. Ama dikkat et: Bu ancak gölge çocuğun umudu olabilir! İçindeki yetişkin, kendisinin etkin olarak arayışa çıkması gerektiğini bilir!

Çünkü yetişkin genelde ne yapılması gerektiğini bilir. Değişimden korkan ve bu yüzden yetişkinin eylemlerini, çoğu zaman başaramama korkusuyla engelleyen gölge çocuktur. Çünkü eylemlerimin sorumluluğunu üstlendiğimde, başarılı olamama riskiyle de yüzleşmeliyim. Bunun için belirli bir engellenme toleransına, yani yeri geldiğinde olumsuz duygulara da katlanabilme yeteneğine sahip olmalıyım.

Kitabın başında da belirttiğim üzere, kendi sorumluluğunda olmayan ve kişinin kendisinin çok az etkisinin olduğu kaderden kaynaklı talihsizlikler var. Örneğin, sevilen bir insan vefat ettiğinde ya da kişinin kendisi ağır bir hastalığa yakalandığında. Savaş ve kriz bölgelerinde yaşayan insanların da kaderleri üzerinde sınırlı etkileri vardır. Bu durumlarda kader karşısında galip gelmek için içsel dayanak bulmak epey zordur. Ama en zor yaşam koşullarında, hatta ölmek zorunda kalsalar bile bazı insanlar kendilerini içsel olarak öyle bir ayarlarlar ki kaderlerini kabul edip belirli bir şekilde düzenleyebilirler.

Sorunların bu sayılanlardan daha az dramatikse kendi mutluluğundan yüzde yüz kendin sorumlu olduğuna dair içsel bir dayanak bulmaya çalış. Başkalarının değişmesini ya da "bir şeyin" gerçekleşeceğini bekleme; hayatına müdahale et ve değiştirmek istediğin şeyi değiştir. Sıradaki alıştırmalar seni bu yolda destekleyecektir.

Alıştırma: Olumlu Dogmalarını Bul

Şimdi güneş çocuğunla ilgilenelim. Bu ve sıradaki alıştırmalar için yeni bir kâğıda ve renkli kalemlere ihtiyacın var. Yine en az A4 boyutundaki bir kâğıdın üzerine tekrar çocuk silueti çiz. Bu çizdiğin siluet, gölge çocuktan farklı olarak renkli, güzel ve neşeli olmalıdır. Güneş çocuk senin hedef durumun olacak ve bu yüzden görsel olarak da cazip olması gerekir. Yeni deneyimler için seni motive edip sende istek uyandırmalı. Bundan dolayı gölge çocuğunu sanki bir resim yarışmasını kazanmak istiyormuşsun gibi güzel şekillendir. Yüzünü ve saçlarını da boya, kâğıdı zevkine göre ve istediğin gibi süsle (kitabın arka kapağının iç tarafındaki resme bak).

Şimdi olumlu dogmalarını bulacağız. Bunu iki adımda yapacağız: birincisi hangi olumlu dogmaları anne baban ya da sana bakan diğer kişilerden aldığına bakacağız ve ikincisi gölge çocuğunda bulduğun temel dogmaları olumlu zıtlarına çevireceğiz.

I. Çocukluktan Gelen Olumlu Dogmalar

Anne babanla olan ilişkin, onları güneş çocuğunda da yanında isteyecek kadar iyiyse, çocuk şablonunun kafasının sağına ve soluna anne babanın ya da sana bakan başka bir kişinin adını yaz. Hangi olumlu özelliklere sahip olduklarını ya da neyi iyi yaptıklarını düşün. Bunları lütfen not al.

Eğer anne babanla ilişkin geçmişte ve şimdi zorlu olduğu için, onları güneş çocuğunun yanında istemezsen alıştırmanın bu kısmını ya tamamen atla ya da anne babanın olumlu özelliklerini ek bir kâğıda not al ve sadece onlardan aldığın olumlu dogmaları güneş çocuğunun içine yaz.

Belki de sana çocukluğunda sıcaklık veren sevgili bir büyükannen, iyi bir komşun ya da anlayışlı bir öğretmenin vardı. Bu durumda o kişiyi de listeye ekleyebilirsin.

Anne babanın ya da başka bir bağlanma kişisinin olumlu özelliklerini yazdıktan sonra içine dön: Bu kişiler sana hangi olumu dogmaları kazandırdı? Bu noktada sana yardımcı olabilmesi için aşağıda olumlu dogmaların olduğu bir liste bulabilirsin.

Olumlu Dogmalar

Seviliyorum!
Ben değerliyim!
Ben yeterliyim!
Ben hoş karşılanıyorum!
Doyuyorum!
Yeterince ilgi görüyorum!
Akıllıyım!
Güzelim!
Mutlu olmaya hakkım var!

Hatalar yapabilirim!

Mutluluğu hak ediyorum!

Hayat kolay!

Kendim olabilirim!

Bazen yük olabilirim!

Kendimi savunabilirim!

Bir konuda kendi fikrim olabilir!

Hissedebilirim!

Diğer insanlarla arama mesafe koyabilirim!

Bunu başarırım.

Çok sayıda olumlu dogma bulduysan eğer, lütfen en fazla iki tanesini seç ve bunları çocuk şablonunun göğüs bölgesine yaz. Burada da yine bunları –olumsuz dogmalarda olduğu gibi– günlük hayatta onlarla daha iyi çalışabilmen için biraz sınırlandıralım.

II. Temel Dogmaların Tersine Çevrilmesi

Geçmiş sayfalarda teşhis ettiğin olumsuz temel dogmalarını al. Bunları şimdi tersine çevirmek istiyoruz. "Ben değersizim" ya da "Ben yetersizim" gibi dogmaların tersi apaçıktır: "Ben değerliyim!" ya da "Ben yeterliyim!". Bazı dogmaların çevrilmesi daha zordur, bu da olumlu dogmalarda "değil" gibi olumsuzluk ifadelerini istemememizden kaynaklanır. Örneğin, "Ben senin mutluluğundan sorumluyum!" diye bir dogman varsa bunun tersi "Ben senin mutluluğundan sorumlu *değilim*!" olarak ifade edilir. Olmayan bir şey hakkında düşünmek zor olacağından "... değilim" ifadesini bilinçaltında düşünmek, göz önünde canlandırmak çok zahmetli olacaktır. Örneğin, sana "Lütfen küçük, çizgili bir kedi düşünme," dediğimde otomatik olarak onu düşünürsün. Yani "Senin mutluluğundan sorumluyum!" dogmasının tersi şu şekilde ifade edilebilir: "Kendimi sınırlandırabilirim!" ya da "Kendi istediklerimi yapabilirim!" ya da "Benim istek ve ihtiyaçlarım da aynı şekilde önemlidir!"

"Yük oluyorum!" gibi bir dogmanın tersi de şu şekilde olabilir: "Bazen yük olabilirim!" Örneğin, hasta ya da yardıma muhtaç olduğumuzda başka insanlara yeri geldiğinde yük olmayı engelleyemeyiz. Aynı şekilde "Bazen hata yapabilirim" dogmasını da kullanabilirsin.

Olumlu dogmalar kabul edilmeleri mümkün olacak şekilde formüle edilmelidir. Çünkü bazı insanlar için "Ben çirkinim!" yerine "Ben güzelim!" dogmasını kabul etmek fazla gelebilir. Bu durumda ben "yeterince" kelimesini tavsiye ederim, yani "Ben yeterince güzelim!" ya da "Ben yeterince iyiyim!" gibi.

Dogmalarını, senin için daha kabul edilebilir olmaları adına sınırlandırabilirsin de. Örneğin, "Ben önemliyim!" dogması sana abartılı ve kabul edilmesi güç geliyorsa, "Çocuklarım/Sevgilim/Anne babam için önemliyim" diyebilirsin. Dogmalarını kendini iyi hissettirecek biçimde ifade etmelisin.

Lütfen olumlu temel dogmalarını güneş çocuk şablonuna yaz.

Alıştırma: Güçlü Yönlerini ve Güç Kaynaklarını Keşfet

Olumlu dogmalarının yanı sıra güçlü özelliklerin ve güç kaynaklarının bilincinde olman önemlidir. *Güçlü* özellikler olarak mizah, cesaret ve sosyallik gibi çoğu zaman işine yarar karakter özellikleri ve yetenekleri sayılır. Şimdi kendine olabildiğince cömert olabilirsin. Bir Alman atasözü olan "İnsanın kendisini övmesi pis kokar" bugüne kadar icat edilen en saçma sözlerden biridir. Kendin hakkında iyi bir şey söylemek sana zor gelirse, arkadaşların hangi olumlu özelliklerini överdi diye düşün. Ya da onlara sor.

Güçlü özelliklerini bulabilmek için sana birkaç örnek göstereceğim.

Güçlü Yönlerini Sırala

Esprili, dürüst, sadık, yardımsever, akıllı, yaratıcı, düşünen, sosyal olarak yetkin, sempatik, disiplinli, çekici, her şeye ayak uydurabilen, hoşgörülü, eğlenceli, atletik, nazik, cömert, eğitimli, meraklı, dengeli, canlı, istikrarlı, eğlenceli, özenli, girişimci gibi.

Güçlü özelliklerini lütfen çocuk şablonunun içine yaz (kitabın arka kapağının iç tarafındaki resme bak).

Güç kaynakları adı altında da gücünün kaynağı, daha doğrusu sana dayanak olan ya da güç veren dış hayat koşullarını toplamak istiyoruz.

Güç Kaynaklarını Sırala

İyi arkadaşlar, sağlam bir ilişki, aile, çocuklar, iyi bir iş, yeterli para, sağlık, doğa, müzik, güzel bir daire, evcil hayvan, iyi iş arkadaşları, seyahatler.

Kaynaklarını güneş çocuğunun etrafına çiz (kitabın arka kapağının iç tarafındaki resme bak).

Güç kaynaklarını da bulduysan değerlerine geçebiliriz.

Değerlerin Bize Nasıl Yardım Edebileceği

Uzun bir süre boyunca insanın bencil olduğu ve sadece kendi çıkarı doğrultusunda hareket ettiğine inanılırdı. Yapılan yeni beyin araştırmaları bu tezi çürüttü: Sadece egoist görüşe sahip bir insanın hayatta kalma şansı yüksek olamaz. Bunun aksine insan, gruplar halinde yaşamaya ve iş birliğinde bulunmaya yatkındır. Ünlü bilim yazarı Stefan Klein *Der Sinn Des Gebens* adlı kitabında, fedakârlığın insan beyninde seks ya da çikolatanın yarattığına benzer etkiler yarattığından bahseder. Eylemimizin daha yüksek değerlere ve bu anlamda toplum ya da tek bir kişinin bile iyiliğine yaradığı kanısına vardığımızda bu bizi derin bir düzeyde mutlu edebilir. Hareketlerimizde anlam ararız. Diğer bir ifadeyle: Anlamsızlığı deneyimlemek depresyona yol açar. Daha doğrusu depresyona eşlik eden belirtilerinden biri bütün her şeyi kapsayan bir anlamsızlığın hissedilmesidir.

Ünlü Viyanalı Doktor Victor Frankl, anlam terapisi anlamına gelen logoterapiyi keşfetmiştir. Frankl, insanların, yaptıklarını eğer daha yüksek değerlere bağlayabilir ve böylece anlamlı davranışlarda bulunabilirlerse ben-korkularını aşabilecekleri görüşündedir. Kendimizi korumak yerine, daha iyi bir anlam ve amaca hizmet ettiğimizde kendimizi aşarak gelişiriz. Örneğin, amirime bir dahaki terfi zamanında beni atlayabileceği için kendi düşüncemi söylemekten korkuyorsam bu korkuyu daha yüksek değerlerle aşabilirim. Örneğin, açık sözlü olduğum takdirde bir meslektaşımı haksız yere suçlanmaktan koruyabileceğimi göz önünde bulundurabilirim.

Bu düşünceyi destekleyen adalet ve medeni cesaret gibi daha üst değerler gölge çocuğumu, kaybetme ve aşağılanma korkularını yenmekte güçlendirebilir.

Değerler mükemmel anksiyolitiktirler – korku ve kaygılara iyi gelen tıbbi çareye bu ad verilir. Çoğu zaman farkında olmasak da günlük hayattaki davranışlarımızın temelinde değerlerimiz yatar ve ancak çiğnendiklerinde değerlerimizin farkında oluruz. Örneğin, adalet öyle bir değerdir ki ihlal edildiğinde içimizde olağanüstü güç açığa çıkarır. Bundan dolayı üst değerler, güç ve içsel dayanak bulabilmek için bilinçli olarak da kullanılabilir.

Gölge çocuğumuzu korumak isteyen birçok özkorunma stratejisi etrafımızda biraz benmerkezci daireler çizmemize neden olur. Böyle durumlarda kendimizi korumakla o kadar çok meşgulüzdür ki daha üst olan değerleri gözden kaçırırız. Buna günlük hayattan küçük bir örnek vereyim:

Sabrina, fiziği hakkında yaptığı bir yoruma üzüldüğü için arkadaşı Aisha'ya mesafeyle yaklaşır. Ancak Sabrina kendini küçük düşüreceğini düşündüğü için kırgınlığı hakkında Aisha'yla konuşmak istemez. Bu yüzden temastan kaçınmayı tercih eder. Sabrina kendisine Aisha'ya karşı davranışının adil olup olmadığı sorusunu sorabilir. Adil olmak Sabrina'nın kendisini düzeltmesi ve normalde yapmayacağı bir şeyi yapabilmesi için bir değer olabilir. Aynı şekilde arkadaşlık değeri de öyle çünkü neticede Sabrina, Aisha'yla birçok güzel şey de yaşadı. Sabrina'nın bu şekilde kendisini geri çekmesi, Aisha'ya özür dileme ya da görüşünü belirtme fırsatını tanımaz. Aisha, Sabrina'yla konuşmak istediğinde neden sanki camdan bir duvara konuşuyor gibi hissettiğine dair bir fikri yoktur. Sabrina davranışının sebebini dile getirseydi bu konuşma sayesinde tekrar eskisi gibi yakın olabilirlerdi. Sabrina ağzını açsaydı, Aisha'yla arkadaş kalabilirdi. Sabrina'nın sessizce geri çekilmesi Aisha'yı da üzdü ve bu sessiz sedasız geri çekilme arkadaşlıklarına zarar verdi. Sabrina adil olma, arkadaşlık, açıklık ya da medeni cesaret gibi değerlere kendisini bilinçli yönlendirseydi bunu önleyebilirdi.

Arkadaşını gücendiren kişi Aisha olmasına rağmen, Sabrina'nın neden arkadaşlıktaki sorunun sorumluluğunu üstlenmek zorunda kaldığını kendine soruyorsundur belki. Burada tekrar kişisel sorumluluğa değinmek isterim: Kendini gücenmiş hisseden ve bundan dolayı da bu duygu için sorumluluk taşıyan Sabrina'dır. Aslında Aisha'nın yaptığı yorumun gerçekten kırıcı ya da Sabrina'nın gölge çocuğunun bozuk algısından kaynaklanan sözde bir kırgınlık olup olmadığını bilmiyoruz. Eğer Sabrina "Ben çirkinim", "Ben yetersizim", "Ben çok şişmanım" gibi dogmaları içinde taşıyorsa, Aisha'nın sözlerini aşağılayıcı bir şekilde yorumlamış olabilir. Belki de Aisha sadece "Siyah pantolonu, kısa etekten daha çok beğeniyorum!" demiş olabilir. Sabrina ise bunu gölge çocuğun kulaklarıyla şu şekilde duymuş olabilir: "Kısa etek için bacakların çok kalın!" Aisha'nın eleştirisi belki sadece eteğin deseni ve kesimine yönelikti ancak Aisha'nın niyeti Sabrine'yi incitmek olmasa da Sabrina kendisini kırılmış hisseder.

Aslında varolmayan sözde kırılganlıklar sürekli yaşanır. Bir insan kendisini ne kadar çok güvensiz hissederse, o kadar çabuk başka insanların söz ve eylemlerini kişisel bir eleştiri ya da reddedilme olarak yorumlar. Ve bu yüzden arkadaşlıkları için Sabrina'nın konuşması onların yararına olurdu. Hatta muhtemelen Aisha'ya değerlendirmesinin sebebini sorması bile yeterli olurdu ve o an yanlış anlaşılma önlenebilirdi. Ayrıca hiçbir iletişimin yüzde yüz mükemmel olmamasının yanı sıra, ne etrafımızdaki insanların ne de kendimizin mükemmel olamayacağını düşünmeni istiyorum. Yani her zaman bir arkadaşımı istemeden kırabilirim. Ya da işteyken dürüst bir yorum yaptığımda, karşımdaki kişi beklediğimden daha alıngan tepki verebilir. Söz ve eylemlerimizin karşımızdakinde nelere sebep olacağını tam olarak tahmin edemeyiz. Çok saygılı ve kibar olmaya çalışsak da etkileşim içinde olduğumuz kişiye bunun ulaştığı anlamına gelmez. Bizim kontrolümüzde olansa uygun olan yerde açık sözlü olmaktır.

Korunma stratejinden dolayı kendini geri çektiğini yakaladığın an kısa bir ara ver ve bu yaptığının karşındaki kişilere karşı adil olup olmadığını sor. Özkorunmana ilişkin bütün düşüncelerde, yaptığın ya da yapmadığın eylemin *uygun* olup olmadığı sorusunu daima kendine yönelt. Eylemlerini "Kendimi en iyi nasıl korurum?" sorusundan uzaklaştırıp daha çok "*Uygun ve anlamlı olan ne?*" sorusuna yönelt. Bu soruları kişisel temel güdün haline getirdiğinde, gölge çocuğunu ve korkularını büyük oranda aşıp gelişebilirsin. Bu sadece sana daha iyi başa çıkabilmen için yardımcı olmaz, aynı zamanda seni daha iyi bir insana dönüştürür.

Alıştırma: Değerlerini Belirle

Seni şimdi gölge çocuğunun korku ve aşağılık duygularını atlatmakta yardımı olabilecek kişisel değerlerini bulmaya davet etmek istiyorum. Düşünmeye başlayınca aklına hoşgörü, adalet ve yardımseverlik gibi önemsediğin değerler aklına gelir muhtemelen. Yalnız bu alıştırma için üçten fazlasını seçmeni istemiyorum. Bunun sebebi dogmalarda da olduğu gibi, günlük hayatta onlarla olabildiğince etkili çalışabilmen için çok hızlı erişilebilir olmaları gerektiğidir. Bu yüzden korunma stratejilerinin karşıt değerleriyle sınırlı kalman en iyisidir. Korunma stratejilerinde geri çekilme ve uyum arayışı varsa, buna karşın kendini (ve başkalarını) savunmak ve savaşmak için sana destek olan değerlere ihtiyaç duyarsın. Bunların arasında şunlar sayılabilir: dürüstlük, cesaret, medeni cesaret, adalet, sorumluluk ve görgü.

Diğer taraftan mükemmeliyetçi biriysen ve her şeyi doğru yapmak istiyorsan, iyi "zıt değerlerin" şunlar olabilir: soğukkanlılık, yaşama sevinci, tevekkül, mütevazılık veya tevazu.

Korunma stratejilerinin arasında yüksek bir iktidar hırsı varsa güven, merhamet ve demokrasi gibi değerler iktidar güdüsüne karşı etkili olmada fayda sağlayabilir.

Yani gölge çocuğunun korku ve dertlerini atlatması için sana yardımcı olabilecek değerler ara.

Bu alıştırmada sana ilham vermesi için aşağıdaki değerler listesini derledim.

Değerler Listesi

Adil olma, adalet, açıklık, cesaret, medeni cesaret, bağlılık, samimiyet, sadakat, sorumluluk, özgünlük, hayırseverlik, dostluk, güven, yaşam sevinci, uysallık, sakinlik, dikkatli olma, cömertlik, yansıtma, disiplin, bilgelik, eğitim, merhamet, ahlak, fedakârlık, yardımseverlik, alçakgönüllülük, şeffaflık, demokrasi, hoşgörü, hassasiyet, anlayış, barışseverlik, iyi niyet, sözünde durma, sevgi.

Lütfen değerlerini renkli kalemlerle güneş çocuğunun tam kafasının üstüne yaz. Bu alan bu değerlerin "kafada bittiğini" simgeler ve özellikle içindeki yetişkini güçlendirdiğini gösterir (kitabın arka kapağının iç tarafındaki resme bak).

Ruh Hali Belirleyicidir

Yeni dogmalar, daha üst değerler gücümüzün ve güç kaynaklarımızın farkına varmamız gölge çocuğumuzu iyileştirip güneş çocuğumuzu uyandırmaya yarar. İkisi de duygular ve ruh haliyle yakından alakalıdır. Zira ruh halimizin kötü olduğu zamanlarda hiçbir iyi dogma ve üst değer bir işe yaramaz. Görev duygusuyla doğru kararlar da verebiliriz fakat bunu "yüksek moralle" yaptığımızda hayatımız daha kolaylaşır – bunu Jens Corssen *Ich und die Anderen** kitabında bu şekilde ifade eder. Corrsen moralimizin düşüncelerimizi ve değerlendirmelerimizi nasıl etkilediğini anlaşılır bir şekilde açıklar. Moralimin yüksek olduğu zamanlarda daha sevecen, esprili, iyi kalpli ve iyi niyetli olurum. Böylece sadece kendim için değil etrafımda bulunan insanlar için de daha iyidir bu. Aksine moralim bozuk olduğunda, daha çabuk sinirli ve saldırgan tepki veririm ya da yuvama çekilirim ve kapıları kapatırım.

Aslında sürekli bir şekilde moralimizi yüksek tutmak için çabalarız. Bu, haz duygumuzla yakından ilişkilidir: İsteksizliği olabildiğince önleyip mümkün olduğunda fazla haz duymak isteriz. Başka bir şekilde ifade edersem: Mutluluk isteriz. Mutluluğa giden yollar çok farklı olabilir ama bütün insanlar için geçerli olan temel şeyler vardır. Kelimesi kelimesine çevrildiğinde "iyi bir ruha bağlı" anlamına gelen *eudaimonia* terimini kullanan Antik Yunan zamanında yaşayanlar da bunu biliyordu. *Eudaimonia* Türkçeye genellikle "mutluluk" olarak çevrilir (ancak uzmanlar en doğru çeviri üzerinde hemfikir değildirler). Yunanlara göre *eudaimonia* dış faktörler aracılığıyla ulaşılabilen bir şey değildir ancak doğru yaşama şeklinden doğan bir durumdur. Doğru yaşama şekli birçok şeyin yanı sıra özellikle kendi kendine yetmeyi, disiplini ve erdemi de kapsar. Böylece *eudaimonia*, duyuların keyfini çıkarma anlamına gelen *hedonizm*den farklıdır. Şeh-

* (Alm.) Ben ve Diğerleri. (yay. n.)

vet içimizde kısa süreli mutluluklar yaratırken "doğru yaşama şekli" mutluluğun daha sakin ama uzun süren bir versiyonunu yaratabilir. Böylece Platon ve arkadaşları daha o zamanlarda bile, bizim bugün olduğumuz kadar akıllı olduklarını ortaya koymuş oldular. Çünkü o zamandan bu yana bu bilgilere yeni ve daha etkilileri eklenmedi. Yeni beyin araştırmaları Yunan felsefecilerin hemen hemen haklı olduklarını kanıtlar niteliktedir: Mutluluk eğitilebilir bir şeydir ve aslında tamamen hayata karşı tutumumuza bağlıdır. Budistler de aslında bu düşünceye benzer bir görüşü savunurlar ancak onların odak noktaları mutluluktan ziyade acıları dindirmek üzerinedir. Budistlerin de doğru yaşama hakkında çok net görüşleri vardır ve bu doğrultuda "sekiz katlı asil yol" öğretisini benimserler.

Beyin araştırmacısı Richard Davidson, mutluluğun eğitilebilir olduğunu bilimsel olarak kanıtlayabilmek adına araştırmaları için Dalai Lama'dan en yakın çevresinden sekiz rahibi hizmetine sunmasını rica etmiştir. Araştırmasında bu rahiplerin gürültülü, dar bir boru gibi Manyetik Rezonans Tomografisi (MRT) cihazının içine girip oradaki zorlu koşullara rağmen başarabildikleri, derin rahatlama durumuna geçmeleri gerekliydi. Bu sayede araştırmacılar, rahiplerin beynini meditasyon anında gözlemleyebildi. Sonuçlar Dalai Lama'yı neredeyse hiç şaşırtmamıştı: Etkili meditasyon beyin yapısını değiştirir. Rahiplerin sol frontal lobundaki aktivite, karşılaştırma grubunda bulunan Budist olmayan 150 kişininkinden çok daha fazlaydı. Beynin bu bölgesi, daha doğrusu beynin bu kısmındaki aktiviteler güzel ahlak ve iyimserlikle bağdaştırılır. Bu anlamda iyimser insanların sol frontal korteksi kendini daha çok mutsuz hisseden insanlara göre daha aktiftir. Mutlu bir tabiat ve iyi eğitilmiş Budistler neşeli bir mizaca ve sakinliğe sahiptirler ve bu beyin bölgesi de bundan sorumludur. Bu deneyden çıkarılacak sonuç, mutluluğun tıpkı bir kas gibi çalıştırılabilen bir yetenek olduğudur. Sana bu kitapta nasıl mutlu bir ruh haline kavuşabileceğine ve nelerin "doğru yaşam şekline" katkıda bulunduğuna dair birçok öneri ve fikir vereceğim. Bunun için sadece hazine stratejileri vasıtasıyla yeni davranış biçimleri bulmayacağız, aynı zamanda hayal gücümüzün ve fiziksel hafızamızın yardımıyla da yeni bir yaşam duygusu kuracağız – *güneş çocuk duygusunu.*

Hayal Gücünü ve Fiziksel Hafızanı Kullan!

İçindeki güneş çocuk duygusunu ortaya çıkarmadan önce, sana içindeki yetişkin hakkında birkaç ek bilgi daha vereceğim. Önceki bölümlerde de bahsettiğim üzere, aklımız gerçeklik ile düşünce arasında net bir ayrım yapamaz ve bu yüzden de düşünce, değişim yolunda senin için önemli bir yardımcıdır. Beynimiz resimler, renkler, kokular, sesler vb. aracılığıyla çok hızlı – olumlu ve olumsuz– çağrışımlarda bulunabilir. Bunu sürekli yaşarsın: bir bakış, bir melodi, bir koku içindeki anıları ve duygu durumlarını tetikler. Beynin bu yeteneğini, günlük hayatında daha çabuk güneş çocuk moduna girmekte yardım etmesi için kasıtlı olarak olumlu çağrışımlar kurma aracılığıyla kullanacağız. Buna ek olarak güneş çocuğu, beden hissine sabitleyeceğiz. Çünkü bedenin ruh halimiz üzerinde oldukça derin etkileri vardır. Nörobiyolojik araştırmalar moralimizin sadece fiziksel duruşumuzu etkilemediğini, aynı zamanda beden duruşumuzun da moralimizi etkilediğini kanıtlamıştır. Dik yürüdüğümüzde, aşağı düşük omuzlar ve yere bakarak yürümemize kıyasla daha özgüvenli hissederiz. Bunu rahatlıkla deneyebilirsin. İstersen ayakta durup kollarını başının üzerinden gökyüzüne doğru kaldırıp kötü hissetmeyi deneyebilirsin. Aynı şekilde omuzlar içe doğru çökük, baş önde ve yere bakarken neşeli hissetmeyi de bir dene. İkisinde de zorlanırsın.

Fiziksel duruşumuzun moralimizi ne kadar çok etkilediğini Amerikalı sosyal psikolog Amy Cuddy araştırmış. Bazı deneylerde kadınlar ve erkeklerin bir mülakattan önce iki dakika boyunca güç duruşu adı verilen pozisyonda uzun süre durduklarında, diğerlerine göre önemli derecede daha iyi bir görüşme geçirdiklerini tespit etmiş. Bu duruşu yapmak için belirtilen zaman boyunca bacaklarını kalça hizası genişliğinde açıp ellerini kalçalarına dayayarak durdular. Bu konu hakkında daha fazla bilgi istersen internette Amy Cuddy'nin konuşmasını dinleyebilirsin.

Alıştırma: Güneş Çocuğunu İçinde Sabitle

Aşağıdaki alıştırmanın yardımıyla güneş çocuğunu senin hislerine, ruhuna ve bedenine sabitleyeceğiz. Alıştırmaya *oyun* da diyebilirsin çünkü güneş çocuk bunu daha çok sever.*

Bu oyun için ayakta durman en iyisidir. Güneş çocuğunu çizdiğin kâğıdı önüne, yere koy. Bedenini bilinçli bir şekilde algıla – nasıl hissediyor? Daha sonra lütfen içsel dikkatini göğüs-karın bölgene, duygularının merkezine ver.

1. Olumlu dogmalarını yüksek sesle oku ve içini hisset. Peki bunları sessizce söylemek kendini nasıl hissettiriyor?
2. Geçmişte ya da hâlâ varolan olumlu dogmalarının olduğu bir olayı hatırla. İş yerinde, sporda ya da tatilde arkadaşlarınla bir arada olduğun bir durum olabilir bu. Ya da müzik dinleyip doğada bulunduğun bir an da olabilir. Hayatında olumlu dogmalarının doğru ve makul hissettirdiği en az bir durum yaşamışsındır.
3. Sonra düşünsel olarak güç kaynaklarına git. Bütün duygularınla –görme, duyma, koklama, tat alma– onları çağır ve sana nasıl güç verdiklerini hisset.
4. Sonra da güçlü özelliklerine yönel. Onları sadece düşünmekle kalma, kendine sessizce onları söylediğinde bedeninde neler duyumsadığını da hisset. İçinde hangi duygulara sebep oluyorlar?
5. Değerlerinle devam et. Onları sesli oku ve kendi içine yönelerek bedenindeki hangi duygu ve rezonanslara yol açtıklarını hisset. Sana nasıl kuvvet ya da rahatlık verdiklerini duyumsa.

---

* Fantezi seyahati olan "Güneş Çocuk Hipnozu"nu indirebilirsin.

6. Hepsini birden hisset – bedenin güneş çocuğu nasıl hissediyor?

Bu içsel duygu durumuyla odada hareket et ve güneş çocuğu duruşunu bul. Bu durumdayken bütün bedeninin nasıl hissettirdiğine bak. Güneş çocuğu modunda olduğunda nefesinin nasıl aktığını bilinçli olarak hisset. Güneş çocuk duygusunu ifade eden küçük bir jest bul. Bu jestin bedeninden çıkmasına izin ver. Bu jest sana günlük hayatta –her ihtiyaç duyduğunda– bu durumu hatırlamana yardımcı olacaktır. Örneğin, bir hastam elini birden açtı ve eli basit bir kâse şeklini aldı. Bu rahat el hareketi onun güneş çocuğunun jesti oldu.

Lütfen iyi duyguları güneş çocuk şablonunun karın bölgesine taşı.

Ek: Güneş çocuğunun olumlu içsel durumunda kal. Bu duygudan yola çıkarak söz konusu duygu için bir resim oluştur. Belki bir deniz ya da güzel bir manzara, bir oyun parkı ya da ormanda bir ev görürsün – bırak resimleri güneş çocuğun sana hediye etsin. Bırak hediyesiyle seni şaşırtsın.

Güneş çocuğunun içinde bulduğun resmi de tek bir kelimeyle not et.

Günlük Hayatta Güneş Çocuk

Güneş çocuk şablonun –umarım çok renklidir– yönelebileceğin bir hedef durumdur ve sana başta dışarıdan olmak üzere ve düzenli bir şekilde oyunla güçlendirdiğin takdirde içsel dayanak da sunabilir. Sonraki başlıkta hazine stratejilerini bulacağız.

Ama daha şimdiden yukarıda çalıştığımız gibi mümkün olduğunca fazla güneş çocuk duygunu ortaya çıkarabilirsin. Acelen olduğunda sadece yeni dogmalarını veya değerlerini söylemen ya da güçlü yönlerini ve güç kaynaklarını hatırlaman da yeterlidir. Belki de hayal gücünle daha hızlı güneş çocuk moduna geçersin. Yalnızca bütün içerikle oyna. O an hangi durumda olduğuna bağlı olarak en çok ihtiyaç duyduğun içeriği kullan. Güneş çocuğunu bedenine sabitlemek için sürekli kısa kısa içine bakıp dogmalarının, değer ve güç kaynaklarının içinde hangi duygulara neden olduğunu hissetmen çok önemli.

Gölge çocuğun bu esnada sürekli baskın çıkmaya çalışacağı için onu da unutmamalısın çünkü kendini birden yine eski duygu durumlarında ve dogmalarında bulursun. Gölge çocuğuna doğru kaydığında, kendini zamanında yakalamak için içindeki yetişkin çok dikkatli olmalı. Böyle durumlarda bilinçli bir şekilde güneş çocuğuna geçebilir ya da şimdilik gölge çocuğunu teselli edebilirsin. Doğrudan yetişkin benliğinin yardımıyla kendine bunların eskiden kalma ve bugünkü gerçekliğinle uyuşmayan duygu ve yansıtmaların olduğunu açıklayarak da güneş çocuk moduna geçebilirsin.

Bunların yanı sıra günlük hayatta güneş çocuğuna gelişmesi için çok alan tanıman lazım. Bunu da daha fazla eğlenceye, yaşama sevincine ve zevke izin vererek yapabilirsin. Moralini yükselten ve sağlığına ya da başka birine zarar vermeyen her şey serbest! Güneş çocuğuna bunun için hangi fikirleri olduğunu sorabilirsin – aklına kesinlikle çok şey gelecektir.

Güne birkaç küçük oyunla başlaman yararına olacaktır. Sıradaki oyunlar için beş dakikaya bile ihtiyacın yok:

Gülmek muazzam işe yarar. İnsanın canı hiç gülmek istemediğinde bile gülmek işe yarar. Yapay olarak yaratılan gülmenin de morale olumlu yansıdığı tespit edilmiştir. Bu da zaten "kahkaha yogası"nın dayandığı temel fikirdir. Seminerlerimden birinde bundan bahsettiğimde bir katılımcı "Gülmek depresyonuma zarar veriyor!" dedi ve evet, tam olarak öyle! O yüzden sabahları bir dakikanı ayır ve gül. Sadece gül. Yapay gülmenin, sonrasında nasıl gerçek bir gülüşe, belki de bir gülme krizine dönüştüğünü görünce şaşırabilirsin.

Sonra şu oyunu da ekleyebilirisin: Kollarını gökyüzüne doğru uzatıp aynı yöne bakarak yeni dogmalarını ve değerlerini kendine söyle. İstersen güçlü yönlerini ve güç kaynaklarını da ekleyebilirsin.

Daha sonra biraz zıpla ve eski çocukluk hareketlerini içinde uyandır: kollarını salla, poponu oynat, nanik yap vs.

Sabahları küçük "iyi moral çalışması" da yapabilirsin. Sevdiğin müzikle dans et ya da trambolinde zıpla. Sonuncuyu her sabah yaparım (yani neredeyse her sabah). Zıplama ve hoplama hareketlerini zihnimiz keyfi yerinde olmayla bağdaştırır. Buna ek olarak trambolin ideal bir spor aletidir. Üstelik çok pahalı da değil; hemen ortadan kaldırabilirsin ve evde zıplama imkânı tanıdığı için bunu yapmak çok zor şartlara bağlı değildir.

Güneş çocuk duygusu sıradaki hazine stratejilerini uygulamak için harika bir esastır. Bununla beraber hazine stratejileri de güneş çocuğu moduna girmeye de yardım eder.

Korunma Stratejilerinden Hazine Stratejilerine

Sıradaki bölümlerde mümkün olduğunca sık, güçlü güneş çocuğu ya da mantıklı yetişkin durumunda bulunman için sana algını, düşüncelerini ve duygularını düzenleyebileceğin etkinlikler vereceğim. Bu etkinlikler olumsuz şekillenmelerini, dogmalarını ve onlara eşlik eden algı bozukluklarını çözüp hazine stratejileri olarak ifade ettiğimiz mantıklı korunma stratejilerini çalışmayı temel alır. Hedefimiz tamamen daha az özkorunmaya ihtiyaç duymanı sağlamaktır. Başka bir deyişle: Sana kendini (daha çok) sevmende yardım edeceğim. Ne kadar çok kendinin arkasında durursan ki bu gölge çocuğunu da kapsar, dünyaya karşı kendini o kadar az saklamak zorunda kalırsın. Ve varlığını ne kadar çok özgün yaşarsan, ilişkilerini o kadar daha mutlu şekillendirebilirsin. Ne kadar çok kendine yaklaşırsan, kendin ve başkalarıyla daha iyi olursun – başka insanlar da seninle daha iyi olur.

Kendinden ve dünyadan memnun olmak için nasıl daha iyi ya da uyumlu olacağını değil, kendin ve gölge çocuğunla barışıp güneş çocuğunu güldürmek için kendini nasıl kabul edeceğini ve uygun bir şekilde savunabileceğini açıklayacağım.

Mutluluğumuz ve Mutsuzluğumuz İlişkilerimizin Etrafında Döner

Hayatımızdaki her şey neredeyse kişilerarası ilişkilerle ilgilidir. İyi ilişkiler insanları mutlu, kötülerse mutsuz eder. Kişi kendisini yalnız hissettikten sonra en büyük zenginliğe sahip olmanın ne faydası vardır? Etrafında sana yakın olan kimse yoksa, en yüksek başarılara sahip olmanın ne önemi var? Bir insanın yaşayabileceği en kötü ruhsal durum, derin bir yalnızlık hissidir. Takdir edilmeye ve bir topluluğa ait olmaya büyük özlem duyarız. Belirttiğim gibi, bağlanma isteğimiz varoluşsaldır. Bu yüzden korunma stratejilerimiz kişilerarası ilişkilere yöneliktir: Bu stratejiler bize takdir edilmek ve sevilmek için yardımcı olmalılar, bununla beraber de saldırı ve reddedilmeyi önlemeleri gerekir. Bütün dünya, takdir edilmenin başarı prensibiyle çalışır. Kim takdir edilmek isterse diğerlerinden daha iyi, güzel, güçlü, zengin ya da "çok farklı" olmak zorundadır; zayıflık göstermemelidir. Bundan dolayı korunma stratejilerimiz, özgün olmadığımız ya da duruma göre sadece kısmen özgün olmamız durumuna doğru gelişme gösterir. Korunma stratejilerimiz sayesinde güçlü varsaydığımız yönlerimizi gösterip zayıf varsaydıklarımızı saklarız. Bizi sevilebilir kıldığını düşündüğümüz bir maske takarız. Bu yüzden korunma stratejilerimiz bizi diğerleriyle yakınlaştıracağına onlardan uzaklaştırır. Çünkü yakınlık, mükemmel olduğumuzda veya başkaları tarafından başarılarımız beğenildiğinde kurulmaz. İkiyüzlülüğe yol açan yanlış uyum arayışıyla kurulmaz. Aynı şekilde saldırı ve atak, rol yapma ve gizlenme, iktidar hırsı, kaçış ve geri çekilmeyle de kurulmaz. Gerçek yakınlık yalnızca *özgünlük*, *dürüstlük* ve *empati*yle kurulur.

Şimdi itiraz edip bu kadar yakınlığı istemediğini ve aslında başkalarıyla arana mesafe koyduğunda kendini daha iyi hissettiğini dile getirirsen, geri çekilme korunma stratejisi modundasın anlamına gelir bu. Çünkü genetik olarak içedönük kişiler, dışadönük kişilere kıyasla başkalarıyla bir arada olmayı daha az isteseler bile, mutlu olmak için gerçekten yakın hissettikleri en az bir kişiye ihtiyaç duyarlar – onu *olduğu* gibi seven, hatta ona âşık olan bir kişiye. Sonuçta hepimizin özlemini çektiği şey de budur.

Bu yüzden hazine stratejilerin nasıl daha başarılı olabileceğini değil, ilişkilerini nasıl iyileştirebileceğini hedefler. Yeni hazine stratejileri edindiğinde daha başarılı da olabilirsin ama bu yalnızca kendini daha çok keşfedebildiğin ve kendini daha iyi savunabildiğin durumun yan etkisidir. Hazine stratejileri *ideal benliğe*, yani kendinle ilgili arzu edilen tasarıma değil, *gerçek benliğe* hizmet eder. Olduğun kişinin arkasında durman için sana yardım ederler. Aslında gerçek benliğin, bizi ideal benliğimizden daha fazla başka insanlara yaklaştırdığını biliriz. Yani biz de özgün olan ve zayıf yönlerini kabul eden insanların yanında kendimizi daha iyi hissederiz. Bir şekilde mükemmel görünen insanların yanında kendimizi aşağılanmış ve yenik hissederiz. Bundan yola çıkarak, mükemmel ideallerin başkalarını kıskandırmak için işe yaradığını ama gerçekten sevilmeyle sonuçlanmadığını sürekli kendimize açıklamalıyız: Kusurları olan sempatiktir.

Bana gelen hastaların çoğu, kişilerarası ilişkilerinde bir nedenden ötürü sorun yaşadıkları için yardım arar. Bu partnerleriyle, iş arkadaşlarıyla, arkadaşlarıyla, aileleriyle, herkesle olabilir. İlişki sorunlarının temelinde hep söz konusu kişilerin kendileriyle olan ilişkilerinde bir sıkıntı olması yatar. Bu, depresiflik ya da panik atak gibi ilk bakışta ilişkiyle bir alakası yok gibi görünen sorunlar için de geçerlidir. Bunların ardında da sıklıkla "Gölge Çocuğunu Anla" başlığındaki Babsi örneğinde de gördüğümüz üzere ilişki sorunları yatar.

İlişki sorunları gölge çocuğumuzun dogmaları ve korunma stratejilerinden kaynaklanır. Sıkıntılı bir ilişkide, karşı taraf ikiyüzlü ve entrikacı olduğu için daha suçlu olsa da bu durum geçerlidir. Böyle bir durumda kişi, neden bu insana aldandığı sorusuyla uğraşmalıdır – ya da neden ondan ayrılamadığı, neden sürekli ona sinirlendiği veya neden onunla arasına mesafe koyamadığı sorularıyla. Yani her ilişkiyi kendi payına yönelik olarak sorgulayabilirsin. Her ilişkiden de bir şey öğrenebilirsin. Hatta çoğu zaman sınırlarımızı zorladıkları için bize en çok şey öğreten zor insanlar olur. Ünlü psikolog Robert Betz bunları "gıcık melek" (*Arschengel*) olarak adlandırır ve ben bunu oldukça komik ve isabetli bulurum. Bu terim kısacası bizim özelliklerimizin zıddına sahip melekler anlamına gelir – iyilikleriyle değil, zayıflıklarıyla kendimizi bulmamıza yardım ederler. Örneğin, korunma stratejimiz uyum arayışıysa bir "gıcık melek" vasıtasıyla kendimizi korumayı öğrenebiliriz. Buna karşın eğer çok çabuk öfkeleniyorsak, onunla etkileşimde bulunarak sakin kalmaya kendimizi alıştırabiliriz.

Büyük ihtimalle en az bir kere bir "gıcık melek"in, senin hakkında tamamen haksız hüküm vermesi ve yanlış algılaması başına gelmiştir. Bu da öfke ve çaresizlik duyguları yaratır. Yapmadığımız, söylemediğimiz ya da amaçlamadığımız bir şeyi birisi içimize yansıttığında çoğu zaman çaresiz kalırız. Böyle durumlar normalde iletişimle çözülemez çünkü bunun için "fail", yani "algısı bozuk kişi", yansıtmalarını çözümleyip kendi kendisine yansıtmalıdır. Fakat bunu yapmak istemediğinde ya da yapamadığı durumda insan güçsüzdür. Böyle durumlar özellikle algısı bozuk kişiye bir şekilde bağımlı yaşandığında daha zordur: Çünkü bu kişi müdür, eş ya da anne babadır. Karşı taraf algı bozukluğunun içine ne kadar çok girmişse ve görüşlerini sorgulamaya hazır değilse, bu kişiyle bir uzlaşmaya varmak daha ihtimal dışıdır. Bazen tek mantıklı çözüm bu kişiyle iletişimi kesmek ya da bu mümkün değilse kendi kendine araya mesafe koymaktır.

Bazen biz de başkaları için birer "gıcık melek" oluruz. Bu anlamda hepimiz hem mağdur hem failiz. Haksızlığa uğrarız ve aynı zamanda kendimiz de algı bozukluklarımız yüzünden başka insanlara haksızlık ederiz – bu yalnızca onların acılarını görmezden gelmek olsa da. Yani ilişkilerimizi iyileştirmek istiyorsak her şeyden evvel öz algımızı da içeren algımızdan başlamalıyız. Çünkü gölge çocukla hareket ettiğimiz takdirde, kendimizi başkalarıyla aynı seviyede bulmayız. Kendimizi onlardan zayıf hissettiğimizde de bu kişiler hemen gözümüzde saldırganlara dönüşürler. Kendimizi sözde daha üstün hissettiğimizde de "aptallara" dönüşürler. Yani algı, subjektif gerçekliğimizin temel istasyonudur. Bu yüzden –korunma stratejilerinde de olduğu gibi– önce onlara yöneleceğiz.

Kendini Yakala!

Her türlü değişikliğin temeli, mevcut durumun farkına varıp onu başta olgu olarak kabul etmektir. Bu mevcut durumu yalnızca kendimle arama biraz mesafe koyduğumda analiz edebilirim; yoksa kendimi izleyici perspektifinde değil, alan perspektifinde bulurum. Alan perspektifinde kendimi değil, dışarıdaki dünyayı görürüm. İzleyici perspektifindeyse dışarıdan bakarak kendimi algılarım. Gölge çocuğumuza gelince de genelde o durumdayken alan perspektifine sahibizdir. Yani hissettiğimiz, gördüğümüz ve düşündüğümüz her şeye inanırız. Düşünce ve duygularımızı *gerçek olarak algılarız.* Alan perspektifinin bu illüzyonu film izlediğimiz zaman bile çalışır: Sadece kurgu olduğunu bildiğimiz halde, polisiye, dram ya da komedi, izlediğimiz şeye bağlı olarak korkmuş ya da gergin, mutsuz ya da keyifli hissederiz. O halde gölge çocuğumuzun etkilediği bir filmle aramıza mesafe koymak ne kadar zordur? Gölge çocuğumuz ve onun dogmaları hakkında bilgi sahibi olsak bile, çoğu zaman onun gerçekliğinde hapsoluruz. Hastalarımda dikkatimi çeken hep şu olur: Aslında sorunlarının çözümü için gerekli bütün bilgilere sahiptirler fakat bunu tekrar tekrar unuturlar. Bana göre bunun üç sebebi var:

1. İçimizdeki yetişkin, gölge çocuğu mevzusunun bu kadar da ciddiye alınması gerektiğine inanmaz.

2. Çocukluk şekillenmelerimizin gözünden dünyayı görmeye o kadar alışmışızdır ki başka bir gerçekliğe inanmak çok zor gelir.
3. Duygu ve düşüncelerimizin sorumluluğunu almaktan kaçınırız ve bizi kurtaracak bir şeyin dıştan gerçekleşmesini bekleriz.

Gölge çocuğumuzla kendimizi özdeşleştirmemiz genelde kendiliğinden ve dolayısıyla da bilinç tarafından fark edilmeden gerçekleşir. Aynı şekilde Christin (33) bana kendi kiraladığı dairesini başkasına kiraya vermeyle ilgili yaşadığı sıkıntısını anlattı. Ev sahibi bunun için bir emlakçı görevlendirmiş. Kararlaştırılan randevuya emlakçı yarım saat gecikmiş ve yanında daireyle ilgilenen on beş kişiyle gelmiş. Christin gecikme ve emlakçının sözünü etmediği bu kadar fazla kişiden dolayı çok sinirlenmiş. Çünkü o çok daha az kişi beklemiş. Dişlerini sıkarak taliplere evi gezdirmiş ve insanlar gittikten sonra emlakçıyla çok büyük bir kavga etmiş. Christin bana bu durumu "iyi ruh halinden" "kötü ruh haline" ne kadar kolay kayabildiğini ve sonra öfke duygularında takılı kalmasına bir örnek olarak anlatmıştı. Christin psikoterapide gölge çocuğuyla çok çalışmasına rağmen, o durumdayken çocuğunun şiddetli bir öfkeyle hareket ettiğini fark etmez. Terapi seansında yaşananları gölge çocuk açısından analiz ettiğimizde, bu öfke patlamasından onun sorumlu olduğunu şaşkınlıkla anlar. Emlakçının geç kalması ve haber vermeden yanında on beş kişi getirmesi Christin'in içindeki, benzer anlamdaki şu eski kanaati tetikler: "Canı ne isterse yapabileceğini sanıyor herhalde!" Bunun arkasında "Ben önemli değilim" ve "Ben beş para etmez biriyim" gibi dogmalar yatar. Bunlara *saldırı* ve *atak* korunma stratejileriyle tepki vermiş. Christin'in duyguları ve davranışlarının bu şekilde olmasına neden olan "durum" değil, gölge çocuğunun algı bozukluğundan kaynaklanan, durumun *yorumlanmasıdır.* Emlakçının davranışını bu kadar kişisel algılamasaydı sakin kalırdı.

Hepimiz Christin gibi hissederiz: Eski kalıplarımıza alışmış olmamız nedeniyle onlara takılı kaldığımızı çoğunlukla fark etmeyiz. Durumları farklı algılayabiliyor olduğumuz aklımıza dahi gelmez. Buna da yine hastalarımdan bir örnek vereceğim: Leo (24) bana sevgilisiyle tekrar barıştığını anlattı. Bu sefer "her şeyi doğru yapmak" istediğini söyledi. Geçmişte yaşadıkları sorunlar hakkında açıkça konuşup konuşmadıklarını sordum ve buna olumsuz yanıt verdi: *Sevgilisinin* konuşmayı istemediğini ve geçmişte kalan sorunları bastırıp sadece geçirecekleri zamanın tadını çıkarmak istediği izlenimini ona verdiğini anlattı. Leo gölge çocuğuyla ne kadar çok kendisini özdeşleştirdiğinin farkında değildir. "Ben yetersizim" ve "Kendim olamıyorum" gibi dogmalarına karşı en önemli özkorunma stratejilerinden biri *uyum*dur. Yani sevgilisinin hayalini kurduğu tüm beklentileri karşılamaya çalışır. Onun geçmişteki sorunlar hakkında konuşmak istemediğini hissettiğinde de bunu önler. Sevgilisini tamamen çocuksu bir perspektifle algılar ve "uslu bir çocuk" olup "her şeyi doğru" yapmaya çalışır. Bunu başarmak için sevgilisinin ondan ne beklediğini *sezgisel olarak* tahmin edebilsin diye içindeki antenin alıcılarını açık tutar. Reddedilme korkusu ve partnerine bakış açısı onun için o kadar doğal ve normaldir ki gölge çocuğuyla özdeşleştiği zamanın genellikle farkında olmaz.

Bir olay esnasında gölge çocuğumuzla hareket ettiğimizi duygularımızla anlarız. Christin öfkeli olduğunda, Leo da kaybetme korkusu yaşadığında kendilerini yakalayabilirlerdi.

O yüzden gölge çocuğunun algını, düşünmeni ve duygularını birçok durumda, çok sıradan görünenlerde dahi belirlediğinin farkında ol. Tekrar ediyorum: Sorunlarını çözüp kendini geliştirmek istersen, sorumluluk alman ve yeni bilgilerinle etkin çalışman önemlidir çünkü bunlar gölge çocuğunla özdeşleştiğinde kendini yakalaman için bir önkoşuldur. Ancak kendi farkında olduğun bir şeyi değiştirebilirsin.

Gerçek ile Yorumu Birbirinden Ayır!

Gölge çocuğu modunda olduğunu yakaladığında ve kendini de bu yüzden kötü hissettiğinde bir adım geri git ve durumu biraz mesafeyle analiz et, senin durum *yorumunun* nasıl olduğunu kendine sor. Yani yetişkin-ben durumuna geç ve tamamen bilinçli bir şekilde dünyayı güneş çocuğun gözleriyle gördüğün perspektifi ara. Çünkü bizim tepki verdiğimiz şey genellikle "objektif gerçeklik" değil, bu yorumlardır. Ayrıca dünyayı olumlu biçimde bozuk algıladığımızda da bu durum geçerlidir. Acı veren görüşlerden kendimizi korumak için bazen olayları iyiymiş gibi göstermeye de çalışırız. Bunun dışında içimizdeki yetişkin ve güneş çocuk da durumu yanlış değerlendirebilir. Ama bize en çok sorun yaşatan, gölge çocuğumuzdan kaynaklanan algı bozukluklarıdır ve bu yüzden bunlara daha detaylı değinmek istiyorum.

Birçok insan algılarının, sürekli bilinçsizce yaptıkları yorumları yüzünden ne kadar subjektif etki altında kaldığının farkında değildir. Örneğin, A kişisi "Bu bana niye böyle pis pis sırıtarak bakıyor?" diye düşündüğünde B kişisinin ona gerçekten böyle garip baktığını (yani onunla dalga geçtiğini) ya da sadece kibarca gülümsediğini sorgulamayı normalde akıl etmez. Psikoterapik çalışmalarımın esaslı bir bölümü, hastalarımla somut durumların gerçekliğin subjektif yorumuna yönelik analizinden oluşur. Gölge çocuklarıyla özdeşleşmiş kişiler, yani özdeğeri sabit olmayanlar genelde diğerlerine kötü niyet yüklemeye yatkınlık gösterirler. İltifat aldıklarında bile karşılarındaki kişinin onları manipüle etmek istediğini ya da "kandırdığını" düşünür. Başkalarının, kendi kendilerini değerlendirdiklerinden daha olumlu değerlendireceğine inanmazlar. Başlarına geldiğindeyse de diğer kişinin *gerçekte* nasıl biri olduklarını fark etmesinden korkarlar. Ama genelde bu gerçekleşmez: dogmalarını sorgulamazlar ve belki de *kendilerinin* yanıldığı akıllarına gelmez.

Dünyayı ve ilişkilerini yüceltilmiş gören, daha çok "naif" olarak adlandırılabileceğimiz mizaçlar da elbette vardır. Böyle kişiler genelde uyum çabası gibi korunma stratejileri ve "Ben çocuk kalacağım" gibi dogmalar geliştirmiştir. Kendilerini aktif olarak savunmaktan rahatsız oldukları gerçeğinden korktukları için bazı kötü şeylerin güzel olduğuna kendilerini inandırırlar. Uyumu seven insanların bir özelliği de sadece sorunları önlemeyi sevmeleri değil, onları bazen hiç algılamamalarıdır. Sen de çok iyi niyetli ve naif olan kişilerden biriysen etkileşim partnerinin davranışını daha dar bir bakış açısıyla nasıl değerlendireceğini düşün. Özellikle eleştirel olmaya çalış. İçindeki yetişkininin yardımıyla olaylara mümkün olduğunca gerçekçi bakmaya çalış. Başkaları için mazeretler bulmaya ve aslında seni oldukça rahatsız eden noktalarda anlayış göstermeye çalışmaya başladığında kendini yakala.

Alıştırma: Gerçeklik Kontrolü

Bu alıştırma gerçekliğin yorumunu yakalayıp değiştirmende sana yardımcı olacak. İşte sana kendi sorununa göre düzenleyebileceğin bir örnek:

Somut durum (tetikleyici): Müdürüm bir hatama dikkat çeker.

Gölge çocuğumun düşünceleri (dogmalar): Ben yeterli değilim. Mükemmel olmak zorundayım! Hata yapmamam lazım!

Benim yorumum: Müdürümün fikri işin bana fazla geldiği yönünde ve beni işten çıkarmayı düşünüyor.

Hissettiğim duygu: Utanıyorum ve korkuyorum.

Korunma stratejim: Mükemmeliyetçilik ve kontrol çabası: Kendimi çok daha fazla yorarım. Her şeyi sıkı sıkı kontrol eder, fazla mesaiye kalırım.

Güneş çocuğumun düşünceleri (olumlu dogmalar): Hata yapabilirim! Yeterliyim!

Duruma dair yorumum: Müdürüm, arada hata yapsam da performansımdan memnun.

Yetişkin kişinin söyledikleri (argümanlar): Alanında çok bilgilisin. Sürekli kendini geliştiriyorsun. Müdürün ve meslektaşların da arada hata yapıyor. Gölge çocuğun eleştiriye çok hassas tepki veriyor.

Duygu: Sakin kalırım.

Hazine stratejim: Hatalarımdan ders çıkarırım; kendimi ve mükemmel olmayan diğer insanları da iyi niyet ve anlayışla karşılarım.

Refleksiyon ve Sapma Arasında İyi Bir Denge Kur!

Gerçekliği nasıl yorumladığımızın ne hissettiğimizi ve nasıl hareket edeceğimizi büyük ölçüde etkilediğini artık anladık. Fakat kendimizi zamanında yakalayıp bozuk algımızı düzeltip sonra da gölge çocuktan güneş çocuk moduna geçmeyi her zaman başaramayız. Böyle durumlarda gölge çocuğun olumsuz duygu durumuna kayabiliriz. Alışılageldiği üzere böyle durumlarda korunma stratejilerimizi, onları daha fazla tekrar ederek güçlendiririz. Bu yüzden soruna daha da fazla gömülürüz: *Geri çekilmeye* yatkınsak, ördüğümüz duvarların ardına saklanırız; korunma stratejisi olarak *cadaloz* gibi tepki verdiğimizde agresif oluruz; *mükemmeliyetçiysek* kendimizi daha çok yorarız. Tıpkı bir kısırdöngü gibi durumu daha da kötüleşiriz. Gölge çocuğumuzla o kadar çok özdeşleşiriz ki çıkışı bulamayız.

Eski düzenine geçmeden kendini zamanında yakalamayıp algını düzeltmeyi başaramazsan başka bir strateji bu durumdan çıkmana yardımcı olabilir: sapma. Bu, dikkatimi duygularıma ve sorunlarıma değil, dış dünyaya vermem anlamına gelir. Dışarıda olup bitenlere tamamen odaklandığımda ya da bir etkinliğe konsantre olduğumda kendimi algılamam ve özgecil olurum. Bu durumda ne fiziksel ne de ruhsal acı hissederim. Bu yüzden sapma, kronik ağrıları olan hastaların psikoterapisinin temel taşıdır – tutkuyla dans edildiğinde ağrıyan ayaklar hissedilmez.

Dikkatimiz bir yere odaklandığında dalgın bir duruma girebiliriz. Bu sayede sıkıntı veren duygular tamamen geri çekilebilir. Sapma sayesinde hemen moralin yükselir, bu da sorununa içsel bir mesafe koymanı sağlar.

Şu durum kesin daha önce başına gelmiştir: Tarafından yanlış anlaşıldığını ve haksızlığa uğradığını hissettiğin X kişisine çok öfkelenirsin. Düşüncelerin hep bu sorun etrafında döner ve kendini bu duyguya kaptırdıkça daha da çok sinirlenirsin. Sonra işine tamamen konsantre olman gerektiği için bir süre işle oyalanırsın. Buradaki sapma sayesinde öfken arka plana geçer, sakinleşirsin. Şimdi X ile sorununu daha sakin bir ruh haliyle gözden geçirebilirsin. Bu durum sana içsel mesafe kazandırdı. Bu mesafeden dolayı durumu yorumlaman da değişir. Şimdi olaydaki payını da görebilirsin. Belki de pireyi deve yaptığını düşünürsün. Ya da X ile olan sorununa bir çözüm bulursun. Veya bütün bu olanlar artık o kadar önemli görünmez ve "üstüne sünger çek" dersin.

Büyük olasılıkla şimdi şu soruyu soracaksın: "Ne yani? Kendi kendimi ya dikkatli bir şekilde gözlemleyeceğim ya da dikkatimi mi dağıtacağım?" Benim cevabım: Kendimi iyi yansıtıp gerekirse kendimi yakalayabilecek kadar kendimi görebilmem ile duygularıma dalıp düşüncelerimin sürekli ve –verimsiz bir şekilde– benim etrafımda dönmesi arasında büyük bir fark vardır. Olumsuz duygularıma dalarak bir yere varamam. Bu yüzden kişinin kendisini gözlemesi önemlidir. Ama gölge çocuğun duygularına ve dogmalarına karışma tehlikesi varsa dikkatini dağıtman yararlı olacaktır. Duygu ve sorunlarımı önce onlarla arama biraz mesafe koyarak daha iyi yansıtabilirim.

Benim tavsiyem: Tekrar tekrar durup ara ver ve neler yaşadığını hisset; sonra dikkatini yine dış dünyaya ver, etrafında olanları algıla, kendine ve eylemlerine konsantre ol. Kendine dikkat etme ile etrafına dikkat etme arasında bir denge bul. Sürekli dikkat isteyen akut bir sorundan muzdaripsen sana bir tüyo vereyim: Her gün yarım saatliğine bu konuyla uğraş ve bunu yazarak yap. Böylece içindeki yetişkin, ikilemde kaldığında her şeyin o kâğıtta halihazırda yazdığını ve günün geri kalanında başka işlerle uğraşabileceğini bilecektir. Düşüncesel olarak sorununa tekrar dönmemen için sana yardımcı olabilmesi adına bileğine lastik bant takabilirsin. Her sorununla ilgilendiğini fark ettiğinde lastiği çekip bırak ve dikkatini tekrar yapmakta olduğun eyleme yönelt.

Kendine Karşı Dürüst Ol!

Dediğim gibi kendimi kabul etmem, kendimde her şeyi beğendiğim anlamına gelmez. Kendimi takdir etmek, güçlü ve zayıf noktalarımla kendimi kabul etmek demektir. Kişinin kendini sevmesinden de bahsetmek istemiyorum. Sevgi çok büyük bir kelime. Kişinin keyifle yaşaması yeterlidir. Çünkü o zaman varolmasından yana oluruz.

Kişinin kendisini hangi kapsamda kabul edebileceği, kendini tanımasının boyutuna bağlıdır. Neticede sadece algılayabildiğim ve farkında olduğum bir şeyi kabul edebilirim. Ama sadece kendimde iyi bulduklarımı kabul ettiğim zaman benliğimin bir kısmını kabul etmiş olurum. Diğer kısmını bir şekilde maskelemem ve bastırmam gerekir. Bu yüzden birçok insan kendini tanımak söz konusu olduğunda dolambaçlı yoldan gitmeyi tercih eder: Nispeten daha masum hatta zayıflık bile olmayan zayıf yanlarına odaklanırlar ama aslında daha yakından izlenmesi gereken zayıflıklarını bilinçlerinin dışına itmeyi yeğlerler. Bir defasında gerçekten çok güzel bir hastam ilk seansımızda, abartısız bir saat boyunca kendini çirkin bulduğu için hüngür hüngür ağladı. Bu, algı bozukluğu için aşırı bir örnek oldu ama açıklamakta fayda var: Bu hastanın zayıflığı dış görüntüsü olmamakla birlikte histeriye, yani çok abartılı tepkiye karakteristik olarak yatkınlığı onun asıl zayıflığıydı. Hastamın sandığından tamamen yanlış yolda olması gibi, hepimiz –bazen daha az ya da daha çok– onunla aynı durumda olabiliyoruz.

Acı veren kavrayışlara korku kaynaklı olarak gözlerimi yumduğumda, kendimi bunlara karşı korurum fakat geliştiremem. Örneğin, kaybetmek korkusu yüzünden önemli kararlardan kaçtığımın doğru olduğunu kabul etmezsem yerimde sayarım. Belli bir kişiyi çok fazla kıskandığımı kabul etmezsem bu duyguyu sağlıklı bir şekilde çözemem. Yeteneklerimin sınırlarının nerede olduğunu kendime itiraf etmediğimde yaptıklarımdan asla memnun olmam.

Kendine karşı olabildiğince dürüst olman için seni cesaretlendirmek isterim. Bunun için iyi bir arkadaşından dürüst bir değerlendirme yapmasını rica etmen faydalı olabilir çünkü genelde insanın kendi kendisini objektif olarak algılaması kolay değildir. Korkuyu azalttığı için, kendini dürüstçe tanımak muazzam bir kurtarıcı etkiye sahiptir. Örneğin, hayallerimi gerçekleştirmek için yeteneklerimin yeterli olmadığını kabul ettiğim andan itibaren artık bunu itiraf etmekten korkmama gerek kalmaz. Rahatlayabilir ve kendime de itiraf edebilirim: Evet, böyle işte. Sonrasında da gelecek planlarımı daha gerçekçi tasarlayabilirim.

İçimizdeki belirli gerçeklere karşı olan belirsiz korku, bilinçdışı faaliyet gösterir. Biz de bu gerçekten ve bilgiden kaçtığımız sürece bu korku varolmaya devam eder ve kendimizi geliştirmemizi engeller. Fakat durup kendime "Evet, durum bu!" diye itiraf ettiğimde korku ortadan kalkıp yerini belki yas tutma alabilir. Bu sayede yeniliğe alan açılmış olur. Yani böylece kendimize daha uygun bir faaliyete yönelir, isteklerimize yeni bir yön veririz. Ya da sahip olduklarımın beni aşan hayallere ulaştırmayacağını fakat yine de beni memnun edecek yerlere getireceğini kabul ederim. Veya eksikliğimi çalışkanlıkla kapatırım. Her halükârda önce gerçekçi bir özdeğerlendirme vasıtasıyla hedeflerimi ve eylemlerimi, kendimi tanıma korkusundan sürekli yanlış yöne koşmaktansa, daha mutlu olabileceğim şekilde düzenleyebilirim.

Zayıflıklarımızla ilgilendiğimizde, ulaşabileceğimiz en kötü itiraf suçlu olmaktır. Suçluluk duygusu neredeyse katlanılmazdır. Oysa nerede yanlış yaptığını kabul etmek kurtarıcı olabilir. Örneğin, sadece şunları söylemeyi dene: "Evet, bu doğru değildi!", "Evet, bu noktada yanlış yaptım!", "Bunu bir daha asla tekrar böyle yapmam!" Çünkü ancak eylemlerimin sorumluluğunu aldığımda mağdur ettiklerim için adaleti sağlayabilirim. Ancak hatalarımı kabul ettiğimde mağdur ettiğim kişilerden özür dileyebilirim. Bunlar çoğu zaman bize en yakın olan insanlardır. Söylediğin, yaptığın ya da yapmadığın şeylerden pişman olduğunu yakaladığında, kırdığın kişilerden özür dilemeyi bir düşün. Birçok yetişkin çocuk, anne babası bunları itiraf ettiğinde kendilerini serbest bırakılmış hisseder: "Üzgünüz. O zamanlar çok yoğunduk ve bugün olsaydı çok farklı davranırdık!" Çoğu zaman gölge çocukta, kendi anne babası hatalarının sorumluluğunu üstlenmediği için yaralar sürekli kalır çünkü bunun yerine kendilerini haklı çıkarıp olanları inkâr ederler. Belki sen de içten içe anne ya da babanın veya ikisinin birden zamanında yolunda gitmeyenler için senden özür dilemesini istiyorsundur.

Eğer senin de yetişkin çocukların varsa ve dürüst bir şekilde öz eleştiri yaparken bazı şeyleri yanlış yaptığın sonucuna varırsan onlardan bunun için özür dile. Bu karar, ilişkinizde bir yeniden başlangıç olabilir. Ancak henüz reşit olmayan çocukların varsa gölge çocuğunun, senin yetiştirilmen üzerinde nasıl bir etkisi olduğunu çok iyi denetle ve olabildiğinde dikkatli ve yansıtarak davranmaya çalış.

Fakat geçmişe bakıp bir arkadaşın ya da iş arkadaşına haksızlık ettiğini yansıttığında o zaman sadece bunun için özür dile. Yaşananlar çok uzun yıllar önce olmuş olsa bile. Çünkü bu durumun tersi olarak muhtemelen sen de mağdur edilmiş –veya biri sana haksızlık etmiş– olduğun durumları yaşamışsındır.

Bu insanın sonunda senden özür dilediğini hayal et. Ne kadar iyi hissederdin!

Alıştırma: Gerçekliğin Olumlu Kabulü

Bu alıştırma aslında seni teşvik etmek istediğim içsel bir tutum. İtiraf etmeliyim ki aslında sadece yüzeysel olarak tanıdığım Budist meditasyon öğretisinden geliyor. Meditasyona yönelik alıştırmaların temel taşlarından birinin kabul etmek ve olumlamak olduğunu da biliyorum. Bence bu fikir, tam da bu yüzden Budist öğretilerinin derinine dalmadan da hayata uygulanabilir. "Evet deme fikri" psikoloji açısından anlaşılabilir bir şeydir. Daha önce belirttiğim gibi, acı veren kavrayışlardan kaçmak bilinçaltında korku üretebilir. Korkuya karşı korunmak, onu başlı başına kabul etmekten daha çok enerji sarf edilmesine neden olur. Bu başka olumsuz duygularla için de geçerlidir: üzüntü, çaresizlik, öfke, utanç – bunların en hızlı yok olması onları kabul ettiğimde olur.

Korkudan bahsettiğimde, gölge çocuğunu kastediyor olurum. Gölge çocuğumuzu kabul etmemizle birlikte korkularımızı, aşağılık duygusunu ve utancı, üzüntümüzü ve çaresizliğimizi kabul etmiş oluruz ve böylece o da kendini anlaşılmış hisseder ve gitgide sakinleşebilir. Bunun için günlük hayatta şunu kendimize tekrar tekrar söylemek de yeterlidir: *Evet, böyle işte*. Diş doktoruna gitmen gerekirse, arkadaşınla yaptığın bir tartışmayı düşündüğünde, trafikte kaldığımda, çocuklar yaramazlık yaptığında, treni kaçırdığında ve benzeri durumlarda kendine hep: "Evet, böyle işte," de. En iyisi bu cümleyi nefesinle birleştirmen. Derin nefes alıp nefesini bırakırken içinden "Evet, böyle işte," de. Bunu sürekli tekrarla ve ne kadar kurtarıcı olabileceğini gör.

Duygular geçici durumlardır. Mutluluk duygumuzdan aşina olduğumuz bir şeydir bu. Sevindiğimizde, daha sevinmeden önce bile bu hissin uzun sürmeyeceğini biliriz. Can sıkan duygulardaysa bazen bunların asla geçmeyeceğini düşünürüz – örneğin, aşk acısı yaşadığımızda ya da korku hissettiğimizde.

Bu yüzden sana daha önce "Olumsuz Duygulardan Nasıl Kurtulunur?" başlığı altında anlattığım alıştırmayı hatırlatırım: Sana sıkıntı veren duygunun fiziksel ifadesine konsantre ol. Örneğin, üzgün olduğunda bedeninin üzüntüyü nasıl hissettiğine odaklan. Belki boğazında bir düğüm ya da göğsünde bir baskı hissedersin. Yalnızca bu duyguya odaklan ve üzüntünle ilgili bütün resimleri kafandan sil. Sadece ama sadece fiziksel üzüntü duygusunu hisset. Böyle kal. Göreceksin çok çabuk kaybolacak. Aynı şekilde başka sıkıntı veren duygularla da bunu yapabilirsin. Bu alıştırma Lester Levenson'un Sedona-Yöntemi'nden© çıkmıştır ve duygularla başa çıkabilmek için oldukça pragmatik bir yaklaşımdır.

İyi Niyet Pratiği Yap!

İçimizdeki gölge çocuğun sıkça hissettiği yetersizlik sadece kendi huzurumuzu değil, başkalarına karşı tavır ve davranışlarımızı da etkiler. Gölge çocuğun perspektifinden diğer kişi hemen düşmana dönüşür. *Leben kann auch einfach sein!** adlı kitabımda kendinden emin olmayanların hayatlarını defans yaparak, yani sürekli değersiz durumlara düşme ve saldırıya uğrama endişesiyle yaşadıklarını daha önce de belirtmiştim. Öz savunmasıyla meşgul olanlar, saldıran kişiye aynı anda merhamet gösteremez. Bunun sonucuysa görünürde güçlü olan için kişide iyi niyetin eksik olmasıdır. Ancak etrafımdaki kişilerle aynı seviyede olduğumda iyi niyet gösterebilirim. Kendimi başka insanlardan daha aşağıda hissedersem yalnızca kendime değil, başkalarına da kötü davranırım. Gerçi görünürde güçlü olan insanlara bazı özellikleri için hayranlık duyduğumu ve sadece kendime karşı böyle kötü davrandığımı düşünürüm fakat kendime karşı dürüst olduğumda bunun çok da doğru olmadığını fark ederim. Başkalarının mutsuzluğundan zevk almak ve kıskançlık insani özelliklerdir ve bunları genelde kendimizden üstte gibi algıladığımız insanlara karşı hissederiz. Gölge çocuk çok dar kafalı ve

---

* (Alm.) Hayat kolay da olabilir. (yay. n.)

şüpheci olabilir. Bu yüzden olabildiğince çok güneş çocuk ya da içindeki yetişkin durumunda olman toplumun yararınadır. Bu, ruh halini yükseltir ve aynı oranda da etrafındaki insanları daha iyi niyetli algılarsın. Algı ve ruh hali sürekli karşılıklı etkileşim içindedir. Ruh halim yüksek olduğunda ve etrafımdaki insanlara iyi niyetle yaklaştığımda, bu insanlar kendilerini benim yanımda huzurlu hisseder. Olumlu bir enerji oluşur. Başka insanlara iyi niyetle yaklaşmak, saldırıya hazır bir şekilde tetikte olup bir sonraki saldırı için pusuya yatmaktan çok daha rahatlatıcıdır. Kendimi ne kadar çok gergin ve stresli hissedersem o kadar hızlı bu duyguları etrafımdaki insanlara yansıtıp bununla birlikte olumsuz bir enerjiyle karşılaşmaya yatkın olurum.

Yani güneş çocuğu modunda olduğumda başka insanlara karşı iyi niyetimi daha kolay gösterebilirim. Ama kendime yönelik saldırgan ve dar kafalı davrandığımda, başka insanlara karşı cömert olmaya daha çok zorlanırım. Bu yüzden kendimle ilgilenmem ve kendi huzurum için sorumluluk almam çok önemlidir. Gölge çocuğuna anlayış göstererek ve onu tekrar tekrar teselli ederek bunu yapabilirsin, tıpkı gölge çocuğunu nasıl teselli edeceğini gösterdiğim bölümde çalıştığımız gibi. Aynı zamanda güneş çocuk moduna aktif geçiş yapmak için de alıştırma yap. Ruh halini iyileştirmek için çabala. Hayatta mümkün olduğu kadar eğlenip hayatın keyfini çıkarmayı görevinmiş gibi düşün. "Hayattan Zevk Al!" başlığı altında buna daha yakından değineceğim.

İyi niyet aynı zamanda o doğrultuda karar verebileceğim içsel bir tutumdur. Gölge çocuğuyla özdeşleşmiş birçok kişi, başka kişilere hep şüpheyle yaklaşır. Güvensizlik ve şüphe korunma stratejilerindendir ve özellikle de gölge çocuklarıyla aşırı özdeşleştikleri için algıladıklarını farz ettiklere şeylere, yani dünyanın kötü ve insanların bencil olduğuna derinden inanırlar. Yanlış anlamaların önüne geçmek için şunu ekleyeyim: İnsanların genel olarak iyi olduğunu iddia etmiyorum. Naif ve yansıtma yapmamış bir insan tasavvuru, hastalık derecesindeki vesvese kadar problemlidir. Ama genel olarak iyi niyet eksikliği gösteren şüpheci bir yaklaşımla dünyanın biraz daha kötü olmasına katkı sağlamış oluruz. Ayrıca "Değerlerin Bize Nasıl Yardım Edebileceği" başlığı altında anlattığım üzere, insanın temel olarak bencil olduğu pesimist-şüpheci tavır bilimsel olarak desteklenmemiştir. Hatırlatayım: Modern beyin araştırmaları, biz insanların iş birliği odaklı olduğunu ve bir şeyler vermenin bizi mutlu ettiğini kanıtlar. Yani iyi niyetli bir tutum için mantıklı argümanlar da var.

Bir arkadaşını, iş arkadaşını, akrabanı ya da partnerini bayağı dar kafalı ve olumsuz değerlendirdiğin sırada yakaladığında, bir adım geri git ve aynı duruma daha iyi niyetli bir noktadan bakmaya çalış. "Kalıtsallıktan Kaynaklan Keyifsizlik" başlığı altında da olumsuz olaylara daha çok dikkat etmemizin ve bunları daha yüksek değerlendirmemizin genlerimizde olduğunu ifade etmiştim. Tekrar hatırlatayım: Bir arkadaşla yaşanan tek bir olumsuz etkileşim, yüz olumlu olanı arka plana itebilir. Yani X kişisinin kötü niyetle hareket ettiği sonucuna varmadan yetişkin-ben'in aracılığıyla bunun gerçekten de böyle olup olmadığını incele ve bu kişiyle ne kadar çok iyi şey de yaşadığını düşün. Duruma dair yorumunun ne kadar tutarlı olduğunu ayrıntılı bir biçimde düşün. Uzun süreli arkadaşlıklar söz konusu olsa bile, onlara da sıkça çeşitli kötü amaçlar yakıştırmaya hazırızdır. Unutulan bir doğum günü, basit bir eleştiri ya da "yanlış" bir tepki bazı insanlarda arkadaşlıklarından şüphe edecek kadar fazla hayal kırıklığı oluşturabilir. Buna karşın iyi niyetli bir tavır, başka insanlarda –kendinde de olmak üzere– aşağıdakileri kabul etmektir:

- Aslında kötüden çok iyi şeyler yapmayı istemeyi
- Yine de ara sıra hata yapmayı
- Bir şeyleri unutabilmeyi (en iyi arkadaşının doğum günü olsa bile)

- Korkakça davranıp bundan dolayı her zaman dürüst olmamayı
- Kendi eylemlerinin sonuçlarını her zaman doğru hesaplayamamayı
- Ara sıra üşengeç olmayı
- Bazen düşüncesizce davranmayı
- Bazı günler moralinin bozuk olmasını
- Sık sık gölge çocuk modunda olmayı.

Şunu unutma: Zor insanların genelde çok yara almış gölge çocukları vardır.

Hiçbir kişilerarası ilişki mükemmel değildir. Hepimiz hata yapar ve yanılırız. Bundan dolayı kendi yetersizliğini ve başka insanlarınkini de olabilecek en çok hoşgörüyle karşıla. Saldırganlık ve dar kafalılık en başta kendine zarar verir – ruh halini düşürür ve kişilerarası ilişkilerine zarar verir. Ruh hali demişken: Mizah bize ilişkilerimizi daha kolay ve iyi niyetli bir şekilde düzenlememize yardımcı olur. O halde: Benim hiç kusurum yok, bunlar hep özel efekt!

Etrafındakileri Kendini Över Gibi Öv!

İyi niyet ayrıca etrafımdaki insanları ara sıra övmeyi ve onlara iltifat yapmamı içerir. Gölge çocuklarıyla özdeşleşmiş kişiler bunda da zorlanır. Bu içsel duruma hapsolduklarında, karşılarındakileri övseler bile bunu çok asgari düzeyde yaparlar ve kıskançlığa yatkın olurlar.

Bazı insanlarsa ağızlarından bir övgü çıkmayacak kadar tutuk olur. Övmekten de övülmekten de utanırlar. Çünkü çocukluklarından beri buna fazla alışmamışlardır. "Azar işitmemek övgünün kendisidir" cümlesiyle büyümüştür çoğu kişi. Bazıları da biraz kendini haklı çıkarmak için, kendilerinden ve başkalarından beklentilerinin çok yüksek olduğundan az övdüklerini savunur. Hangi sebepten ötürü bir insan başkalarını övmekte ve dürüst bir kompliman vermekte çekinirse çekinsin, onlara bu konuda cömert davranmayı tavsiye ederim. Bu durumun sana da hitap ettiğini düşünüyorsan, kendine ve başka insanlara karşı daha cömert olmaya çalış. Yaptıkların için daha sık kendine aferin de, dış görünüşün ve sahip oldukların için kendini tebrik et, iyi davranışların için kendini öv. Güne güzel gelen kendini övmeyle başlaman en iyisi. Kendini mümkün olduğunca çok öv. Bu moralini yükseltir ve eğer kıskançlıktan muzdaripsen bunu da azaltır. Bunu bir de şükretmeyle dene: Hayatında iyi giden her şey için şükret. Sahip olduğun her şey için ve genelde sana normal gelenler için de minnettar ol. Kendinde ve hayatındaki iyi şeylere bilinçlice bakmaya çalış. Sözde zayıflık ve eksikliklerin hakkındaki sızlanmaların nankörlüğe sebep olur. Kendini överek ve şükretmeyle kendin için takdir depolarsın ve böylece birazını da dağıtabilirsin.

Eşini, çocuklarını, iş arkadaşlarını, müdürlerini, arkadaşlarını ve sokaktaki insanları öv. Amerikalılar yabancı insanları övme konusunda çok rahattırlar: "Elbiseni beğendim!" cümlesini süpermarkette bir çalışandan işitebilirsin. Bu açık ve sevecen tavır hoşuma gidiyor. Onlara kıyasla biz aslında son yıllarda daha iyiye gitmesine rağmen, biraz daha tutuk ve kasıntıyız. (Şimdi bana "Amerikalıların çok yüzeysel" olduğu şeklinde bir itirazda bulunmayın. Alman süpermarketindeki bir çalışanın övgüde bulunmamasının bizatihi bir derinliği olduğunu kanıtlamaz.)

Hepimiz takdir görmeyi isteriz. Pasif bir şekilde bunun gerçekleşmesini beklemektense, kendin aktif olarak bunu etrafına bağışlamayı dene. Bu arada "bağışla" derken bunu sadece takdirle değil, finansal olarak da yap. Cimrilik maalesef birçok kişinin sahip olduğu çok kötü bir özelliktir. Cömert olmakta çok zorluk çekenler arasındaysan, dogmalarını çok ayrıntılı bir şekilde incele ve cimriliği korunma stratejin niteliğinde analiz et. İnan bana, cimriliğin ne seni daha mutlu yapar ne de hayatına daha fazla emniyet katar. Tam tersine ne kadar çok verirsen, o kadar çok alırsın. Başka insanlara karşı her anlamda daha cömert olduğunda, ruh halinin ve ilişkilerinin nasıl iyileşeceğini göreceksin.

İyi, Yeterince İyi!

Şimdiye kadar öğrendiğimiz üzere, insanların çoğu gölge çocuklarını olumsuz dogmalarıyla birlikte bir şekilde zorla susturmak için çok fazla enerji tüketir. Birçok kişi onu mükemmeliyetçilikle susturmaya çalışır. Tekrarlıyorum: Dogmalar olumsuz bir illüzyondur. Hatalar ve anne babaların kısmi tükenmişlikleri hakkında bir şeyler ifade ederler. Ancak bir korunma stratejisi seçerek sen de hata yapıyorsun. Mükemmeliyet arayışındaysan neyin anlamlı olduğunu sorgulamaktan ziyade nasıl bir izlenim bıraktığın sorusuyla meşgul olursun.

İçindeki yetişkini güçlendirmek için kendine öz eleştiriye yönelik bazı sorular sorabilirsin: Hangi amaç için mükemmel olmak istiyorsun? Gerçekten sadece konunun kendisiyle mi ilgileniyorsun? Ya da asıl söz konusu olan neredeyse hiç saldırı alanı bırakmamak mı? Ya da beğenilmek mi istiyorsun? Lütfen bir adım geri git ve davranışlarına uzaktan bak. Kendin dışında kimin için mükemmel bir iş çıkarman, mükemmel görünmen ya da mükemmel misafir ağırlaman önemli? Yüzde kaç oranında sadece sen söz konususun? Mükemmeliyetçiliğin senden talep ettiklerini biraz kısıp yaptıklarının "sadece" iyi olmasıyla yetinerek kalan zamanını neye harcardın? Can sıkıntısından ya da acı veren hatıralardan mı korkuyorsun? Ya da acil sorunlarını işe kaçarak mı bastırıyorsun? Çoğu insan kendisini mümkün olduğunca çok meşgul tutarak sorunlarından kaçar. Sakin olduklarında korku ve dertlerin sesi yükselir.

Hangi sorunlarından kaçtığını düşünerek içindeki yetişkinini güçlendir. Korunma stratejinin aslında sana ortadan kaldırdığından fazla sorun yaşatıp yaşatmadığını kendine sor. Bu nedenle mükemmeliyetçiler genelde stresli olur. Stresleri yüzünden sadece kendilerine değil, ilişkilerine de yük olurlar. Kendine koyduğun yüksek beklentileri, en yakınındakilere de uyguladığını bir düşün. Ayrıca hırsın yüzünden yaşama sevincin eksik kalır. Olaylara daha rahat yaklaşan insanlara kıyasla senin daha fazla tükenmişlik sendromu yaşama ihtimalin olduğunu göz önünde bulundur.

Sonra mükemmeliyetçiliğe daha az zaman harcadığında bunun kime faydasının olabileceğini kendine sor – ailene, arkadaşlarına, bir yardım kuruluşuna ya da hayatın daha eğlenceli ve mutlu olacağı için kendine.

Mükemmeliyetçiliğini anlama yönelik sorularla sınırlamaya çalış. Gölge çocuğunun elinden tut ve olduğu haliyle tamamen yeterli olduğunu ve hata yapabileceğini tekrar tekrar sevgi dolu ve sabırlı bir şekilde ona açıkla. Korku senaryolarına bir son vererek içindeki yetişkini güçlendir: Daha az çalıştığın takdirde *gerçekten* işini kaybedecek misin? Cevabın evetse, bunun mevcut stresine gerçekten değip değmediğini ve iş değiştirmek için bir imkânın olup olmadığını düşün.

Mükemmel arkadaş ya da mükemmel sevgili olduğunda ilişkilerinin *gerçekten* daha mı iyi olacağını düşün. Ayrıca mükemmel olmak ne demek? Değer ölçülerin hakkında düşün. En güzel, en iyi, en harika olmaktansa daha dürüst ve açık olmak "daha mükemmel" olmaz mıydı? Demek istediğim, senin nasıl biri olduğunun ve güvenilebilir olduğunun bilinmesi mükemmel olurdu aslında. Davranışlarını başarı ihtimallerine değil, kendin için neyin doğru olduğunu düşünüyorsan ona yönlendirmen harika olur. Mükemmel olmak yerine daha çok kendin olmayı aklına koymaya, daha sık güneş çocuğu modunda olmayı hedeflemeye, daha rahat olmayı denemeye ne dersin?

İçindeki yetişkin kısma iki şeyi fark ettir:

1. Gölge çocuğun bakış açısından dünya bir gösterim, olumsuz bozuk bir gerçekliktir.
2. Mükemmel olmaktan çok daha anlamlı şeyler var. Örneğin, dürüst davranmak ve hayattan zevk almak.

Hayattan Zevk Al!

Gölge çocuğunun korunma stratejilerine hapsolmuş çoğu kişi hayatın tadını çıkarmaya cesaret edemez. Kendilerinden çok şey esirgerler. İşleri ve üstlendikleri sorumluluklarla kendilerini tüketirler ve ancak her şeyi hallettikten sonra bir şeylerin tadını çıkarabileceklerini düşünürler. Gölge çocukları temel suç gibi bir duygu hisseder, bu suç da "yeterli olmama"dır. Buna uygun olarak yaşama sevincini hak etmediklerine emindirler; daha doğrusu varlıklarını o kadar zor sürdürürler ki eğlenceye hiç yer kalmaz. Çalışmadıklarında kendilerini suçlu hissederler. Özellikle de korunma stratejileri "kontrol ve mükemmellik çabası" olanlar kendilerini rahat bırakmakta çok zorlanır.

İçindeki yetişkinin bakış açısından hayatın tadını çıkarmamak için hiçbir mantıklı sebep yoktur. Babam sürekli "Kötü hayatın kime, ne faydası var?" diye sorardı, ben de bu sözü çok severim. Yaşama sevinci ve keyif almanın moralini yükselteceğini düşün lütfen. Bunlar güneş çocuğunun ön plana çıkmasını sağlar. Bu yüzden özellikle iyi olmak ve hayattan zevk almak için uğraşmayı kendine âdeta görev edinmelisin. Ancak bu iyi bir zaman yönetimini gerektirir. Çünkü keyif için zaman gereklidir. Örneğin, "ertelemanya" hastaları, yani sürekli önemli işleri erteleyenler de yine kontrol manyakları gibi fazla keyif almayı bilmezler çünkü aynı onlar gibi vicdan azabı çekerler. İkisi arasındaki farksa "ertelemanya"nın bulaştığı kişiler, önemli işleri sürekli ileri attıkları için *haklı olarak* vicdan azabı çekerken "kontrolmanya"ların önemli olmayan işleri bile olabildiğince mükemmel yapmak istedikleri için vicdan azabı çekmeleridir.

Erteleme hastalığına karşı "Ertelemanyaya Karşı Yedi Adım" başlığı altında öneriler bulabilirsin.

Güzel bir yemek ve iyi bir şarap insanları çok mutlu edebilir. Bu elbette doğa yürüyüşü, müzik ve iyi seks için de geçerlidir. Keyiften ne anladığımız kişisel tercihlere bağlıdır. Hiç zevk olmaması bir şeylerin çözümü değildir. Bu yüzden mümkün olduğunca çok hayatın tadını çıkarmaya çalış lütfen.

Bazı insanlar nasıl keyif alacaklarını bilmezler çünkü bu konuda yeterli pratikleri yoktur. Kendilerini sürekli fazlasıyla yorar, genelde stresli ve moralleri bozuk olur. Başkaları da ufak bir mola vermek için baş ağrısı gibi "haklı" bir sebebe ihtiyaç duyar. Güneş çocukları bunu çok üzücü bulur ama ona fikri nasılsa sorulmamıştır; halbuki nasıl çok eğlenebileceğine dair birçok fikri vardır. Onun söyleyeceklerini sadece dinlemen yeterli. Kendini özgürce geliştirebilme imkânı olsaydı, ilk teşebbüste neyin eğlenceli olacağını bilirdi.

Sürekli kendini tüketmeye yatkınsan, gölge çocuğuna şuna benzer bir açıklama yap: "Zavallı tatlım, kendimizi değerli hissetmek için hep kendimizi aşırı yormamıza gerek yok. Bazen dinlensen bile değerlisin. Yeniden enerji depolamak için bu molalara ihtiyacın var. Kendimizi tamamen tükettiğimizde ve artık devam edemediğimizde bu kimsenin işine yaramaz. Kendimize arada nefes alma zamanı tanıyıp dinlenebiliriz. Hayatın tadını çıkarabiliriz ve biraz rahatlayabiliriz. Çünkü ancak bataryalarımızı tamamen doldurduğumuzda tekrar bütün gücümüzle çalışabiliriz."

Eğlence ve zevk ayrıca güzellikle de alakalıdır. Etrafına bak, evinde veya iş yerindeki çevrede estetik olarak gözlerin için yeterince dinlenme alanı var mı? Seni mutlu eden güzel manzaralar yarat. Bu kitapla birlikte içsel bir tadilat yapmayı hedefliyorsan bunu dıştan, çevrende de yapabilirsin. Bazen bizi mutlu eden masadaki çiçek gibi küçük şeylerdir. Güzel kokular da insanı mutlu edebilir. Mesela ben hep yanımda bir şişe gül yağı taşırım. Biraz morale ihtiyaç duyduğumda parfüm gibi üstüme sıkarım. Kendini iyi hissetmenin sorumluluğunı üstlen. Kendinle ilgilen.

Birçok insanın önce zevk almayı öğrenmesi gerektiğinden birkaç yıldır psikosomatik kliniklerde zevk terapisi de yapılmakta. Zevk ile bilinç birbiriyle yakından ilişkilidir. Zevk almak istediğimde bütün beş duyumun işliyor olması gerekir. Buna karşın eğer dikkatimi bir şeye vermezsem zevk alamam. Zevk terapisinde duyular bu doğrultuda keskinleştirilir. Katılımcılar, bir parça çikolata yediklerinde ya da bir güle baktıklarında ne hissettiklerini tasvir etmeye yönlendirilir. Bu sayede bilinçli zevk almayı öğrenirler. Zevk terapisini kolayca günlük hayatına entegre edebilirsin. Bunun için iki şey yapman gerekir:

1. Sana iyi gelen şeyleri sıkça tekrarlayarak zevk almanı sağla.
2. Dikkatin ve beş duyunla olaylara kendini ver. Burada ve şimdide ol.

Güzellik ve zevke yönelik daha fazla farkındalık için, güzel olana dikkatini yönelterek yaptığın yürüyüşler iyi bir yöntemdir. Yanında bir fotoğraf makinesi varmış gibi davran ya da gerçekten yanına bir tane al ve güzel anlar yakalamaya çalış. Dikkatini dışarıdaki dünyaya ver. Bu o kadar da kolay olmasa da oldukça rahatlatıcıdır ancak artık kendine odaklanmıyor oluşuna zihnin alışık değildir. Bunu yürüyüşlerde antrenman yapmaya çalışırım çünkü ben de hemen düşünce dünyasına kayıp etrafında olup bitenleri algılayamayanların arasındayım. Ama güzel çiçek ya da güzel doğa manzaraları beni çok mutlu edebilir.

Uslu Yerine Özgün Çocuk Ol!

Korunma stratejisi olarak uyum arayışını benimsemiş olan insanlar herkesi memnun etmek ister. Anne babalarının takdirini almak için ya da en azından cezalandırılmamak için buna küçük yaşta alışmışlardır. Etrafındaki insanların istek ve ihtiyaçları yüzünden kendilerini büyük ölçüde sınırlandırabilirler ve onların huzurundan kendilerini sorumlu tutarlar. Karşılarındakinin morali bozuk olduğunda kendilerini suçlayarak, neyi yanlış yaptıklarını ya da diğerinin tekrar iyi hissetmesi için ne yapabileceklerini kendilerine sorup dururlar. Karşılarındaki kişilerin gerçek ya da sözde ihtiyaçlarına sürekli yönelttikleri dikkatlerinden dolayı kendi isteklerini ihmal ederler. Bu durum elbette bu şekilde uzun süre boyunca iyi gitmez ve sonuçta kişi kendi hakkını ister. Ancak isteklerini nadiren ifade ettiklerinden ve ifade etseler bile bunu sessizce yaptıklarından sürekli ihmal edildikleri duygusuna sahip olurlar. "Özkorunma: Uyum Çabası ve Aşırı Uyum Gösterme" başlığı altında da tarif ettiğim gibi bu durumda kendilerini suçladıkları kadar karşılarındaki görünürde dominant olan kişileri daha fazla suçlarlar. Diğer kişinin ne istediğini sürekli tahmin etmeye çalıştıkları gibi ondan da kendi isteklerini tahmin etmelerini beklerler. Karşılarındaki bunu yapmadığında da hemen alınırlar.

Uyum arayışı içinde olanlar, sürekli karşılarındakinin iyiliği için endişeli olduklarından kendilerine az sorumluluk üstlenirler. Her şeyi doğru yaparak kimseye zarar vermemek isterler. Ama kendilerine karşı dürüst olmaları aslında karşılarındaki kişilerin değil, reddedilme korkusu yaşayan gölge çocuklarıyla ilgilidir. Daha açık bir şekilde ihtiyaçlarının arkasında dursalar küskünlüğe sebep olabilirler. Bunu önlemek için de karşılarındakinin sözde beklentilerine uyum sağlarlar ve onun da kendilerinin ihtiyaçlarını tahmin edip "teşekkür etmelerini" umarlar.

Yukarıdaki paragraftakiler sana uyuyorsa, önce içindeki yetişkin vasıtasıyla çocukluktan kalma bir filmde hapsolduğunu kendine açıkla. Anne babanı memnun etmek için, belki çok sert hatta belki soğuk oldukları için en iyi şekilde uyum sağladın. Ya da çok sevecenlerdi ama belki kendileri de uyumu seviyor ve ihtilaflardan kaçınıyorlardı. Bu yüzden kendini nasıl savunacağına dair iyi bir rol modelin yoktu.

Her ne olursa olsun çocukken anne babana bağımlıydın. Bu zamanların artık geride kaldığını ve bugün kendi mutluluğunuzdan kendinizin sorumlu olduğunu gölge çocuğuna sevgiyle açıkla. Kendine daha iyi bakmayı öğrenmek zorundasın. Huzurun için sorumluluklarını üstlen. Ne istediğini ve ne istemediğini söyle – bu, egoist ol anlamına gelmez. Tam tersine kendin ve isteklerin hakkında daha açık olduğunda karşındaki kişi de senin hangi durumda olduğunu bilir ve adilce bir şekilde konuyu tartışabilirsiniz. Karşındaki kişinin senin isteklerini tahmin edememesinden ötürü surat asmaktan çok daha iyidir bu. Kendini arka planda tutan bir tavrın diğer kişilerin, senin içinde ne olup bittiğini ve ne istediğini anlamaları için *kafa yormalarını* gerektireceğinin sürekli farkında ol. Bu başkaları için zamanla çok yorucu olacaktır. Ayrıca senin nasıl biri olduğunu çok bilmedikleri duygusuna sahip olurlar. Kendin hakkında daha açık ve özgün olman karşındakileri çok rahatlatır. Kendin adına sorumluluk alarak, karşındakilerin sürekli endişeli bir şekilde bir şeyin böyle değil de diğer türlü yapılmasının senin için *gerçekten* sorun teşkil etmeyeceğine dair bilgi almak zorunda kalmamasını sağlarsın.

Düşüncelerinin arkasında durman da aynı şekilde önemlidir. Çünkü herkesi memnun etmeye çalışarak bir şey savunamazsın ve bunun sonucunda kimse sana güvenemeyeceği için kimseyi memnun etmemiş olursun. "Herkesin sevgilisi" olmak zorunda değilsin – önemli bir olay ve değerlerin söz konusu olduğunda kendini savunup gerekirse akıntıya karşı yüzmen daha önemlidir. Medeni cesaretin, dürüstlüğün ve adil olmanın tereddütlü durumlarda herkes tarafından sevilmeme endişesinden çok daha önemli olduğunu anla. Belki görüşünü savunduğunda bazı insanlar seni o kadar sempatik bulmayacaktır ama bu kişiler görüşünü savunmasan da seni sempatik bulmayacaklardır zaten. Dediğim gibi, insanlar çoğu zaman ne düşündüğünü bilmedikleri için belki seni biraz sıkıcı bulurlar. Bu anlamda rahatlayabilirsin – asla herkesi memnun edemezsin. O yüzden kendi görüş ve ilkelerini şekillendir. Önemli olan kendini sevdirmek değil, belirli değerler doğrultusunda doğru hareket etmektir.

Belki de "Bu zaten bir işe yaramayacak!" diyorsun. Bu, atışmalardan kaçınanların favori cümlesidir. Birincisi ağzını açmak düşündüğünden daha çok işe yarar. İkincisi de davranışlar sadece başarı şansına göre düzenlenmemelidir. Örneğin, iyi bir arkadaşını bir davranışı yüzünden seni kırdığına dair uyarırsan arkadaşlığınıza, açıklayıcı bir konuşma sayesinde tekrar yakınlaşma şansı tanırsın. Böylece ilişkiyi iyileştirmek için senin sorumluluğunda olan her şeyi yapmış olursun. Önemli olan da budur işte. Diğer kişinin bunu nasıl ele alacağıysa senin sorumluluğunda değildir.

Belki de sorun senin tam olarak ne istediğini ya da düşündüğünü bilmemendir. Belki o kadar çok başkalarına dikkat etmeye alışkınsındır ki içsel hayatına olan bağlantın kopmuştur. Eğer durum buysa sık sık içini dinle ve kendine şunları sor: "Ben ne hissediyorum?", "Benim görüşüm ne?" Görüşünü nasıl savunacağını, hayalî bir kişiyle tartışarak ve fikir teatisinde bulunarak çalışabilirsin. Bunu elbette gerçek hayatta da çalışabilirsin. Sevilmek için refleks olarak yine kendi görüşünü veya ihtiyaçlarını bastırdığında kendini yakala. Sonra güneş çocuğu moduna geç ve öyle konuş. Daha açık ve dürüst olduğunda hayatının ne kadar kolaylaşacağına şaşıracaksın. Çünkü ancak özgün olursan ve kendi sorumluluğunu üstlenirsen gerçek uyum ve yakınlık oluşma imkânı doğar.

Çatışmalarla Başa Çıkabilecek Nitelikte Ol ve İlişkilerini Düzenle

Uyum arayışında olup uyum sağlayarak gölge çocuklarını koruyan insanlar, kendilerine hedef koyup engelleri yollarından kaldırmak yerine, başlarına gelenler ve tesadüflerle kendilerine yön verdirirler. Hedefler için daha net bir görüşe ihtiyaç duyarlar ama genelde hayatları boyunca kendilerine göre değil, başkalarına göre yaşadıkları için bu konuda eksiklikleri vardır. Hayatları ve ilişkilerini şekillendirmelerindeki pasifliklerinin diğer bir sebebi de çatışmadan kaçınmalarıdır. İlişkilerine etki etmektense, olan bitene katlanarak gölge çocuklarının illüzyonunda yaşarlar. Eylemde bulunmazlar, tepki verirler. Uyumları, sağlıklı bir şekilde kendilerini savunma pahasına ayaktadır. Çoğu zaman böyle kişiler karşılarındakine uyum sağlamaya o kadar alışmışlardır ki kendi görüş ya da ihtiyaçlarını ifade edebilecekleri akıllarına bile gelmez. Bazı insanların kendilerini savunmak için ne kadar az dürtü hissettiklerine tekrar tekrar şaşırırım. "Uyum Çabası ve Aşırı Uyum Gösterme" başlığında belirttiğim gibi, çatışmalardan kaçınanların kendilerini gerçekleştirme şekli pasif direnişte yatar ve sıklıkla geri çekilme, kaçış ve iletişimi kesmeyle sonuçlanır.

Bu durumu benimseyen kişilerin kendileri hakkında söz söyleme konusunda neden çekingen olduklarının bir sebebi daha var: Yorum yapma ve isteme *haklarının* olduğuna emin değillerdir. Argüman yapmaya alışkın değiller. Diğer kişiyi normalde kendilerinden üstün algıladıkları için ona otomatik olarak kendilerinden çok daha fazla hak ve yetkinlik atfederler. Yani mutlaka *duruşlarının sağlamlığı* üzerinde çalışmalıdırlar.

Birçok insan alt bir pozisyona düşmekten endişe duyduğu için yorum yapmaya çekinir ve bunun yerine ağızlarını açmamayı yeğler. Çok kişi "kazanmak-kaybetmek" ve "alt-üst" kategorileriyle düşünür. Korunma stratejileri gölge çocuklarını görünürde korumak için müdafaa eder. Alt bir pozisyona düşme endişesi, sadece uyum arayışında olanları endişelendirmez, korunma stratejileri "saldırı ve atak" olan cadalozları da ilgilendirir. Genelde gereğinden fazla sert davranarak ileriye kaçarlar.

Mizaç olarak çatışmalardan kaçanlar arasındaysan, olaya bir de içindeki yetişkinin bakış açısından bak. Yalnızca kazanmak ve kaybetmenin söz konusu olmadığını anla. Karşı tarafın argümanları daha iyi olduğunda, daha aşağı bir pozisyona düşmezsin. O durumda soğukkanlılığını korursun ve yalnızca şunu dersin: "Sen haklısın." Burada söz konusu olanın performansın değil, olayın kendisi olduğu şeklinde içsel bir tutum sergile. Yetişkin aklının yardımıyla, ne istediğini söylemenin ya da görüşünü savunmanın tamamen doğru olduğunun farkına var. Durumların çoğunda bir çatışma bile çıkmayacaktır. Sadece hayır desen bile kimse sana bunun için kızmayacaktır ki buna ilerleyen sayfalarda değineceğim. Önce sana çatışmaları çözmek için birkaç öneri vereyim.

Alıştırma: Çatışma Yönetimi Eğitimi

Bu alıştırma için lütfen bir kişiyle yaşadığın –ya daha önce bunun hakkında tartıştığınız ya da bu kişiye açıkça düşündüklerini söylemeye cesaret edemediğin için süren– bir çatışmayı düşün.

1. Bilinçli bir şekilde güneş çocuğu moduna geç. Yeni dogmaların, güçlü yanların ve değerlerini gün yüzüne çıkar ve bunları, içinde hangi duyguları başlattıklarının farkında olarak hisset. Yani olabildiğince iyi bir ruh haline girmeye çalış. Bunu şu an tam olarak başaramıyorsan durumu mümkün olduğunca duygulardan uzak izlemek için yetişkin-ben'ine geç.
2. Tartışma partnerinin de içinde bir gölge çocuğu taşıdığının ve aynı durumda olduğunuzun farkında ol. Ona iyi niyet göstermeye çalış.
3. Tartışma partnerinle ilişkini kendine karşı dürüst olarak incele: Kendini ondan aşağı mı hissediyorsun? Ya da üstün mü? Bazen onu kıskanıyor musun? Ya da ona yukarıdan mı bakıyorsun? Kendi

içindeki sebeplerden dolayı mı onu olumsuz ve bozuk algıladığını incele. Dikkatini kendine vererek durumda kendi payın olup olmadığını tespit etmeye çalış. Bu noktada, "Gerçeklik Kontrolü" ve "Algının Üç Pozisyonu" başlıklarının altında yer alan alıştırmaları tekrarlaman mantıklı olabilir.

4. Güneş çocuk ya da içindeki yetişkine ait tutumunu korumaya devam et ve –en iyisi yazılı olarak– hangi argümanların görüşünü desteklediğini düşün. Tartışma partnerinin hangi argümanlara sahip olabileceğini de düşün. Bunun yaparken üçüncü kişilere de danışabilirsin. Onların aklına tarafların her biri için hangi argümanlar geliyor? Bütün argümanları topladığın takdirde, tartıştığın kişinin haklı olup olmadığını incele. Cevap evetse, bunu ona söyle, böylece çatışma da çözülmüş olur. Hayırsa, 5. adıma ilerle.
5. Tartışma partnerine derdini anlatabileceğin aktif bir çerçeve oluştur ve bu konuşmanın kendiliğinden "bir şekilde" denk gelmesini bekleme. Derdini kibarca dile getir ve argümanlarını öne sür.
6. Karşındakinin bu konuyla ilgili söyleyeceklerini dikkatlice dinle. Onun argümanlarına cevap ver ve onları ciddiye al. Şunun farkında ol: Burada söz konusu olan kazanmak ve kaybetmek değil, meselenin kendisidir. Karşındakinin argümanları daha iyiyse ve sana da mantıklı gelirse, onun haklı olduğunu söyle. Bu şekilde olaya hâkim olursun ve probleminiz çözülmüş olur. Fakat onun daha iyi argümanları yoksa kendi görüşünde kalabilirsin ya da daha iyisi, bir uzlaşma üzerinde çalışabilirsiniz.

Bu sıralamaya sıkı sıkıya bağlı kalmak zorunda değilsin, bu sadece yapman gereken bir konuşma ve tartışmaya nasıl hazırlık yapılabileceğine dair bir örnek. Bunun günlük hayata nasıl uyarlanabileceğini aşağıda daha somut bir örnek üzerinden anlatacağım.

Her zaman, her şeyi ve hatta sorunları bile iyi bir ruh hali ve güneş çocuğu durumunda insanları rahatsız edebileceğini aklından çıkarma lütfen. Bir şeyi kibarca ifade ettiğinde bilgi kaybolmaz. Karşındaki kişiye genel olarak iyi niyet ve saygı gösterdiğinde, her konuyu gündeme getirebilirsin. Ve her zaman şunu göz önünde bulundur: Karşındaki haklı olduğunda ona hak vermek seni üstün ve sempatik yapar. Bunun aksine kötü argümanlarında ısrar dersen ne üstün ne de sempatik olursun. *Her türlü iletişimin temel taşları sağlam argüman, iyi niyet ve anlayışlı olmaktır.*

Çatışmanın başarılı bir çözümüne bir örnek vereyim: Lara ve Jörg iş arkadaşıdır. Lara, Jörg'ün toplantılarda sürekli kendi sözünü kestiğini düşünür. Fakat utangaç olduğundan ve çatışmalardan kaçındığından kendini savunmaya yeltenmez. Fakat tekrar sözü kesildiğinde Lara artık bir şeyler yapması gerektiğini düşünür. Gerçekten sinirlenmiştir:

1. Önce biraz sakinleşmek için kendini oyalamaya çalışır. Bu yüzden çok konsantrasyon gerektiren bir işe başlar. Bu sayede içindeki yetişkin moduna geçebilmek için yeterince mesafe kazanmış olur (teorik anlamda güneş çocuk moduna da geçebilirdi fakat bunun için öfkesi çok şiddetliydi).
2. Sakinleştikten sonra olaydaki payını analiz eder: Kendini savunmadığından ve bu anlamda kendi sorumluluğunu üstlenmediğinden Jörg'ün iş yerindeki kariyerini olumsuz etkilemesine izin verdiğini kabul eder. Lara, Jörg onu böldüğü zaman gölge çocuğuyla özdeşleştiğini fark eder ve "Ben zeki değilim", "Ben yetersizim" ve "Ben iyi ve uslu olmalıyım" gibi dogmalar kendisini felç eder. Lara dogmalarından dolayı Jörg'ün onu ciddiye almadığını ve ona saygı duymadığını varsaydığını reflekte eder.
3. Sonra o kadar sakinleşir ki güneş çocuk moduna bilinçli olarak geçer. Güneş çocuk modunda Jörg'ün davranışını iyi niyetle analiz etmeye çalışır. Bundan sonra da Jörg'ün sadece onun değil, diğer iş arkadaşlarının da sözlerini kestiğini fark eder. Bunun dışında Jörg'ün iyi bir iş arkadaşı olduğunu göz önünde bulundurur. Bunlardan yola çıkarak Jörg'ün saygı eksikliğinden değil de fevri ve tez canlı olduğundan dolayı ona karşı böyle davrandığı sonucuna varır. Yani Jörg'ün davranışını artık kendi üstüne almaz ve bunu sözde aşağı olma durumuna değil, Jörg'ün kendisine bağlar (gerçekliğin yeni ve olumlu yorumlanması).

4. Bu anlayışlarla tekrar Jörg'le aynı seviyeye gelir. Şimdi Lara, Jörg'e davranışından bahsetmeye hakkı olup olmadığını ya da bunun dar kafalı ve huysuz bir hareket olarak görülüp görülmeyeceğini düşünür. Sonuçta Jörg de büyük ihtimalle bunu kötü niyetle yapmıyordur. Lara belki de daha cesaretli olup sözünü bitirme konusunda daha sert bir şekilde ısrar edebilir. Fakat daha sonra aslında Jörg'le bu konu hakkında konuşmanın daha kibar bir davranış olabileceği kanaatine varır.
5. Bu yüzden bunu açıkça anlatmak ve anlatmamak üzerine argümanlar düşünür. Lehine olacak argümanlar: Jörg'le bu konu hakkında konuşmak iyi olur çünkü yalnızca bu sayede onun olaya nasıl baktığını öğrenebilirim. Bu davranışıyla sadece beni değil, büyük ihtimalle diğerlerini de gücendirdiğine dikkatini çekmek Jörg'e karşı adil olacaktır.
6. Aleyhine olacak argümanlar: Jörg eleştiriye alınabilir. Belki de davranışının yanlış olduğunu kabul etmez. Lehine olacak argümanlar: Değerlendirmemi tamamen somut örneklerle kanıtlayabilirim. Jörg bunları reddederse eleştiriyle başa çıkma sorunu var demektir. Sonuçta bu da benim suçum değil ve en azından denemeye değer.
7. Lara sonunda Jörg'le konuşmaya karar verir ve ertesi gün ona öğle arasında birlikte vakit geçirmek isteyip istemediğini sorar. Jörg neşeli bir şekilde ona olumlu yanıt verir. Yemek sırasında Lara, Jörg'e kibarca toplantı sırasında sözünü kestiğinde kendini nasıl hissettiğini açıklar. Jörg eleştiriyi hemen anlar, özür diler ve davranışını düzeltmeye söz verir. Bu zayıflığının farkında olduğunu ve bazen aşırı fevri hareket ettiğini fakat kötü bir niyeti olmadığını, saygısızlık etmek istemediğini belirtir. Kendini daha fazla kontrol edeceğine dair söz verir. Ayrıca Jörg yine çok coşkulu olduğunda Lara'nın ona tekrar söz verilmesini isteyeceğine karar verirler.

Jörg'ün hemen meseleyi anlamasıyla fikir teatisine gerek kalmamıştır. Lara meseleyi konu ettiği için Jörg'e kendini savunma imkânı tanımış oldu ve bu sayede onun saygı eksikliğinden değil, coşkulu atılganlığından dolayı Lara'nın lafını böldüğü tahmini de ispatlandı. Bu konuşma da onları yakınlaştırmış oldu.

Lara ve Jörg arasında yaşanabilecek muhtemel çatışma, Lara'nın ihtiyatı ve kendi yansıtması ile Jörg'ün açık öz eleştirisi sayesinde ortadan kalktı. Fakat taraflardan biri yansıtma yapmadığında ve korunma stratejilerine hapsolduğunda, görüşme büyük ihtimalle başarısızlıkla sonuçlanır. Bir sonraki bölümde bunu konu aldım.

Ne Zaman Bırakman Gerektiğini Anla!

Karşındaki kişininkinden daha iyi olsalar da maalesef argümanlarınla ilerleyemeyeceğin durumlar da vardır. Taraflardan biri bozuk algısını ve yansıtmalarını diğerinin üstüne yığdığında kişi çaresiz kalır. İkiniz arasından hanginizin saçmaladığını daha iyi anlaman için argümanlarla düşünmeye alışman bu yüzden önemlidir. Çoğu zaman sorun aslında olayı doğru değerlendirip değerlendirmediğimize emin olamayışımızdır. Boşu boşuna bir "gıcık melek"le uğraşmaman için net bir görüşe ihtiyacın var. Çünkü bu gibi durumlarda konuşmanın bir anlamı yoktur. Böyle durumlarda sadece dıştan –ya da en azından içsel– mesafe koymak işe yarar. Bunu gayet yüksek bir duygu durumuyla da gerçekleştirmek mümkündür. Bu noktada ayrılık için aşağıdaki ifade biçimini öneren Jens Corssen'e tekrar atıfta bulunmak istiyorum: "Bazen 'mugayir' davransan da parlayan bir yıldızsın ve ne yazık ki davranışını değiştirmediğin için şimdi senden ayrılmak zorundayım."

Arkadaşça bir sınır çekme de ancak olay doğru değerlendirildiğinde gerçekleşebilir – yani argüman kullanmanın ne zaman anlamsız olduğunu anladığında. Şimdi kendine büyük ihtimalle bunu nasıl anlayabileceğini soruyorsun. Esas kriterlerden biri, muhatabının senin argümanlarını dikkate almaya ne kadar meyilli olduğudur. O kişi seni gerçekten dinliyor mu? Kendini anlaşılmış hissediyor musun? Yine çok önemli bir nokta:

Tartıştığın kişinin argümanları ne derece *somut*? Örneğin, tartıştığın kişi seni eleştirdiğinde, bu eleştiriyi aynı zamanda somut davranışına bağlayabilme niteliğine sahip olmalıdır. Örneğin, senin hep dominant olduğunu iddia ettiğinde, bu değerlendirmesini sana somut örneklerle açıklamalıdır. Çünkü belki de kendi aşağılık duygularından dolayı sana dominantlık atfediyordur. Bunu kişisel algılamamalısın. Karşındaki eleştirilerini somut ve anlaşılabilir örneklerle destekleyemiyorsa haksızdır. Seni eleştirdiğinde sana somut örnekler göstermesi gerektiği için bile suçludur. Fakat eğer o haklıysa, sen de normal olarak bunu bilirsin zaten. O zaman sadece tek bir yol var: Özür dile ve kendini iyileştireceğine söz ver! Yapılabilecek en aptalca şey, haklı bir eleştiriyi inkâr etmektir. Çünkü böyle olduğunda karşındaki kişi senin eleştiriye açık olmadığını düşüneceğinden seninle açık bir şekilde konuşmanın bir anlamının olmayacağı sonucuna varabilir. Sürekli kendine şunu açıkla: Hata yapmak ayıp değildir. Ama onu inkâr etmek ayıptır.

Karşındaki kişinin eleştirilerine getireceği örneklerin olgulara değil, gerçeğin yorumlanmasına dayanması da mümkündür. Bu durumda yorum ile gerçeği birbirinden ayırabilmen çok önemlidir. Bunu yukarıdaki Lara ve Jörg örneğiyle tekrar açıklamak istiyorum: Gerçek olan Jörg'ün Lara'nın sürekli sözünü kestiğidir. Burada somut ve üçüncü kişiler tarafından da izlenen bir davranış söz konusudur. Lara'nın *yorumu* şu şekilde olabilirdi: Jörg saygısız ve maço biri. Bu aslında gerçekten de ilk değerlendirmesiydi. Lara bu kadar reflektif olmasaydı, Jörg'ü bu davranışından dolayı suçlayabilirdi – ya sesli ve açıkça yapardı bunu çünkü o zaman ona en azından kendini savunma şansı vermiş olurdu ya da Jörg'e bir şans tanımadan öfkesini kendine saklardı. Bu durumda Lara, Jörg'den uzaklaşırdı ve ona olan öfkesinden iş arkadaşlarına bahsederdi. Lara'nın yanlış yorumlaması ve çatışmadan kaçınmasının en kötü durumu bir *mobbing* kampanyasını başlatması olurdu. Görünürde "dominant fail" olan Jörg böylece mağdura dönüşürdü.

O halde karşındaki kişi ithamlarının, yani sözde gerçekliğinin subjektif yorumunun ötesine geçen mantıklı argümanlar sunamıyorsa, bu olayda bir gariplik vardır. Özellikle de karşındaki kişi değerlendirmesinde ısrar ediyorsa. Yani Jörg, Lara'ya tartışma esnasında kesinlikle saygısız davranmak istemediğini fakat bazen "koca çenesini" tutamadığını söylerse Lara, özellikle de yorumu hakkında başka kanıtlar öne süremediğinde ona inanmalıdır. Her zaman tartıştığın kişininkine ve kendi yorumlarına karşı tetikte ol.

Ayrıca -yaygın kabulün aksine- bir ilişki yürümediğinde bu iki kişiden de kaynaklı değildir. Psikolojik sağlığı yerinde olan biri çok belirgin bir narsistle -tasvir amacıyla kullanırsam- aynı teknede oturduğunda ikisi de batacaktır. Bu psikolojik doğa kanunudur. Psikolojik açıdan sağlıklı olan da ilişkiyi kurtaramaz; narsist olan kişinin bozuk algısında yenilgiye uğrar. Böyle durumlarda iletişim imkânı, psikoloji uzmanı olmayan kişiler tarafından fazla büyütülür: İletişimdeki taraflardan biri gölge çocuğunun algı bozukluğuna hapsolmuşsa en güzel sözler bile yardımcı olamaz. İnsanlar kendilerini güç odaklı insanlardan ancak onlardan kaçarak ya da devrim başlatarak koruyabilir.

Yani karşındaki kişi seni mantıklı gerekçelere dayanarak değil, "içindeki hisse" göre yanlış sınıflandırırsa ve bu sebepten dolayı mevcut algısında ısrarcı olursa, o zaman sen kabahatin onda olduğunu bilirsin. Bunu ona açıklamaya çalışabilirsin. Ama lütfen bunu çok sık yapma. *Gerekçelendirme silsilesine* kendini kaptırmamaya dikkat et. Bir yerde noktayı koymalısın. Karşındaki kişinin inadı ve eksik yansıtma yeteneğinden dolayı elinin kolunun bağlı olduğu bir durumdasın demektir bu. Karşındaki kişi gölge çocuğunu büyük ihtimalle iktidar hırsıyla korumakta, yani haklı olan taraf olması gerektiğini düşündüğü için kendisine seninle iletişim kurmaya izin vermiyor ve böylece seni aslında gerçekten dinlemiyor demektir. Empati yeteneği korunma stratejisinden dolayı sınırlıdır – en azından bu durumda. Bu da bizi insanlarla birlikte yaşama konusundaki en değerli korunma stratejisine getirir: duyarlılık.

Empati Yeteneğini Geliştir!

Empati, başka bir insanın ne hissettiğini anlamaya çalışmam anlamına gelir. Ancak kendimle ve sorunlarıma çok meşgul olduğumda karşımdaki kişinin ihtiyaçlarını gözden kaçırabilmem mümkündür. Bunu herkes yaşamıştır: Fiziksel ya da ruhsal acı çektiğimiz zaman, başka bir şeye konsantre olmakta zorlanırız. Biyolojik yapımız önce acının dindirilmesini talep eder. Bu yüzden ancak kendi ihtiyaçlarımızı dikkatimizi dağıtmayacak kadar bir nebze giderdikten sonra, karşımızdaki insana empati içeren bir tutum sergileyebiliriz. Bazı çiftler bu yüzden sürekli birbirine girer: Karşı taraftan ona empati gösterebilmeleri için, önce o kişinin dikkat ve anlayış ihtiyaçlarını karşılamasını isterler. Bu çatışmada kendilerine anlayış beklerken partnerlerine empatilerini kaybederler. Bu da ayrıca içindeki yetişkinin kendisine bakması için iyi bir argümandır: Mutluluğumu ne kadar çok kendi elime alırsam, partnerimle ve diğer insanlarla o kadar rahat ilgilenebilirim.

Potansiyel ya da gerçek bir saldırgan için empati hissetmekse özellikle zordur. Bunu doğa şu şekilde ayarlamıştır: Kendimi korumak zorunda olduğumda düşmana acıyamam. Sivil yaşamdaki sorunsa sözde saldırganın aslında hiç olmamasıdır. Daha doğrusu kendi partnerimizin böyle biri olduğudur. Şimdiye kadar öğrendiklerine göre korku ve güvensizlik hissettiğimizde, yani gölge çocuğumuzla özdeşleştiğimizde varolmayan düşmanlar hayal ederiz. Bu yüzden empati kendimi güvenli hissettiğim durumlarda başarılı olur. Özgüvenli olduğum zaman karşımdaki kişiye açılabilir ve onunla empati kurabilirim.

"Sorunlarını Bastıranlar ve Duyguları Güçlü Olmayanlar" başlığında yazdığım gibi, bazı insanların kendilerini başkalarının yerine koymakta zorlanmasının bir nedeni daha var: Bu kişilerin kendi duygularına iyi bir erişiminin olmaması. Çoğu zaman böyle kişiler rasyonel düşünmeye takıntılı olan erkeklerdir. Ancak az empati kurabilen bir insan da karşısındaki kişiye iyi niyet ve ilgiyle yaklaşırsa yapıcı bir tartışma gerçekleşebilir. Çünkü en azından bu kişi aklıyla diğer kişinin neyi önemsediğini anlayabilir. Hatta bazen iyi niyetli olan fakat az empati gösteren bir kişi, rasyonel yaklaşımı sayesinde faydalı bile olabilir.

Böyle bir muhataptan daha sorunlusu ise bir kişinin kendisini görünürde güçlü olanın sözde mağduru olarak görebilecek kadar gölge çocuğuyla özdeşleşmiş olmasıdır. Bu algı bozukluğu, sözde mağdurun, kendi kendine acıma duygusundan başka bir şey hissetmediği bir acımasızlık içine düşmesine neden olur.

Çiftlerin tartışmalarında bu durum çok dikkat çeker. Buna yine hastalarımdan bir örnek vereceğim: Seansa gelen Linda ve Jonathan neredeyse 20 yıldır evliydi. Cinsel sorunları için benden danışmanlık istemişlerdi. Jonathan, Linda onu çok kırdığı için Linda'yla yıllardır birlikte olmak istemiyordu. Daha önceki yıllarda da Jonathan'dan kaynaklanan ve uzun süren isteksizlik dönemleri yaşanmıştı. Psikoterapik konuşma esnasında –bu konu açıldığı anda– Jonathan'ın tamamen ve bütünüyle gölge çocuğuna kaydığını tespit ettim. Konu isteksizliği olduğunda Linda, Jonathan'ın gözlerinde saniyeler içinde düşmana dönüşüyordu ve aşırı tutuk ve itici biri oluyordu. Linda'ya duyduğu bu düşmanca algı bozukluğunun kaynağı "Senin mutluluğundan sorumluyum", "Ben suçluyum" ve "Beklentilerini karşılamak zorundayım" gibi dogmalarıydı. Gölge çocuğu, Linda'yı daha üstün görüyordu. Linda'ya soğuk ve mesafeli annesini yansıtıyordu. Buna uygun olarak da Jonathan Linda'yı her açıdan mutlu etmek için kendine çok fazla baskı yapıyordu; buna, bir şeye aslında hayır demek istediğinde evet demesi de dâhil. Korunma stratejileri uyum çabası, uyum ve rol yapmaydı. İlişkide bundan dolayı kendi huzuru için çok az sorumluluk üstleniyordu. Kendi ihtiyaçları karşılanmıyordu. Sıkça olduğu gibi bu durumda da sözde daha güçlü olan eşini kendinden daha fazla suçluyordu. Bu yüzden onu pasif-agresif biçimde geri çekilme ve cinsel retle cezalandırıyordu. Bunun arkasında yatan (bilinçsiz) savunma tutumu şu şekildedir: "En azından yatakta ne istersem onu yaparım!" Yani gölge çocuğu, Linda'nın (bir de) cinsel beklentilerini karşılamayı reddediyordu. Eşiyle birlikte olmak sadece fazladan bir görev anlamına geliyordu. Eşinin mutluluğundan kendini sorumlu hissettiği için, özellikle onun isteklerinin gerçekleşmesini reddediyordu – bu çok sık görülen bir paradokstur. Linda yakınlaşmak istediği zaman Jonathan bunu yakınlık ihtiyacı gibi değil, talepkâr, zorlayıcı ve çıkarcı olarak algılıyordu. Linda'nın yakınlık ve takdir edilme ihtiyaçları için Jonathan hiçbir şekilde empatiye sahip değildi. Bu yüzden Linda'yı reddetmesinin onun için çok kırıcı ve yaralayıcı olduğunu da hissediyordu. Jonathan eşinin aciz bir durumda bulunduğunu henüz anlayamıyordu: Linda ne yaparsa yapsın, ona yakınlaşmak için hiç şansı yoktu. Bu noktada Jonathan hiç şefkat ya da merhamet göstermiyordu. Jonathan ancak perspektifini değiştirdiğinde ve bu sayede mağdur durumundan çıktığında Linda için acıma ve empati hissedebildi. Bu sayede aralarında tekrar yakınlık kurulabildi ve bu durum cinsel hayatlarına da olumlu yansıdı.

Başkasıyla yaşadığın bir sorunda, kendi görüşüne çok bağlı olduğunu yakaladığın anda duygularınla arana bilinçli bir şekilde mesafe koymaya ve yetişkin-ben'ine geçmeye çalış. İzleyici pozisyonuna geç, bunu yapabilmek için kendini bir tiyatro sahnesinde hayal edebilirsin (ya da "Algının Üç Pozisyonu" alıştırmasını yapabilirsin). Bu içsel mesafeyle sorununuzun dinamiğini anlamaya çalış. Asıl sorununuz nedir? Genelde konu takdir edilme (herkes kendini diğeri tarafından yeterince takdir edilmiş hissetmez), adalet (herkes kendini diğeri tarafından haksızlığa uğratılmış hisseder) ve sonucunda da kırgınlıktır. Bu yüzden sadece kendininkini değil, karşındaki kişinin de kırılganlığını bilinçli bir şekilde hissetmeye çalış. Onun yerinde olmaya çalış ve onun kendini seninleyken nasıl hissettiğini hisset. Davranışın onda hangi sıkıntılara, korkulara ve kırgınlıklara neden oluyor? Onun gölge çocuğunu anlamaya çalış. Bu empatiyle anlama eylemiyle sorununuza ilişkin yepyeni bir bağlantı bulabilirsin belki.

Lütfen şunu hep göz önünde bulundur: Kontrolünde olan her şeyi kolaylıkla değiştirebilirsin. Ama karşındakini değiştiremezsin. Empati köprüsü sayesinde diğer kişiye yaklaşma şansı görüyorsan, bu fırsatı kaçırma. Karşı tarafın bu adımı atmasını bekleme. Diğer kişiye doğru uzanmak her zaman büyüklük göstergesidir, zayıflık değil.

Dinle!

En büyük erdemlerden biri, başka bir insanı gerçekten dinleme yeteneğidir. Dinlemek empatiye giden köprüdür. Fakat bu konuda birçok insan zorluk yaşar. Düşüncelerine dalıp yine kendilerine dönerler. Ayrıca dinleme kültürünün gittikçe azaldığını gözlemliyorum. Anne babamın jenerasyonunda bir masada on iki kişi kolayca sohbet edebiliyordu. Bu günümüzde bazen dört kişiyle bile başarılamıyor çünkü ya sözler kesiliyor ya yan sohbetler başlıyor ya da cep telefonuyla oynanıyor.

Dinlemek üzerine de bunu etkin bir şekilde yaparak çalışılabilir. Burada söz konusu olan sadece bir tartışma tekniği değildir, ayrıca bir içsel *tutumdur.* Yani karşı taraftakinin ne anlattığına *gerçekten* ilgi duymaktır. İlk adım olarak, duyabilmek için kendi sıkıntı ve düşüncelerini bir süre kenara atmak önemlidir. Bunun için bunları bir kasaya koyup kilitlediğini hayal edebilirsin. Anahtar sende olduğundan dolayı onu her zaman açabileceğin güvencesine sahipsin. Sıkıntıların ve kendine yönelik düşüncelerin orada güvenli bir şekilde saklanıyor. Hatırlatmak isterim ki sorunlar etrafında sürekli dönmek, sorunlar üzerinde kontrol sahibi olma çabasıdır. Dinleme zamanı için kendi sorunların güvenle bir kasada tutulduğuna göre, rahatlayıp dikkatini tamamen karşındakine verebilirsin. Karşındaki kişiye odaklanman iyileştirici bir kendini unutma vaziyetine de yol açabilir.

Birçok insan anahtar kelimelerde –sadece zihinlerinde ya da sözlü olarak– kendilerine dönmeye yatkındır. Yani bir numaralı kural: Dikkatini karşındakinden ayırma. Kendinle ilgili düşünceler başladığı anda onları hemen kasaya kilitle ve dikkatini tekrar karşındakine yönelt. Çoğu insan genelde konuyu kendine çevirir: Tam İtalya gezinden bahsetmek istediğinde karşındaki hemen sözünü keser ve kendi seyahat hatıralarından bahsetmeye başlar. Bu sinir bozmaz mı? (Küçük bir öneri: Böyle durumlara hayatında müdahale edebilirsin; sözünü ve dikkati tekrar geri kazanabilirsin. Şunları rahatlıkla söyle: "Lütfen bir dinler misin? Sana tam bir şey anlatacaktım!")

İkinci adımda söylenenleri kendi sözlerinle özetlemeye çalış. Bu sayede diğerinin ne dediğini gerçekten anlayıp anlamadığını tespit edersin. Bu işleme *tekrar ifade etme* denir; burada ifade edilenler kendi sözlerinle tekrar ifade edilir. Buna bir örnek aşağıdadır:

Anita: "Yani son zamanlarda, bilmiyorum... Çok yorgunum. Sabah iş, akşam çocuklar ve onların istekleri. Bana yardım eden kimsem yok. Patronum da sürekli baskı yapıyor. Genelde çok gergin oluyorum ve çocuklara ya da kim önüme gelirse ona şikâyet ediyorum. Tatile ihtiyacım var."

Bernd: "Yani çok yorulmuşsun.

Anita: "Evet, çok."

Bu tekrar ifade etme sayesinde Anita kendini anlaşılmış hissed,er ve anlatmaya devam etmek için cesaret bulur. Ayrıca Bernd Anita'yı yanlış anlamış olsaydı, bu yöntem durumu düzeltmek için de bir şans da tanımış olurdu. Bu sana şimdi çok abartılı gelecektir belki ama anlayışımız en basit noktalarda bile başarısızlıkla sonuçlanabilir. Özellikle de gölge çocuğumuzun kulaklarıyla duyduğumuzda, söylenenleri *yorumlamaya* ve bu yüzden yanlış anlamaya yatkın olduğumuzu her zaman göz önünde bulundur. Örneğin, Bernd, Anita'nın iyi bir arkadaşı ya da iş arkadaşı değil de eşi olsaydı, söylenenleri kişisel eleştiri olarak algılayabilirdi. Belki de o zaman şunu duyabilirdi: "Ona yeterince yardım etmiyorum."

Bernd en iyi durumda Anita'ya kibarca "Yani sana yardım etmemi mi istiyorsun?" sorusunu sorarak yorumunu kontrol edebilir. Bu sayede Anita Bernd'in yorumunu ya onaylama ya da düzeltme şansını yakalamış olur. Ama başta Bernd'in kendini dolaylı olarak eleştirilmiş hissettiği hakkında bilgi sahibi olabilir ve buna göre hareket edebilir. En kötü durumdaysa Bernd yorumunu kendine saklar ve ona asıl *kendisinin* nelerle uğraşması gerektiğini sıralayarak karşı atağa geçer. Fakat bu sefer Anita'nın kendini eleştirilmiş ve ihmal edilmiş hissetmesiyle bir kavga başlayabilir.

Tekrar ifade etmek hem zor hem de kolaydır. Kolaydır çünkü iletişimin kalitesi –kolayca anlaşılabilir– bu yöntemle artırılabilir. Zordur çünkü söyleneni, özüne indirgemek kolay değildir.

Jana: "Geçenlerde Sandra bana doğum günü partimde yemek servisini nasıl ayarladığımı bilmek istediğine dair bir e-posta attı. Ben de ona bir parti planlayıp planlamadığını sordum ve planlamadığını söyledi. Bugün de Peter bana Sandra'nın yaz kutlamasına davetli miyim diye sordu."

Richard: "Bu durumda insan kendini gerçekten kandırılmış hisseder!"

Jana: "Aynen öyle!"

Tam doğru noktaya isabet eden tekrar ifade etme, konuşanın idrakını ileri götürür. Böylece Richard'ın özeti sayesinde Jana, aslında Sandra'nın bu davranışından dolayı kendini "kandırılmış" hissettiğini anlar. Ama yanlış tekrar ifade etmelerle de kişi ilerleyebilir. Çünkü duruma uymayan tekrar edilen ifadelerde de insan durup kısaca aslında ne demek istediğini düşünmek zorundadır ve bu da kişide düşünce ve duyguların kesinleştirilmesine yardımcı olabilir. Her durumda da konuşan kişi karşısındakinin onu gerçekten anladığı duygusuna sahip olur.

Bunun için bu giriş cümlesi çok takdir edicidir: "*Doğru mu anlıyorum, ...*" Örneğin, "Doğru mu anlıyorum, bu X olayına çok karşısın?" Bu girişle birlikte konuşan kişi, yanlış anlaşıldığını hissettiğinde düzeltme yapabilme imkânı olduğunu hisseder. Ayrıca konuştuğu kişiyle gerçekten bir paylaşım yaptığı hissi kuvvetlenir.

Karşındaki kişi kendi görüşünde ısrar ettiği için kendini tamamen yanlış anlaşılmış hissettiğin bir durumu mutlaka yaşamışsındır. Belki de bu durumda zorla –ve boşuna– ona derdini açıklamaya uğraştın. Özellikle "Doğru mu anlıyorum, ... " giriş cümlesiyle başlayan tekrar ifade etme durumu, sinir bozan bu sözlü güç çatışmalarının tam tersidir.

Tekrar ifade etme bu arada psikolojik danışmanlığın bir yöntemidir ve kurucusu Amerikalı psikoterapist Carl Rogers'tır. Ben de psikolojik danışmanlık eğitimini tamamladım ve işimin büyük bir kısmı tekrar ifade etmelerden oluşuyor. Tekrar ifade etmeyi sürdürdüğün her konuşmada çalışabilirsin. Kitabın kapsamını genişletmemek için burada sadece kısaca değindim. "Etkin Dinleme"yle ilgili bilgini derinleştirmek istiyorsan bununla ilgili birçok kitap bulabilirsin.

Sağlıklı Sınırlar Koy

Uyum çabası gösteren ve birlikte yaşadıkları insanların ihtiyaçlarına uyum sağlayan kişiler, genelde yardımseverdir. Fakat korunma stratejisi olarak yardımcı sendromları varsa, başkalarını sefaletten kurtarmak için kendi ruhsal ve bedensel sınırlarının ötesine geçerler. Hatta bazen insanlara zorla yardım etmek isterler. Kendi özdeğer duygularını dengede tutmak için (sözde) ihtiyaç sahibi kişilere gerek duyarlar. Bu sırada kendi ihtiyaçlarını ihmal ederler. Yani kendileriyle ilgilenmektense başkalarıyla ilgilenmeyi tercih ederler. Bunun karşılığında da minnettarlık ve takdir beklerler. Gölge çocukları, faydalı olduğunda takdir kazanacağına inanır.

Daha önce uçakla yolculuk yaptıysan, kalkıştan önce olası acil durumlar için birtakım güvenlik önlemlerinin anlatıldığını bilirsin. Kabindeki basıncın düşmesi gibi bir acil durumda tavandan oksijen maskeleri düşer. Önce maske kime takılmalı? Evet, önce kendine! Çünkü ancak kendimiz nefes almak için yeterince hava alabiliyorsak diğer yolcularla ilgilenebiliriz. Kendimizle yeterince ilgilenmediğimizde başkaları için sorumluluk üstlenemeyiz.

Yardımcı sendromundan muzdaripsen gölge çocuğuna, değerini yükseltmek için kendini başkalarına feda etmek zorunda olmadığını öğretmelisin. İçindeki yetişkin, duygu ve ihtiyaçlarının karşılanması için etkin çaba gösterme konusunda sorumluluk almalıdır. Etrafındaki insanların ya da yardım ettiğin kişilerin seninle ilgilenmelerini bekleme. Kendi kendini daha fazla dikkate alman önemlidir. Bu, duyarsız ve bencil olman anlamına gelmez. Elbette yardımseverlik güzel bir özellik. Bunu sürdürmeye devam edebilirsin. Ama özgüvenin arttıkça aslında kimin gerçekten yardımına ihtiyaç duyup duymadığını daha doğru bir şekilde ayırt edebilirsin.

Kendine ilgi gösterme ile başkalarına ilgi gösterme arasında iyi bir denge kurulmasını sağlamalısın. Bunun için ilk adım kendinle ilgilenme ve kendini kanıtlama hakkının olduğunu kabullenmektir. Çoğu tedirgin insan sürekli "hukuki statülerinden" şüphe eder. Gölge çocuğunu kucağına al ve onun yanında olduğunda çok mutlu olduğunu açıkla. Ona hoş karşılanması için savaşmak zorunda olmadığını söyle. Ona artık yetişkin olduğunuzu ve dışarıdaki bu dünyanın annen ve baban gibi olmadığını tekrar tekrar açıkla. Bundan sonra içindeki yetişkinin onunla daha iyi ilgileneceğini ve yönetimi ele alacağını da açıkla.

Büyük ihtimalle kendin de sürekli daha çok başka insanların istekleriyle meşgul olduğun için ne istediğini o kadar net bilmiyorsundur. "Duygularım Yeteri Kadar Güçlü Değilse Ne Yapabilirim?" başlığında açıkladığım gibi, kendi ihtiyaçlarına dikkat etmeye kendini alıştır. Algına daha çok odaklan. Bedenine dikkat et. Gölge çocuğu tedirgin olan çoğu insan, kendilerini neredeyse hissetmemeye alışkındır; aynısı bedenlerini algılama için de geçerlidir. Diğer başlıkta bu yüzden bedenle ilgili somut alıştırmalar göstereceğim.

Diğer insanlarla iletişim halinde olduğunda da kendini onlarla birlikteyken nasıl hissettiğini bilinçli olarak algıla. Karşındakinin istek ve ihtiyaçlarını tahmin etme dürtünü bastır. Özellikle: Ağzını aç ve neyi isteyip istemediğini söyle! Kendi sorumluluğunu üstlen! Karşındaki kişinin, düşüncelerini tahmin etmesini bekleme.

Ona ne kadar yardım etsen de kendini değiştirmeyen biriyle bağımlılık derecesinde bir ilişki içerisindeysen, kendine aslında her şeyin sadece onunla ilgili olduğunu anlat. O, mutlaka onun takdir görmek isteyen senin gölge çocuğunun yansıtma alanı! Gölge çocuk da değerli olduğunu bu insan aracılığıyla mutlaka kanıtlamak ister. Kendi değerinin partnerinin davranışlarına bağlı olmadığını unutma. Daha önce bahsettiğim "Yansıtmalı Özdeğer Algısı" koşullanmasından kendini kurtar. Partnerinin takdirinin arkasında uzun süredir koşuyorsan, bu durumun artık değişeceğine dair umudunu yitir ve kendini takdir etmeye başla. Bunun için, ilişkinden bağımsız olarak kendini nasıl gerçekleştirebileceğini düşün. Mutluluğunu kendi eline alman çok önemlidir. Yeni bir hobi bul ya da eski bir hobine yoğunlaş. Arkadaşlarınla daha sık buluş. Mesleğinde kendini geliştirmen için eğitimler al. Kendini bir spa günüyle şımart.

Mutlu ve memnun olmak için elinden geleni yap ve partnerinin değişmesini bekleme.

Pasif bağlanma korkusu da yaşıyor olabilirsin. Bu da kendine hep seninle ilgilenmeyen kişiler seçtiğin, ilgilenseler de senin onları artık o kadar ilgi çekici bulmadığın anlamına gelir. Bu konuyla da ilgilenmen gerekir. Bunun için ekte ya da www.bindungsangst.com* adresindeki sayfamda kitaplar bulabilirsin. Yani enerjini ve dikkatini kendine yönelt. Bu sayede mutsuz ilişkinle arana mesafe koyarsın ve doğrudan etkileyebileceğin tek insanla, yani kendinle ilgilenebilirsin. Aslında içindeki yetişkinin güçlü yardımseverliğini sadece kendine, yani gölge çocuğuna yönlendirmesi yeterlidir. Kendine ne kadar iyi bakarsan, bataryanı o kadar çok doldurursun. Bu sayede kendine dünyada daha iyi bir yer edinebilirsin.

Ara Söz: Gölge Çocuk ve Tükenmişlik Sendromu

Bir insan bir şey için kendini çok yorup çabaladığında fakat emeklerinin karşılığını almadığında tükenmişlik meydana gelir. Müdürlerinin ya da iş arkadaşlarının değer göstermemesiyle veya kendi çabalarının istenilen sonuca varmamasıyla başarı eksik kalabilir. Bu yüzden özellikle sosyal mesleklerde tükenmişlik sendromu riski yüksektir. Örneğin bakım hizmeti mesleğinde çalışan insanlar, çoğu zaman çok sıkı düzenlenmiş bir iş planını takip eder ve emeklerine rağmen sürekli hastalarını ihmal ettiklerini düşünürler. Fakat aynı zamanda yöneticiler, sporcular, memurlar, işçiler ve üniversite öğrencileri de giderek daha fazla tükendiklerinden ve yorgun hissettiklerinden şikâyet ederler. Tükenmişlik sendromu teşhisi sayısının artması, kesinlikle bir yandan doktor ve psikologların belirtilere karşı daha hassas olmalarından, diğer yandan da son yıllarda çalışma baskısının

---

* İnternet sayfası Almanca ve İngilizcedir. (ç. n.)

aşırı artışından kaynaklanır. Birçok sektörde, çalışanlar sürekli daha kısa zamanda, daha fazla performans göstermek zorundadır.

Tükenmişlik sendromu depresyonun bir türüdür – *bitkinlik depresyonu*. Fakat tükenmişlik sendromu terimi toplum önünde söylenebilir olduğu için yerleşmiştir. Bundan muzdarip kişilerin depresyonda olduklarını kabul etmektense tükenmişlik sendromu geçirdiklerini kabul etmeleri daha kolaydır. Depresyon kelimesi çoğu insanın aklında "psikolojik hasta" ve "kişisel başarısızlık"la bağdaşır. Tükenmişlik sendromu kulağa daha az kötü gelir.

Zor çalışma koşullarının yanı sıra tükenmişlik sendromuna zemin hazırlayan kişisel önkoşullar da vardır. Bu anlamda tükenmişlik sendromu yaşayan kişilerin gölge çocukları sıklıkla mükemmeliyetçilik korunma stratejisine sahiptir. İşlerini sadece iyi değil, mükemmel yapmak istediklerinden detaylarda boğulmaya eğilimlidirler. Tükenmişlik sendromu adayları genelde işkoliklerdir. Çalışma bağımlılığının belirtilerinden biri, bu kişilerin önemli ile önemsiz arasında bir ayrım yapamamalarıdır: Ertesi gün için kıyafetlerini hazırlamak, yıl sonu raporunu hazırlamak kadar aynı önemdedir. Her şeye hâkim olmak isterler. Mükemmeliyetçilik ve kontrol çabasının âdeta kardeş olduklarını hatırlatırım.

Tükenmişlik sendromuna kayan insanlar, sadece zor çalışma koşulları ile mükemmeliyetçiliğin birleşimini göstermez, bu acının kaderini önceden belirleyecek iki özellik daha vardır: Birincisi kendilerine ne kadar yüklenebileceklerine dair bir hissiyatları yoktur, ikincisi de çevrelerinin beklentileriyle aralarına mesafe koymakta iyi değildirler.

Tükenmişlik sendromu yaşayanların gölge çocuğu uyum gösterme özkorunma stratejisine tamamen tutsaktır. Övgü ve takdir kazanmak için ya da en azından ceza almayı önlemek için her şeyi doğru ve iyi yapsın diye kendini o kadar yorar ki sonunda kendisi için duyguları kalmaz. Bu yüzden tükenmişlik sendromu hastalarında psikoterapinin önemli bir unsuru, kendilerini hissetmeye tekrar başlamalarıdır. Bu, öz dikkati geliştiren alıştırmalarla olur. Birkaç defa vurguladığım gibi, özkorunmaları uyum gösterme odaklı olan insanlar, çevrelerinin ihtiyaçlarına aşırı odaklanır ve bu yüzden kendi ihtiyaçlarını unuturlar. Dolayısıyla böyle kişilerin, kendi ihtiyaçlarını algılamayı öğrenmesi çok önemlidir. Bunun için bir sonraki bölümdeki alıştırma sana yardımcı olabilir.

İkinci adımda hastaların kendilerine yeterince bakmayı öğrenerek kendi ihtiyaçları için sorumluluklarını üstlenmesi söz konusudur. Bunun için kendilerini savunmayı öğrenmelidirler. En başta beklentileri reddetselerdi, tükenmişlik sendromunu hiç yaşamayacaklardı. İş yerinde de tıpkı özel hayatta olduğu gibi hayır deme hakkına sahibiz. Buna "Hayır Demeyi Öğren" başlığında daha yakından değineceğim.

Yani tükenmişlik sendromunun önüne geçmek istiyorsan, öz farkındalığın üzerinde çalış, sınırların hakkında bir hissiyat geliştir ve kendini savunmayı öğren. Bunun için bu kitaptaki çoğu alıştırma sana yardımcı olacaktır. Ayrıca eleştirel ve yetişkin aklınla iş koşullarını incele. Ne için sürekli k... yırttığını sor. Bunun *gerçekten* gerekli olup olmadığını kendine sor. İkilemde kaldığında aslında iş değiştirmek isteyip istemediğini de sor. Biraz geriye çekilip gölge çocuğun ve korunma stratejileriyle durumuna dışarıdan bakman çok önemlidir. Bildiğin üzere, argümanların büyük bir hayranıyım. Bu yüzden durumu mantıklı argümanlarla tekrar gözden geçirmeye çalış. Çalışma performansın hakkında gerçekçi bir fikir edin, hem zayıf hem güçlü yanlarına da daha yakından bak. Argümanlar aracılığıyla, ne zaman kişisel performans sınırına ulaştığını incele. Bunun için iş arkadaşların ya da müdürlerinden kendi performansın ve objektif koşullar hakkında sohbet etmek de faydalı olur. İçsel güdülerini de incele: Seni bu kadar teşvik eden ne? Gerçekten sadece dış koşullar mı, yoksa gölge çocuğunun başarısız olma ve reddedilme korkuları mı söz konusu? Muhtemelen evet.

Rasyonel analizini tamamladığında, gölge çocuğunu kucağına al ve ona şunları açıkla: "Ah zavallım benim, her şeyi doğru ve iyi yapmak için çok çabalıyorsun. Oysaki yakında yapamayacak hale geleceksin. Ama baksana, işini sadece iyi yapman da yeterli. Kendine sürekli bir şey ispat etmek zorunda değilsin. Eskiden anne ve babanla ilişkin kolay değildi. Onlar seninle gurur duysun ve mutlu olsun diye çok emek verdin. Ama artık buna gerek yok. Büyüdük artık ve kendi kendimize bakabiliriz. Ve sen yeterlisin! Hiçbir sorunun yok. Rahatça dinlenip ara verebilirsin. Değerimiz çalışma performansımıza bağlı değildir. Bundan sonra daha çok hayır deyip sadece üstesinden gelebileceğimiz kadar iş alacağız. Bundan sonra ben, senin içindeki yetişkin, sorumluluğunu üstleneceğim. Artık tüm işleri kabul etmeyerek seni aşırı yükten koruyacağım. Zaten bir gün çökersem bu kimsenin işine yaramayacak. Düşünsene bir canım benim, yıkılmadan önce biz de dinlenebiliriz. Hatta kendimize iyi bakmak bizim yükümlülüğümüz. Çünkü ancak bu sayede şirketimiz ve ailemiz için uzun süre varolabiliriz."

Sıradaki alıştırma, kendini daha çok hissetmene yardımcı olacaktır. Fakat sadece tükenmişlik sendromu adayları için değil, bedenine daha çok dikkat vermek isteyen herkes için uygundur.

Alıştırma: Duyguların Erimesi

Bu alıştırmayı ayakta, oturarak ya da uzanarak yapabilirsin. Levenson'un Sedona-Yöntemi'nin© değiştirilmiş formundan alınmıştır.

1. Gözlerini kapat ve şu an nasıl hissettiğini algıla... Bedenini hisset... Nefesine dikkat et... İçsel dikkatini bütün bedeninde dolaştır... Yalnızca nasıl hissettirdiğini tespit et. Nerede gerginliklerin olduğunu

hisset... Dikkatini bedeninin gergin ve kasılmış bölgelerine ver... Nefesini oraya gönder, farkında olarak nefesini verip onları rahatlat.

2. Bırakmak istediğin bir sorunu düşün... Bunun bedenine nasıl hissettirdiğini algıla... Baskı mı yapıyor? Ağrıyor mu? Kalbin atıyor mu? Nefesin kesiliyor mu? Onu algıla ve kabullen.
3. Sorun duygunu, korunma stratejini güçlendirdiğini düşünerek kuvvetlendir. Korunma stratejin mükemmeliyetçilikse, her şeyi nasıl daha iyi ve daha mükemmel yapabileceğini hayal et... Sorununa geri çekilme ve bastırmayla cevap veriyorsan, tamamen geri çekilip hiçbir şey yapmadığını hayal et... Sorununu saldırı ve atak ile çözüyorsan, daha agresif olduğunu hayal et... Korunma stratejini güçlendirmenin bedenini nasıl hissettirdiğine bak. Göğsündeki baskı artıyor mu? Karın bölgende daha mı fazla bir ağrı var? Terlemeye mi başladın?
4. Şimdi bu duygunun içine doğru nefes al ve bu sorunla ilgili görüntüleri aklından sil. Yasakla onları. Sadece ve sadece bedensel duyguyu algıla. Bu bedensel duygu kaybolana kadar, bu duygunun bedeninde oturduğu yerlere doğru nefes al. Bunun nasıl hissettirdiğini algıla. Günlük hayatta da bedenine dikkat et ve tekrar gölge çocuğu moduna, daha doğrusu sorun moduna girdiğinde bunu hisset. Oraya doğru nefes al ve bu duyguyu bedensel düzeyde yok et. Sonra tıpkı "Güneş Çocuğunu İçinde Sabitle" kısmında öğrendiğimiz gibi, bilinçli şekilde güneş çocuğu moduna geçebilirsin.

Hayır Demeyi Öğren!

Gölge çocuğu yetersiz olduğunu düşünen insanların en büyük sorunlarından biri, hayır diyememeleridir. Etrafındaki insanların beklentilerini boşa çıkarmaktan korkarlar. Herkesi memnun etmek isterler. Gölge çocuklarının reddedilme korkusu davranışlarını yönlendirir. Gölge çocuk, her şeyi doğru yaptığı takdirde belki o zaman yeterli olabileceğini düşünür. Uyum gösterme stratejilerindeki gibi sorun, neyin doğru ya da yanlış olduğu değerlendirmesinin yetişkin-ben'in dengelenmiş argümanlarına göre değil, *başkalarının onun hakkında ne düşündüğüne göre* ele alınmasıdır. Bu durumlarda sıkça kullanılan yansıtma hakkında tekrar bir şeyler söylemek istiyorum: Hayır dediğim takdirde karşımdaki kişiye nasıl bir hayal kırıklığı yaşatacağıma dair kafamda bir senaryo yazarım. Bunu önlemek için de gönüllü bir iş söz konusu olduğunda herkesten önce evet derim. Dernekte, mahallede ya da çocukların okulunda gönüllü bir iş olduğunda hemen başvururum. Günlük programım beni yorsa bile bunu yaparım. Bütün bu külfet zavallı gölge çocuğu sakinleştirmek için üstlenilir. Sorunsa gölge çocuğun gerçekliğinde "hayır"ın yaptırımlara hatta toplumdan dışlanmalara yol açmasıdır. Ancak bu doğru değildir. Hayır demekte daha çok zorlanan müşterilerim, bunu yaptıklarında ya da gönüllü olarak kendilerini öne çıkarmadıklarında etrafındaki insanların bununla bir sorununun olmadığını bana şaşkınlık içerisinde anlatır. Ayrıca bazen de bir "rica"yı geri çevirerek kendi istekleri için daha fazla sorumluluk üstlendiklerinden beri enerji düzeylerinin daha yüksek olduğunu da anlatırlar. Bu da yine –kimin aklına gelirdi?– daha iyi bir ruh hali sağlar. Öğrendiğimiz üzere, iyi bir insan olabilmek için ön koşul iyi bir ruh halidir. Moralimiz yerinde ve enerji düzeyimiz de iyi olduğunda da iyi bir hisle bir başkasına iyilik yapabiliriz. Burada daha bencil olmanın değil, kendine daha iyi bakmanın söz konusu olduğunu tekrar vurgulamak isterim. Özkorunma stratejilerine bağlı olan insanların birçoğu genelde stresli, bitkin ve düşük morallidir. Bu da ne iyi bir duyguyla evet ne de iyi bir duyguyla hayır diyebilecekleri anlamına gelir.

Bir ricayı geri çevirmeye hakkının olup olmadığından sıklıkla emin olamadığında, daha doğrusu rica edenin çok hayal kırıklığına uğrayacağını düşündüğünde, içindeki yetişkinin yardımı vasıtasıyla mantıklı argümanlar üretmeye çalış. Aslında sürekli kendine hayır deme hakkının olup olmadığı sorusu üstünde durmak yerine, rica edenin hangi hakla sinirleneceği ya da kırılacağı sorusunu gözden geçirmen daha doğrudur. Yani komşun senden mangal partisi için bir kek yapmanı rica ettiğinde ve senin kek yapmak için ne zamanın ne de isteğin varsa, ona bunu açıkça söyle ve başka bir katkın olup olamayacağını sor. Komşun sana hangi sebeple bu yüzden küsebilir ve hangi argümanlar bunu destekler? Kendi istek ve ihtiyaçlarını savunduğun için partnerin hangi hakla sana sinirlenebilir? Dişlerini sıkarak yaptığın bir iyiliğin senden bir şey yapmanı rica edeni genelde kıracağını ve bu nedenle ilişkinizi, dürüst bir şekilde hayır demeye kıyasla daha çok yıpratacağını göz önünde bulundur. Bunun yanı sıra bir uzlaşmaya varabileceğinizi de düşün. Unutma: Artık yetişkinsin ve ilişkilerini şekillendirmede aktif rol oynayabilirsin.

Kendine ve Hayata Güven!

Kontrol, korkuya verilen cevaptır. Korku temelde hayatın bir parçası olduğundan, hepimizin kendimizi ve etrafımızı kontrol etmeye yönelik yüksek bir ihtiyacı vardır. Bazı insanlarda kontrol isteği özellikle çok belirgindir, kendilerini güvende hissetmek için çok fazla kontrole ihtiyaç duyarlar. Çünkü gölge çocukları kendisinin aciz ve muhtaç olduğunu düşünür. Birinden kopmaktan ya da birine güvenmekten aşırı korkar çünkü kendisine güvenmez. Eğer bunun sana hitap ettiğini düşünüyorsan, içindeki yetişkin en kötü durumda neyin gerçekleşebileceğini kendisine sormalıdır. Çünkü çoğu zaman bu sorunun sonu düşünülmez, gölge çocuğun dağınık korkusundan yola çıkılarak eylemde bulunulur. Bu yüzden biraz daha rahat olduğunda, kendine ve hayatın akışına biraz daha güvendiğinde gerçekten nelerin yaşanabileceğini kendine sor. Seni korkutan senaryoyu sonuna kadar düşün. Hayal gücünün sınırlarını zorla ve kendine sürekli şunu sor: Ya sonra? En korkulu rüyanla karşı karşıya gel ve bunun *gerçekten* de bu kadar kötü mü olduğunu ya da durumu kurtarabilme ihtimalinin olup olmadığını kendine sor.

Korku senaryonu bütünüyle hissedip sonuna kadar düşündüğünde, korku dolu gölge çocuğuna mesafeli dur ve ona içindeki yetişkinin pozisyonundan hemen hemen şu anlama gelen sözler sarf et (kendi durumuna uygun olarak): "Ah, zavallı çocuk, eskiden çok hırpalanmışsın. Anne ve babanla yaşadıkların kolay değildi – kendini savunma şansın bile yoktu ve hep yeterli olmadığın duygusunu hissediyordun. Ama artık yetişkiniz ve korku duyduğun tüm bu şeyler hiç olası değil. Ayrıca her zaman yardım isteyebiliriz. Bunun dışında kendimizi savunabiliriz. Çok şey öğrendik ve yapabiliriz. Unutma: Artık özgürüz ve kendi irademize sahip olabiliriz. Başımıza en kötü ne gelebilir ki? En kötü ihtimalle Hartz-IV* ile yaşarız ama yine de dünyadaki çoğu insandan iyi durumda oluruz. En kötü ihtimalle (partnerin ismi) bizden ayrılır ama bunu da atlatırız."

Hiç unutma: Korkuların yansımalardır. Korktuğumuz çoğu şey asla gerçekleşmez. Gerçekleşseler bile onlarla bir şekilde başa çıkarız. Korkulardan muzdarip gölge çocuğu olan insanlar, düşündükleri her şeye inanmayı mutlaka bırakmalıdır. Bir düşün, korkuların seni ne kadar sık yoldan saptırdı? Ne kadar sık her şey umduğundan daha iyi sonuçlandı? Ya da düşündüğünden daha da kötüsü hiç oldu mu? Korkunun sesi, yani gölge çocuğun, şirketinde bir danışman olsaydı yanlış tahminlerinden dolayı onu çoktan kovmuştun. Asıl nokta hayatımızdaki çoğu şeyi kontrol edememememiz ve tahminlerimizde –iyilerinde de kötülerinde de– yanılmamızdır. Bu anlamda kendine sürekli büyük olayların zaten senin elinde olmadığını açıkla. Ancak kendini ne kadar çok kasıp kontrol etmek istersen, kendin ve etrafındaki insanlar için o kadar zor olur.

Korunma stratejisi kontrol çabası olan insanların genelde abartılı bir sorumluluk duyguları olur. Aşırı şekilde bu, hastalıklı obsesif davranış ve düşüncelere yol açar. Hafif belirtilerinde söz konusu kişiler aşırı disiplinli bir şekilde rutinlerini takip eder ve

* Almanya'da bir sosyal ve işsizlik parası yardım türünün ismi. (ç. n.)

kendileri de bundan muzdarip olurlar. Kontrolden vazgeçmek zordur çünkü bu kişilerin en az yapabildikleri şeyi yapmaları gerekir: güvenmek.

İnsan güvenmeyi nasıl öğrenir? Çok inançlı olmayıp kaderimi Tanrı'nın ellerine bıraktığımda hayatla başa çıkabilmek için iyi bir özgüvene ihtiyaç duyarım. Kendime ne kadar çok güvenirsem, başarısızlıkları yaşayıp atlatabilmek için içsel farkındalığım o kadar yüksek olur. Neticede kontrol çabam, beni hata yaptığım zaman başlayan kötü duygulardan korumalıdır. Yani şeyleri biraz daha oluruna bırakmak istediğimde, olumsuz duygulara katlanmaya alışmam gerekir. Sıkça bahsi geçen engellenme toleransı yine burada aranır. Önce bir engellenmeye dayanmaya cesaret ettiğimde, büyük olasılıkla başarılı olacağım ya da duruma göre başıma bir şey gelmeyeceği düşüncelerinden zihnimi kurtarırım.

Korku "gerçekleşme olasılığı x felaket faktörü" çarpımından ortaya çıkar. Örneğin, uçak korkusu olan insanlar, gerçekleşme olasılığının çok düşük olduğunu bilirler fakat uçağın düşmesindeki felaket faktörü çok büyük olduğundan uçaktan korkarlar. Bir insan başarısız olmaktan aşırı korkarsa, gerçekleşme olasılığını *ve* felaket faktörünü yüksek olarak düşünür. Gölge çocuğu birincisi başarısız olacağını, ikincisi bundan sağ çıkamayacağını düşünür. Çare bulmak için iki koldan da başlanabilir: Bunun için gölge çocuğun olumsuz dogmaları için teselli ve desteğe ihtiyacı vardır. Her zamanki gibi kendi yansıtmalarımızı çözmek söz konusudur. Bunu nasıl yapabileceğimizi zaten öğrendik. Gölge çocuğunu teselli et ve ona dünyayı açıkla. Buna ek olarak güneş çocuğunu ve yetişkin-ben'ini güçlendir. İçindeki yetişkin, her zamanki gibi argümanlar sayesinde güçlendirilir.

Bu bağlamda içindeki yetişkin için önemli bir argüman, kendini çok önemsememek olabilir. Çünkü başarısızlık korkularımıza kendimizi bırakırsak, kendimizi sıklıkla çok ciddiye alırız. Fakat yetişkin-ben, gölge çocukla arasına mesafe koyduğunda, yani algının üçüncü pozisyonuna geçtiğinde dünyada yaşananlara kıyasla kendi başarısızlığının tamamen anlamsız olduğunu tespit edecektir. Asıl sorunsa korkularımızın, kendimizi dünyanın ilgi odağında görmemize yol açtığıdır. Bu kulağa paradoks gibi gelebilir çünkü kişinin aslında korkularından dolayı daha mütevazı ve çekingen olacağı düşünülür. Bu belli bir ölçüde doğrudur ama kendi için korkmak kişiyi kaçınılmaz olarak benmerkezci yapar çünkü sürekli kendi odaklıdır. Bu yüzden kendisini –ve potansiyel başarısızlığını– bağlantılı anlamıyla tekrar tekrar sınırlamak çok rahatlatıcı ve iyileştirici olabilir.

Kontrol isteğin bir ihtimal o kadar ileri gider ki aşırı bir iktidar hırsına sahip olursun. Belki hep sen üstünlüğünü korumalı ve haklı olmalısın. Bu takdirde davranışlarının güdüsünü sorgula: *Asıl* konu ne? Her zaman kazanmak ya da kaybetmenin önemli olmadığını; anlayış, iş birliği, arkadaşlık ya da saygı gibi değerlerin daha önemli olduğunu anla. Saygı demişken: Bu hassas olduğun bir nokta olabilir. Başkalarından onlara verdiğinden çok saygı talep edip etmediğin konusunda kendini ölç. Büyük olasılıkla sana karşı saygılı yaklaşılmasını beklersin ve başkalarını bu yüzden ne kadar kendi görüşüne uyum göstermelerine zorladığını çoğu zaman fark etmezsin. İktidar talebinden, başka insanların istediğin gibi davranmasından dolayı aslında beklediğin saygıyı sana borçlu olduklarını fark et. Bu yüzden çevrendeki insanlarla *aynı göz hizasında kalmaya* dikkat et. Çünkü gölge çocuğunu üzerine iliştirdiğin andan itibaren, göz hizasını kaybedersin; hakkın için daha da çok savaşırsın ve mutlaka daha üst bir pozisyona ulaşmak istersin. Öyle durumlarda yetişkin aklınla, artık büyüdüğünün ve dışarıdaki dünyanın "anne ve baban" olmadığının farkına var. Özgürsün ve kimsenin senin üzerinde bir hâkimiyeti yok. Güç savaşları sana çevrendeki insanlarla ilişkilerinde fayda sağlamaktan çok sorun yaratır. Artık yetişkinsin ve kendi kendine yetersin. Bu yüzden bazı şeyleri akışına bırakıp kontrolü devredebilirsin. Aslında sen de olayları akışına bırakmayı ve güvenmeye özeniyorsun.

Güvenmeyi ve bırakmayı öğrenmek için rahatlama alıştırmaları ve meditasyonunu öğrenmek senin için yararlı olabilir. Bunun için daha uzun süre alıştırma yapman gerekirse sabret çünkü kendine dair olan yüksek beklentilerin bir şeyi hemen başaramayınca sabırsız olmana neden olur. "Dikkatli akışına bırakmanın" kökenleri Budist meditasyon öğretisindedir. Bu durum sana uyuyorsa konu hakkında derinleştirebileceğin bir kitap ya da CD edinmeni tavsiye ederim.

Duygularını Düzenle!

Gölge çocuğumuza hapsolduğumuzda, bize sıkıntı veren sadece dogmaların kendisi değildir, aynı zamanda bu durumla birlikte gelen üzücü duygulardır. Çoğu insanda sürekli tekrarlayan ve deyim yerindeyse *onların meselesi* olan bir duygu ön plandadır. Bazılarında bu, terk edilmişlik ve yalnızlık duygusudur. Başkalarında güvensizlik ve utançtır. Bazıları abartılı suçluluk duygusundan, başkaları korku durumlarından muzdariptir. Bazıları kıskançlıkla, diğerleri de tembellikle boğuşur. İnsanların çoğu sıklıkla depresif duygu durum bozuklukları yaşar.

Bu duygu ve hisler büyük bir yoğunluk evresine ulaştığında onları henüz düzenlemek zordur. Beyin araştırmalarında bütün ciddi uyarılma durumları –duyguların olumlu ya da olumsuz olması fark etmeksizin– çözümsel bilgimize erişimi bloke eder. Bu yüzden olabildiğince erken bir evrede içindeki yetişkinin müdahale etmesi gerektiğini fark etmesi önemlidir. Bunu tekrar hastalarımdan birinden küçük bir örnek vererek anlatmak isterim.

Susi (32) aşırı güvensizlikten muzdariptir ve sürekli kendinden şüphe duyar. Seansta bana bütün bir akşam boyunca beğendiği kişinin nasıl başka biriyle dans ettiğini izlediğini anlattı. Bunun üzerine hafta sonunu tamamen depresif halde yatakta geçirmiş.

Susi bu duyguya kapıldığında bir çıkış bulamıyor. Beğendiği kişinin onun yerine bir başkasıyla dans etmeyi tercih etmesi, özdeğer duygusunu hasara uğratır ve bu da depresyona neden olur. Eğer kendisiyle daha önce ilgilenseydi bu psikolojik çöküşü önleyebilirdi. Bunu da diğerlerinin yanı sıra "Ben suçluyum!" ve "Ben sinir bozucuyum!" gibi dogmaları olan gölge çocuğunun esiri olduğunu zamanında yakalasaydı da başarabilirdi. O zaman onu teselli edip sevdiği adam her kiminle dans ederse etsin kendi değerinin bundan etkilenmediğini açıklayabilirdi. İçindeki yetişkin ona, şu an "yansıtmalı özdeğer algısına" takılı kaldığını anlatabilirdi. Bunun dışında yetişkin kişi, sürekli dengesiz ve zor olan adamlara âşık olduğunu (bunun da bir geçmişi elbette vardır) ve bu kişinin akşamını mahvetmesine hiç değmediğini açıklardı. Sonuçta yetişkin kişi ya başka kişilerle dans ederek akşamının eğlenceli geçirmesini ya da orayı terk edip başka bir şey yapmaya karar vermesini sağlardı. Belki de başka bir arkadaşıyla buluşurdu ya da her zaman gittiği bara gidip tanıdıklarıyla muhabbet ederek dikkatini dağıtıp moralini yükseltirdi. Yani sorun, aslında Susi'nin o akşam tamamen gölge çocuğuyla (yine) özdeşleştiğini zamanında anlamayıp müdahale edememesinden dolayı kendisiyle ilgilenmek yerine sadece duruma katlanmasıdır.

Duygularını düzenlemek ya da belirli duyguları önlemek istersen, kendinle önceden ilgilenmeye başlamalısın. Bekârsan ve gölge çocuğun terk edilmişlik ve yalnızlık duygularına eğilimliyse, yalnızlık boşluğuna düşmemek için pazar günlerini dolu dolu geçirmeye çalışarak kendinle ilgilenmen, bu duyguyu başlatabilecek tetikleyicileri önlemiş olur.

Kıskançlığa yatkınsan, bu duyguyu düzenleyebileceğin stratejileri bilinçli bir şekilde öğrenerek kendinle ilgilen. Örneğin, partnerinle birlikte bir partiye davet edildiğinizde, kıskançlığın içini kaplayabileceği durumlara karşı gölge çocuğunu önceden hazırla. Yetişkin-ben'in yönetimi nasıl elde tutabileceğini düşün.

Ortaya çıkabilecek tetikleyicileri önceden tespit et ve davranış stratejilerini hazır hale getir.

Kritik durumlara kendimizi hazırlamadığımızda ya da gölge çocuk kontrolü ele geçirdiği anları zamanında yakalamadığımızda çoğunlukla acı dolu duygu durumlarına gireriz. Bazı duygu durumlarını, tetikleyiciyi olarak addederek ve onları önleyerek -örneğin bir bağımlılığı bırakmak istediğimde bunun için ilgili maddeyle olabildiğince hiç temas bile etmemeye çalışarak- iyi bir şekilde düzenleyebiliriz. Ancak birçok duygu durumu için çoğu zaman mümkün olmasa da tetikleyicileri önlemeye çalışmaktan ziyade onlarla başa çıkabilecek stratejiler edinmek daha mantıklıdır. Böyle kişiler sıklıkla görünürde kontrol edilemeyen öfke duygularına yatkın oldukları için, bunu korunma stratejileri "saldırı ve atak" olan insanlar örneğiyle açıklamak istiyorum.

Ara Söz: Dürtüsel Gölge Çocuk

Dürtüsel karakter özelliğine sahip olan insanlar çok hızlı bir uyarıcı-reaksiyon bağlantısına sahiptir. Bu, öfkeyi başlatan tetikleyici ve reaksiyon arasındaki zaman diliminin aşırı kısa olduğu anlamına gelir. Unutulan sosis yüzünden âdeta köpüren kitabın başındaki Michael'i hatırlarsın. Korunma stratejisi bu olan bir insan için kendisi çok tipik bir örnektir.

Michael'le benzer bir durumdaysan, öfkenin gerçek uyarıcılarını teşhis et. Michael'de görünürde söz konusu olan şey sosisti. Aslında öfkesi, "İhmal ediliyorum" ve "İsteklerim dikkate alınmıyor" dogmaları olan gölge çocuğunun incinmiş olmasından kaynaklanıyordu. Yani Michael'in öfkesi, kendi gerçeklik yorumlamasından ortaya çıkmıştı. Özellikle dürtüsel öfke krizlerine eğilimli olunduğunda tetikleyicileri tanımak, onları önlemeye bu noktada başlanması gerektiği için çok önemlidir. Öfkeyi başlangıç aşamasında yakalamak gereklidir, yoksa çok geç olabilir. Ancak tetikleyicilerini tanıyarak hazır olduğunda, içindeki yetişkinin ihtiyatlı tepki vermeye şansı kalır. Anne baban, iş arkadaşın ya da genç yaştaki çocuklarının seni çabuk sinirlendirdiğini biliyorsan, içindeki yetişkinle ne yaparak senin bam teline bastıklarını ve önceden nasıl tepki vereceğini düşünerek bunlara karşı hazırlık yapabilirsin. Tetikleyicilerini bulmak için "Gerçeklik Kontrolü" alıştırmasını tekrarla. Objektif yaşananlar ile subjektif algı arasındaki bağlantıları kavra. Seni öfkelendiren farklı durumları, gölge çocuğunun olumsuz dogmalarına ya da yaralarına indirgeyebilirsin.

Bir vaka örneği daha vereyim: Markus (32) zor bir çocukluk geçirmiş. Hem annesi hem de babası alkolizmden muzdaripmiş ve şiddet eğilimliymiş. Çocukluğuna bakıldığında hayatını nasıl yola koyduğunu görmek aslında oldukça şaşırtıcı. Fakat dürtüselliği başına hep sorun açıyormuş. Kendisine herhangi bir şekilde saygı gösterilmediğini düşündüğünde gölge çocuğu oldukça hassas tepki veriyor. Bunun için barda (sözde) ters bir bakış bile yeterli olabiliyor. Böyle durumlarda Markus kendini hemen kışkırtılmış hissediyor ve onunla dalga geçildiğini düşünüyor. Sözlü saldırıya geçiyor ve bu genelde fiziksel müdahaleyle sonuçlanıyor. Markus gölge çocuğuyla tanıştığında, birçok olumsuz dogma tespit etti. Bunların en önemlilerden biri "Ben âcizim!"dir. Âcizlik ve çaresizlik duyguları dürtüsel öfkesi için Markus'a uygun zemin sağlamıştır. Bu "saldırı ve atak" davranışlarına yatkın olan birçok kişide de böyledir. Neticede saldırganlık, kendindi tam da bu durumdan kurtarmanın yaşam tarihsel açısından anlam taşır.

Öfkesini düzenlemek için Markus, gölge çocuğunun sevecenlikle elinden tutup yetişkin-ben'iyle birlikte sözde provokatörle aynı göz hizasında kalmayı öğrenmek zorunda kaldı. Bunun için sana bu kitapta tanıttığım birçok alıştırma ona da yardımcı oldu. Ayrıca ona çok yardımı dokunan başka bir şey de bir sonraki bölümde daha detaylı değineceğim *cevap stratejileri* çalışması olmuştur. Cevap stratejileri subjektif çaresizlik duygusunu azaltır ve bu yüzden kişiye rahatlık sağlar. Rahatlık demişken: İnsan sadece aşağı olma duygusundan değil, daha üstün bir pozisyondan da sinirlenip saldırganlığını serbest bırakabilir. Böylece her gün müdürler altındakilerden, anne babalar çocuklarından, öğretmenler öğrencilerinden öfkelerini çıkarır. Elbette aynı göz hizasında olduklarını hisseden insanlar da birbirleriyle çatışma yaşayabilir. Çünkü öfke, bir şey istediğimiz gibi gitmediğinde ortaya çıkar. Bunun için partnerimizin bizi yanlış anladığını hissetmemiz ya da bulaşık makinesini boşaltmaması bile yeterlidir. Öfke, kontrol kaybına bir tepkidir. Burada sabırsızlık da büyük bir rol oynar – çünkü öfkenin tabiri caizse küçük kız kardeşidir. Dürtüsel insanlar genel olarak sabırsızdır. AMA dürtüsellik kendiliğinden kişinin başına gelen bir şey, bir doğa kuralı ya da kaderden kaynaklı bir talihsizlik değildir. Bu yatkınlığa sahip olan her insanın, dürtüselliği kesinlikle etkileyebileceğini öz eleştiri yaparak kabul etmesi gerekir. Her öfke krizine ufacık bir serbest karar verme anı öncülük eder. Bu da asabi birinin kendine müdürünün yanındayken hâkim olabilmesi ama ailesinin yanında –sözde– olamamasının sebebidir. Gerçekten bir hastam bana bir gün (tamamen etkisinin bilincinde olmadan) sarf ettiğim tek bir cümleyle öfke ataklarını kontrol altına aldığını anlattı: "O zaman bırakın öyle kalsın!"

İnek Meditasyonu

Öfke ayrıca mizahla da mükemmel bir şekilde kontrol altına alınır. Bu yüzden sana şu hikâyeyi anlatmak isterim: Seminerlerimin birinde yanımda yardımcı eğitici olarak görev alan ve aynı zamanda kendisi de psikoterapist olan arkadaşım Helena'yla birlikteydim. Bir akşam birlikte keyifle otururken birdenbire inek gibi bakmamı istedi benden. Ben de "Hayır, yapmam!" dedim ama "Yapsana," diye ısrar etti. Neyse, tamam, dedim ve bir iki saniye kadar aptalca bir bakışla bakabildim ama sonra gülesim geldi. Bunun üzerine Ostfriesland'da hekimlik yapan Helena, bana hastalarıyla bazen *inek meditasyonu* yaptığını açıkladı. Helena, Ostfrieslandlıların o bölgede insan nüfusundan çok inek nüfusu olmasından dolayı bundan çok yararlanabildiğini ekledi. Hastası inek gibi baktığında Helena da bunu aynı anda taklit eder ve sonra ondan şimdi gerçekten sinirlenmesini ister. Bunun üzerine hasta ona: "Bu mümkün değil," der ve o da "Aynen öyle!" der. İnsan hem inek gibi bakıp hem de aynı anda sinirlenemez diye bunun açıklamasını yaptı. İnekler tamamen rahatlamış ve saf bakarlar – bu, öfkeyle bağdaştırılamaz. Helena bu nedenle gergin ve morali bozuk olan hastalarına sıklıkla günlük on dakika inek meditasyonu yapmalarını tavsiye eder. Bununla birlikte bende onun tavsiyesine katılıyorum.

İçindeki yetişkin için bir hatırlatma: Bedensel duruşumuz ve mimiklerimizin moralimiz üzerinde etkisi vardır. Tamamen rahatlamış bir yüz ifadesi (inek bakışı) psikolojik olarak öfkeyle zor bağdaşır.

Alıştırma: Hazırcevaplık Hakkında Kısa Bir Ders

Her saldırıyı derinden rahatlıkla savuşturabilecek kadar inek meditasyonuna henüz çok hâkim değilsen, özgüvenli kalabilme konusunda *cevap stratejileri* sana yardımcı olabilir. Bu strateji bir şekilde sürekli gerçekleşen önceden hazırlanmış hazır cevaplarla ilgilidir. Matthias Nöllke *Schlagfertigkeit (Hazır Cevaplık) isimli* kitabında, hazır çorba ya da hazır kahveleri baz alarak kullanıma hazır cümlelerden bahseder. Cümle önceden hazırlanmıştır ve derhal kullanılabilirdir – zihinsel çaba hiç yoktur. Fakat bunun yerine kıvrak bir cevap düşünmek zorunda olunduğunda, o an çoktan kaçmıştır bile.

Genelde cepte hızlı bir hazırcevap istediğimiz iki durum vardır:

1. Arkadaşlar ve iş arkadaşları arasında ufak ama kötü niyetli olmayan sataşmalar. Bunlar zararsızdır ve gülüşmeyle geçiştirilebilir.
2. Epeyce sinir bozucu veya kırıcı olan, açık ama hemen göze çarpmayan agresif saldırılar.

Aşağıdaki hazır cümlelerle her türlü küstahlığa karşılık verilebilir:

- Bir şey mi söyledin?
- Bunu bir de tersten söyler misin, lütfen?
- Çevreme seve seve uyum sağlarım.
- Yorumunu duymak istersem bunu sana söylerim.
- Tam da adamı konuşuyor.
- Bu benim köşeli kafam için çok yuvarlak.

Nöllke'ye göre son cümle, anlamsız cümleler (*Nonsenssätzen*) arasında yer alır. Bunlar aslında hiçbir anlamı olmayan cevaplardır ve bu yüzden de saldırganın ayağının altındaki zemin çekilmiş olur. Çünkü kişi biraz önce kendisiyle dalga geçildiğini fark etmek için bir an durup düşünmek zorundadır. *Sıfır cümleleri (Nullsätzen)* de bu şekilde işler. Bunlar konuşma bağlamında hiçbir anlam ifade etmezler ve bu yüzden saldırıyı *ad absurdum** ile sonuçlandırırlar. Nöllke ayrıca absürt tiyatrodan da bahseder. Burada tüm ciddiyetini koruman, mimik ve ses tonunla söylenene güya karşılık verip sonra çok farklı bir şey söylemen önemlidir. Örneğin, "Baharda çiftçiler kuşkonmaz hasatı yaparlar!" ya da "Berber aptalın sakalında tıraşı öğrenir." Sonuncusu bu türde edinebileceğin anlamsız sözlerden biridir. Bunun için halihazırda varolan atasözlerini de değiştirebilirsin: "Testi su yoluna kırılana kadar gider." Bu cümleler kişileri afallatır ve bu sayede saldırı-karşı saldırı döngüsü kırılabilir. En iyi durumda iki taraf da gülmeye başlar.

Bir saldırının sertliğini azaltmak ve duruma biraz mizah katmak için başka bir yöntem de söyleneni abartmaktır. Aptalca davrandığın iddia ediliyorsa, sadece "Daha aptalca da davranabilirim," ya da "Kötü yemek de yapabiliyorum," şeklinde cevap vermen yeterlidir.

---

* (Lat.) Saçmalık. (ç. n.)

Senin için başa çıkılması zor durumları hayal et ve sonra cebinden çıkarabileceğin bazı hazır cümleler hazırla. İkilemde kaldığın durumlarda hazırda bazı cevaplarının olduğunu bilmen, kendini daha güçlü hissettirir ve güvensizliği azaltır.

Başka bir hazır cümle de ayrıca: "Sen haklısın"dır. Saldırganın kendisini muazzam üstün hissetmesini sağladığı için aşağılama durumlarına da uyar bu cümle. O kadar üstün ki saldırısı ciddiye bile alınmaz.

Hayal Kırıklığına Uğratabilirsin!

Korunma stratejileri arasında "çocuk kalma" olan insanlar, hayati kararların sorumluluğunu almaya cesaret edemez. Bir şeyi yanlış yapma korkusuna, aslında ne istediklerine dair dağılmış düşünceleri eşlik eder. Hayatları boyunca uyum sağlamaya alışmışlardır ve bundan dolayı da özgür iradeyle karar vermenin aralarında bulunduğu otonom yeteneklerinin gelişimi sekteye uğramıştır. Dolayısıyla kendi ayaklarının üzerinde durmaya alışkın değillerdir. Gölge çocukları, hayatta eşlik edecek güçlü bir ele ihtiyaç duyduğunu düşünür. Yetişkin-ben'leri yeterince söz alamaz ve güçlendirilmeleri gereklidir. Gölge çocuk, anne babasının ve başka insanların takdirine çok bağımlıdır. Hep bütün beklentileri karşılamak ister. Hayal kırıklığına uğratmaktan korkar. Ama çözümün adı da "*Hayal kırıklığına uğratabilirim*!" dir.

Anne babadan kopmak için doğru ve yanlışa dair değerlendirme ölçütlerine ihtiyaç duyulur. Kişi kendi kararlarını vermeye ve bunların arkasında durmaya cesaret etmelidir. Bu ayrıca yanlış bir karar verildiğinde de bunun sorumluluğunu üstlenmek gerektiği anlamına gelir. Buna dayanabilmek için, "Kendine ve Hayata Güven" bölümünde bahsettiğim gibi, belirli bir engellenme toleransına sahip olmak gerekir. Başarısızlığa katlanabilmekle ilgilidir bu ve karar verme özgürlüğünün bedelidir. Sürekli başarısızlık korkusuyla kararlarımı anne babam ya da partnerime bıraktığımda onlara bağımlı kalırım.

Bunun sana uyduğunu düşünüyorsan lütfen gölge çocuğuna, bir başarısızlığı atlatabileceğini ve olumsuz duyguların da geçeceğini açıkla. Başarısızlık hayatın bir parçasıdır. Gölge çocuğuna kendi yolunda başarı ihtimalinin daha yüksek olduğunu açıkla. Asıl başarısızlık hiç denemeyip diğerlerine bağımlı kalmak olur. Gölge çocuğunu kucağına al ve hata yaparsa bunun sorun olmadığını ona söyle. Hatalar en iyi öğretmenlerimizdir. Sonuçta kendimizi ancak belirli bir acı çekme baskısı altında olduğumuzda geliştiririz. Her şey yolunda gittiği müddetçe kendimiz hakkında düşünmeye ya da kendimizde bir şeyi değiştirmeye gerek yoktur. Bunun dışında yetişkin benliğine, çoğu kararı geri çevirebileceğini de öğret. Bir kararının yanlış olduğu ortaya çıktığında onu değiştirebilirsin. Burada da yine şu soru çok önemlidir: En kötü ne olabilir? Belki de şimdiki durumunla devam etmenin de bir miktar olumsuz duygulara katlanman gerektiği anlamına geldiği düşüncesi sana yardımcı olabilir.

Başkalarını da hayal kırıklığına uğratabileceğini gölge çocuğuna açıkla. Ona anne babasının yetişkin insanlar olduğunu ve kendilerine bakabileceklerini söyle. Onlardan kendini koparmasında sakınca yoktur. Bu artık anne babanı sevmeyeceğin anlamına gelmez, hayatına kendi düşüncelerine göre yön vereceğin anlamına gelir. Aynı şekilde, gerekli gördüğün takdirde partnerinden de ayrılma hakkına sahipsin.

"Çocuk Kalma" başlığında açıkladığım gibi, bazı insanlar da anne babaları veya partnerlerinin bazen şantaja benzer yöntemlerle onlara hükmetmek istemelerinden dolayı acı çekerler. Sen de böyle şeyler yaşıyorsan eğer, lütfen kötü bir şey yokmuş gibi davranmayı bırak. Durumun vahametini görmezden gelme. Belki anne baban ya da partnerinin değişeceğine dair bitmeyen bir umutla yaşıyorsun. İçindeki yetişkin vasıtasıyla durumun mantıklı bir envanterini çıkar ve iyileşmeye yönelik şansının *gerçekçi* bir teşhisini yap. Belki de bağlanma kişilerinle olan zor ilişkilerinde suçun kendinde olduğundan emin değilsindir. Ya da belki o kişiler bunu sürekli iddia ediyordur O zaman argümanların yardımıyla bakış açını incele. Bunun için sana önceki sayfalarda başlayan çatışma yeteneğine ilişkin bölümler faydalı olabilir.

Bütün adımları birden atmak zorunda değilsin. Önemli olan kendini gerçekleştirme yoluna baş koymandır. Partnerinden radikal bir şekilde ayrılmadan önce ona daha sık itiraz etmeyi ve kendi bakış açını savunmayı deneyebilirsin. Önce tek başına alacağın ve uygulayacağın küçük kararları hedeflemen senin için faydalı olabilir.

Ara Söz: Bağımlılığa Karşı Hazine Stratejileri

Öğrendiğimiz üzere alışılmış düşünce ve davranış motifleri çoğu zaman bilincinde olmadan uyguladığımız nöronal bağlantıları meydana getirir. Bu otomatikleştirme durumu aslında hem mantıklı hem de ekonomiktir. Alternatifiyse beynimizin diş fırçalama, araba sürme ya da telefonda konuşma gibi birçok günlük eylem için bütün dikkatimize ve varlığımıza ihtiyaç duyması olurdu. Bu da hayatımızı çok yorucu bir hale getirirdi. Hikâyenin olumsuz yönüyse kötü alışkanlıkların da beynimizde derin yer edinmesidir. Ve bir alışkanlık bir anlamda gerekliliğe dönüştüğünde bağımlılıktan bahsedilir.

Bağımlılık oldukça geniş bir alandır ve farklı bağımlılıklardan kurtulma yollarına dair çok fazla detaylı danışma kitapları vardır. Bu yüzden bu bölümde bağımlılığını bırakmak için sadece birkaç hazine stratejisini anlatmakla sınırlı kalacağım.

Bağımlılıklar duygularımıza yön verdikleri için bizi bu kadar kontrol ederler. Böylece bir uyuşturucunun alınması ya da bağımlılık içeren bir davranış önce haz duyguları yaşatır. Ya da yoksunluk belirtileri gibi kendini gösterebilen güçlü isteksizlik duygularını önlerler. Güçlü haz duyguları coşkunluk ve aşırılık yatkınlığıyla güneş çocuğa dâhil olabilecekken isteksizlik duyguları daha çok gölge çocukta toplanır. Belirli bir uyuşturucudan vazgeçme düşüncesi –en azından bilinçaltında– korkuya sebep olur çünkü gölge çocuk uyuşturucu olmadan içsel dayanağını kaybedeceğinden korkar. Özellikle de alkol alma, sigara içme ve yemek yeme gibi oral bağımlılıklar gölge çocuğun emniyet ve güvenlik gibi istekleriyle yakından ilişkilidir. Ağız yoluyla tedarik, bilinçaltında ve derin bir düzeyde doyurulma ile insani sevgi göstermekle bağlantılıdır. Gölge çocuğun teselli ve ilgi ihtiyacı vardır. Uyuşturucu madde de onun acılarını kısa süreliğine dindirir.

Madde bağımlılığı gölge çocuğun özlemlerinin yanı sıra kalıtsallıktan da kaynaklanır. Bazı insanların dopamin döngüsü böyle bağımlılıklara başkalarınkinden daha çok yatkındır. Bunun dışında bazı insanların nikotini daha hızlı, bazılarının da daha yavaş parçaladığı tespit edilmiştir. Birinci gruptakiler, sigara bağımlılığına ikincilerden daha yatkındır. Bağımlılık sadece üzgün gölge çocukların sorunu değildir, başka birçok etken söz konusudur. Bunlar arasında imkân ve alışkanlık da yer alır.

Bir bağımlılığı bırakmak için sağlam bir iradeye ihtiyaç vardır. Bu da irade onun alanında yer aldığından dolayı, içindeki yetişkinin güçlü olması gerektiği anlamına gelir. Ancak bağımlı olan kişinin iradesi bağımlılık tarafından dikte edildiği için kısırdöngüye neden olur. Bu durumda şu soru ortaya çıkar: İçindeki yetişkin iradesi üzerinde nasıl etki sahibi olabilir? Çünkü kendi irademizi bir nevi başa gelen bir olay gibi yaşarız. Yani bir sabah uyanıp karar veririz: "Artık yeter!" (Örneğin, yemek yemeye, sigara içmeye, içmeye ya da partnerimizle ilişkimize son). Fakat bu irade nereden gelir? Ve neden daha önce kendini göstermedi? Daha zoru: Ne kadar sürecek? Son soru, birçok psikolojik araştırma tarafından aydınlatılmıştır. Bunlar iradenin, tıpkı çok fazla yüklenildiği zaman yorulan bir kas gibi çalıştığını kanıtlar. İrade gücüne kadar sık kullanılırsa, o kadar çok yorulacağı anlamına gelir bu. Bir şeylerden feragat etme ve ödül erteleme üzerine bütün gün alıştırma yapılsa irade akşama doğru zayıflar. Bu yüzden sabah alınan iyi kararlar, hayatında bir kere diyet yapan herkesin bildiği gibi, akşama doğru çöker.

"Bağımlılığa Kaçış" başlığında yazdığım gibi; bağımlılık, sonuçları tarafından yönlendirilen bir davranıştır. Devam etmenin bedeli, bırakmanın bedelini aştığında bu durum iradeyi bu davranışı bırakmak için ateşler. Tam da bu noktada değişim için gerekli müdahaleye girişilir. Çünkü bağımlılık büyük bir ölçüde bastırmayla işler. İçindeki yetişkin, bağımlılığın zararlı olduğunu bilir fakat bu bilgiyi duygularına ulaştırmaz. Yani kendi davranışının onda yarattığı korkuyu baskılar. Bu bağımlılığının yan etkileri genelde uzun süre sonra ortaya çıkan nitelikte olduğundan ve böylece uzağa ötelenebildiğinden bunu başarır. Aynı zamanda haz kazanımı anında da hissedilebilir. Sigaradan bir nefes aldığımda ya da ağzıma bir çikolata attığımda haz duygusunu hemen yaşarım. Davranışımın uzun süreli sonuçlarının salt teorik düşüncesiyse hiçbir şey hissettirmez.

Hissetmeye yaşama duygusu da aittir ve bu anlamda her bağımlılığa bağımlının sevdiği bir yaşama duygusu bağlıdır. Bir bağımlılık ne kadar uzun sürerse, bu yaşama duygusu için nöronal bağlantılar o kadar kapsamlı olur. Alternatif bir davranış için bağımlı beyin neredeyse hiç nöronal yol göstermez. Bağımlılık davranışı için beyinde kocaman bir veri otobanı inşa edildiyse, bağımlı olmayan davranışın hizmetinde, şayet varsa, ancak küçük bir patika bulunur. Bu yüzden bağımlı çoğu zaman uyuşturucusu olmadan yaşamayı hayal bile edemez.

Bağımlılıktan kurtulmayı ayrıca zorlaştıran, belirli bir davranışı *bırakma* çabasıdır. Bir şeyi yapmamak, yapmaktan daha zordur. Yapmamayı haftanın yedi günü boyunca günde 24 saat süreyle sürdürebilirim. Bir şeyi yapmamak, sonuçta bir şeyi yapmaktan çok daha fazla irade gerektirir. Günde yarım saat yürüyüş yapmaya karar verdiğimde, sırf bu yarım saat yürüyüş ve öncesinde de üstümü değiştirmek için beş dakikalığına irade göstermeliyim. Bir şeyi yapmamak bütün gün irademi gerektirebilir. Yani bağımlılığımı bırakmak istediğimde birçok noktadaki konuda çaba göstermem gerekir: En derin korkularımı sakinleştirmek zorundayım, yani gölge çocuğumu teselli etmek; yaşama duygumu gölge ve güneş çocuğun yardımıyla değiştirmek ve bununla birlikte içimdeki yetişkinin iradesini güçlendirmek zorundayım. Sıradaki önlemler sana patikayı otobana genişletmende yardımcı olacak:

1. Kendi içini hissederek gölge çocuğuna bu bağımlılığa neden ihtiyaç duyduğunu sor. Söylediğim gibi, bağımlılığın teselli ve emniyetle ya da korkuyla çok ilgisi vardır. Başaramama korkusu, terk edilme korkusu, hayatın kötüye gitmesi korkusu, ölüm korkusu. Hangi olumsuz dogmaların bağımlılığın için önemli bir rol oynadığını incele. Buna sadece "Ben yetersizim!" ya da "Ben değersizim!" gibi daha önceden bulduklarını değil, "Bunu asla başaramayacağım!", "Sigara içmeden mutlu olamam!", "Şeker yemek zorundayım!" gibi doğrudan bağımlılıkla ilgili olanlar da dâhildir. Bunların nasıl hissettirdiğini görmek için içini algıla. Seni uyuşturucuya sürükleyen olumsuz duyguyu tespit et. Gölge çocuğun ve bağımlılık hakkında tespit ettiğin her şeyi lütfen yaz.
2. Şimdi lütfen gölge çocuğunu kucağına al ve onu teselli et. Onun korkularını anladığını ama çok fazla yiyip sigara içtiğinde ya da alkol aldığında veya çok çalışmaya sığındığında bunların azalmayacağını ona açıkla. Senin, yani içindeki sevecen yetişkinin onun yanında olduğunu ve onu asla yalnız bırakmayacağını anlat. Bunu birlikte başaracağınıza dair onu cesaretlendir. Bırakmayı başardığında ne kadar gururlu ve mutlu ola-

cağını ona söyle. Hayatının o zaman ne kadar güzel olacağını ona tarif et.

3. Şimdiye kadar davrandığın gibi devam edersen nelerin gerçekleşebileceğini dair korkularına izin ver. Davranışının gerçekten zarar verdiğinin bilincine var. Korkunun dehşet odasına gir ve bağımlılığının normalde bastırdığın yan etkilerine dair korku manzaralarının hepsini gözünün önüne getir. Bastırmaktan vazgeç. İçindeki korkuya izin ver. Korkunun bizi uyarma işlevi vardır. Bu durumda buna hakkı vardır.
4. Her zaman her gecenin bir sabahının olduğunun ve "yarın/haftaya/seneye bırakacağım" düşünceleriyle bir şeyi bırakmayı ölümüne değin erteleyebileceğinin farkına var.
5. Güneş çocuğuna, bağımlılığı neden sevdiğini sor. Söylenildiği üzere güneş çocuk oyunu, eğlenceyi, partiyi ve aşırılığı da sever. Bu yaşama duygusunu sever. Olumlu ve bağımlı yaşama duygusunun nasıl hissettirdiğine ve bedeninin neresinde olduğuna dair içini duyumsa. "Ben yıkılmam", "Hayat coşku demektir", "Daha sonra bırakabilirim" gibi bağımlılığınla ilişkili olumlu dogmalarını da bul. Güneş çocuğun ve bağımlılık hakkında tespit ettiklerini yaz. Hem gölge hem de güneş çocuğunun beğendiği bir yaşama duygusu bul. Örneğin, çok fazla yiyorsan ve gölge çocuğun bu sayede fazla emniyet ve güven hissediyorsa kafanda yepyeni bir film yaz. Örneğin, güneyde bir adada yaşadığını ve sadece meyve, sebze ve taze balıkla beslendiğini hayal et. Bütün duyularınla, sıcaklığın, renklerin ve hafif yemeğin ne güzel bir yaşama duygusu yarattığını düşün. Hafif ve hareketli olduğunda bunun nasıl bir şey olduğunu hisset. Hayal gücünü serbest bırak. Yeni beslenme alış-

kanlığını da kapsayan yeni resimler çiz aklında. Ve en önemlisi: Bunun nasıl hissettirdiğini *hisset.* Hayalinde bu yeni yaşama duygusuna dal. Hatırlatayım: Beynimiz gerçeklik ile hayal arasında büyük bir ayrım yapmaz. Yeni bir yaşama duygusuna girmek için çok iyi bir kafa sineması kurduğunda, ilk defa izlerken bile yeni veri otobanını inşa etmeye başlar. Sigara içmeyi bırakmak istiyorsan, çok güzel bir ormanda olduğunu hayal edebilirsin. Ve ona ne kadar bağlı olduğunu. Temiz havayı nasıl içine çektiğini. Diğer güzel bir hayal de denizde yüzmekten yorulup nefes nefese plajda uzanarak güneşin altında tekrar enerji depolamandır. O kadar nefes nefesesin ki hayalinde sigara içmen bir seçenek bile değil. Devamında artık ağzına sigara almak zorunda olmayınca bunun ne kadar temiz ve estetik olduğunu düşün. Artık sigara içmediğinde etrafını güzel bir koku sarar, içsel olarak bunu kokla. Tam da bu duygulara ihtiyaç duyduğunda, sığınabileceğin farklı bir sakinlik ve derin rahatlama mekânı da seçebilirsin. Bu resimler gölge çocuğununun korkularını rahatlatır ve güneş çocuğun isteklerini tatmin eder.

6. Yaşam duyguna uyan yeni ve yardımcı dogmalar tasarla ve onları hayal resimlerinin arasına ekle. Bu cümlelerin bedeninde nasıl hissettirdiğini de algıla. Onları en sevdiğin renklerde bir kâğıda çiz ve evine as. Onları kendine günde en az 15 defa tekrarla ve hisset.

Söylediğim gibi, bir şeyi yapmamak çok zordur. Bu yüzden *onun yerine* ne yapacağını düşün. Sadece hayalinde değil, davranışlarında da bir karşı program yarat. Bağımlılıklarda, yeni bir yaşama duygusuna yardımcı olan en iyi zıt uyuşturucu spordur. Eğer zaten yapmıyorsan, sana şiddetle düzenli spor yapmanı tavsiye ederim.

7. Uyuşturucuyu almamanın sende yarattığı sözde boşluğu gidermek adına kendin için iyi ne yapabileceğini düşün. Belki de yeni bir hobiye başlar, yeniden mesleki eğitim alır ya da eğitimine devam edersin. Sana iyi gelen, yaşama sevinci veren ve hayatını anlamla dolduran bütün her şeyi yap. Bağımlılıktan uzak her aşama için kendini ödüllendir.
8. Ne zaman uyuşturucu kullanmak istersen, yeni yaşama duyguna gir ve onunla dikkatini dağıt. Sakın bağımlılık duygunun cazibesine kapılma – dikkati dağıtmak en önemlisidir. Bu noktada şundan bahsetmek neredeyse gereksizdir: Seni bu yoldan saptıracak cezbedicileri mümkün mertebe görmezden gel.

Bunun dışında günlük hayatın iyi düzenlenmesi de en başta bağımlılık baskısının ortaya hiç çıkmaması için çok yardımcı olur. Birçok nüksetme ya stres ya da çok fazla serbest zaman olduğunda gerçekleşir. İyi bir düzenlemeyle birini olduğu kadar diğerini de önlerim. Buna bir sonraki başlıkta değineceğim.

Eylemsizliğin Üstesinden Gel

Hayatımızı düzenlemek ve değişiklikler yapmak istediğimizde eylemsizlik ya da uyuşukluk, gösterdiğimiz en büyük dirençlerden biridir. Özelliklerimizden birçoğu gibi uyuşukluğun da genetik bir bileşeni vardır: Böylece hareket sistemimizin yanı sıra bir *enerji tasarruf programına* da sahibiz. Bunun da yine otobiyografik bir anlamı vardır ki o da kendimizi anlamsız yormamak için güçlerimizi korumamızdır. Uyuşukluk ve tembellik durumları, aktivite ve hedef odaklılık gibi bizim bir parçamızdır. Ne kadar çok dinlenirsen o kadar çok hantallaştığını ya da aktif oldukça bunun daha da arttığını tecrübe etmişsindir. İki durumun da kendi kendini artırma etkisi vardır. Bu durum da eylemsizlik kanunuyla bağlantılıdır: "Hareketsiz bir cisim, onu hareket ettirecek bir neden olmadıkça hareketsizliğini sürdürmeye devam eder. Hareket halindeki bir cisim de onun yönünü veya hızını değiştiren bir neden olmadığı sürece hareket halinde olmaya devam eder."

Bu kanunu öğrencilik zamanımda fazlasıyla yaşadım: Uzun süredir beklediğim, sömestir tatili başlamıştı. Sınavlar bittikten sonra hazırladığım yapılacaklar listemde binlerce şey yazıyordu. Bu şekilde tatilin ilk üç haftası farklı aktivitelerle geçti. Fakat sonra yapılacaklar listem tamamlandı. Bu yüzden çok boş zamanım oluyordu. Çok çok fazla. Sabahları uyanmak için özel bir nedenim olmadığından bir fincan kahvemi alıp yatağımda saatlerce roman okurdum. Bu yüzden dolaşımım sistemim harekete bile geçmezdi. Öğlene doğru hareketsizliğim beni o kadar yorardı ki tekrar uyurdum. Öğleden sonra uyandığımda bütün dolaşımım dipte olurdu. Kendimi kötü hisseder, tekrar kahve içer ve sonra biraz evi toplamak için kendime gelmeye çalışırdım ya da bazen bunu bile yapamazdım. Akşam beni yine aktivitesiz bir zaman beklerdi. Bu beni memnun etmezdi. Fakat bu memnuniyetsizliği akşamları bara giderek ya da bir öğrenci partisinde çok iyi bastırırdım. Yapmam gerekenler azaldıkça tembelleştim. Sömestir tatilinin sonunda hareket düzeyim o kadar dibe düşmüştü ki bir makine çamaşır bile yıkamak, o gün başka işim olmasa bile fazla gelirdi. Sonunda bana bir düzen sunan üniversite tekrar başlayınca çok mutlu oldum. Tekrar canlandım ve stresliyken bile diğer birçok iş yükümün yanında, söylenmeden, üç makine çamaşır da yıkayabildim.

Sadece ben değil, birçok insan çalışabilmek için dışarıdan gelecek taleplere ve sabit bir gün akışına ihtiyaç duyar. Aktiviteden çıkış bulamadığımız sürece aktivitede bulunmaya devam ederiz. Pazartesi sadece daha talepkâr olduğu için değil, hafta sonuyla arasındaki kontrast çok yüksek olduğundan haftanın en kötü günüdür. Pazartesi gününü atlatmak için salı günü olduğundan çok daha fazla *itici güce* ihtiyaç duyarız. Çalışmanın en kolay geldiği gün çarşambadır ve cuma günü, kendimizi pazartesi neden kötü hissettiğimizi kafamızda canlandıramayız bile. Belirli bir çaba ve fazla çalışma gerektirdiğinde diğer bütün faaliyetlerde de durum aynıdır. Bir şeyi ne kadar düzenli yaparsak bize o kadar kolay gelir.

Bu yüzden uyuşukluğa karşı en iyi önlem net bir günlük plandır. Kendine boş zamanını da hesaba katarak günlük ve haftalık planlar yap. Ben "plana göre işlerim" ve bu yüzden çoğu insandan fazla boş zamana sahibim. Sabahları kahvaltıdan önce biraz spor yaparım. Öğleden önce bir dosya üzerinde çalışırım. Öğle arasında biraz keyif yapar, sonra da piyano çalarım. Öğleden sonra da psikoterapist olarak çalışırım. Saat 18.00'de mesaim biter. Çok dolu ama etkili bir programım var. Öğrencilik hayatımda edindiğim deneyimlerimin sonucu olarak böyle bir plan oluşturdum. Ne istediğini ve senin için neyin önemli olduğunu çok iyi düşün ve bunun için günlük ve haftalık planlar yap. Bunlar da yapılacaklar listeleri gibi, işlerini düzenlemekte çok faydalıdır. Kendine az yüklenmen kadar kötü olan fazla yüklenmeyi de önlerler. Çoğu zaman stresli ve fazla iş yüklü insanlar zamanını kötü planlayan insanlardır. Birçok şeyi aynı anda ve son dakikada halletmeye çalışırlar, bundan dolayı sürekli koşturmaca ve baskı hissederler.

Sabit planların bu kadar önemli olmasının sebebi, sürekli karar verme zorunda kalmamamızdır. İrade ve karar verme yeteneği birbiriyle yakından ilişkilidir ve aşırı yüklenildiklerinde tamamen yavaşlayabilirler. Bu çeşitli psikolojik deneylerle kanıtlanmıştır. Yapılan bir deneyde, bilgisayardan yeni arabaları için aksesuar seçen Alman sürücülerin karar verme davranışı incelenmiş. Renk, iç tasarım, motor – alıcılar ne kadar fazla karar almak zorunda kalmışsa o kadar çok fazla yüklenilmiş hissetmişler ve ortalama 1500 avro daha fazla ücrete mal olsa da standart modelde karar kılmışlar. Net bir zaman planlaman olduğu zaman yalnızca tek bir karar vermek zorunda kalırsın, o da bu plana uymak. Elbette bunun istisnaları da vardır. Ben de bazen biraz önce bahsettiğim plana sıkı sıkıya bağlı kalamayabiliyorum. Ama meta planımın sağlam olduğu gerçeği sayesinde hep iyi rutinime dönebiliyorum.

Genelde en büyük sorun başlamaktır. Bu çok fazla itici güç gerektirebilir. Fakat bundan sonra özellikle sürdürüp düzenli olarak yaptığımda her şey daha da kolaylaşır. *Eğer yapmazsan kaybedersin.* Bu, cinsellikte de geçerlidir – en azından tutkunun azaldığı biraz daha uzun süreli ilişkiler için.

Tutku demişken: Tutku aslında disiplinin alternatifidir. Ama şahsen, bütün yaptıklarını salt tutkudan kaynaklı yapan hiçbir insan tanımıyorum. Sanatçılar da kendilerine sabit çalışma saatleri koyar. Her faaliyet ve beceri kazanımının kurak geçen evreleri de olur. Bunlar için de dayanıklılığa ihtiyaç duyulur. Dayanıksız insanlar çok şeye başlar ama sürdüremez. Bu yüzden yapabildikleri ve bilgileri yüzeysel kalır. Bir konunun derinine inemezler. Bu onları zamanla memnuniyetsiz yapar. Adanmışlıkla yaptıkları hiçbir faaliyetleri yoktur. Fakat adanmışlıkla bir faaliyeti yürütmek ve bir konunun daha da derinlerine ilerlemek kendimizi tam hissetmemizi sağlayıp mutlu edebilir. Sağlıklı bir biçimde özdeğerimizi yükseltirler. Buna sıradaki bölümden sonra değineceğim.

Eylemsizliğimin üstesinden gelmek istediğimde, itici gücümü ve kondisyonumu nasıl yükseltebileceğim sorusu ortaya çıkar. Bu özellikle de ertelemanya hastalığından muzdarip olanlar, yani yapmaları gereken işleri erteleyip duranlar için geçerlidir. Ertelemanyalı kişiler sadece enerji tasarruf programının etkilerinden değil, gölge çocuğunun kendinden aşırı şüphe etmesinden de muzdarip olurlar. Çünkü ertelemanyanın bulaştığı kişilerin birçoğunun gölge çocuğu başarısızlık korkusuyla doludur. Bir işi başarmaya ehil olmamanın sinsi korkusu onun sürekli ertelemeyle sonuçlanmasına neden olur. Sıklıkla olduğu gibi içindeki yetişkin tamamen farklı bir fikirde olabilir. Vergi beyannamesini doldurmayı ya da kileri toplamayı başarabileceğinin elbette farkındadır. Ama başaramayacağına dair dağınık korkulara sahip olan gölge çocuk baskın çıkar. Dogmaları şu şekilde olabilir: "Bunu başaramam!", "Ben zayıfım!", "Ben aptalım!" Ertelemanya böylece kaçış ve önleme korunma stratejisinin özel bir çeşididir. Gölge çocukta bir nebze ertelemanya olduğunda söz konusu kişi eylemsizliğin tuzağına düşer. Bunun için bir sonraki bölümdeki tüyolar da faydalı olacaktır.

Bazı durumlarda ertelemanya hastalarının gölge çocukları sadece inatçıdır. Böyleyken de etrafındaki insanların beklentileriyle başa çıkmada sorun yaşar. Otonomi-bağımlılık çatışmasında tutsak olan insanlar, kişisel özgürlüklerinin sınırlandırılması olarak gördükleri bazı istekleri reddederler. Yani onlardan bekleneni yapmazlar. Bu demektir ki ertelemanyanın ardında korunma stratejisi olarak pasif agresiflik de yatabilir. Ama buna gelecek bölümden sonraki bölümde değineceğim. Öncesinde ertelemanyayı nasıl yenebileceğine dair önerilerde bulunmak istiyorum.

Alıştırma: Ertelemanyaya Karşı Yedi Adım

Gölge çocuğuna bir şeye başlamakta neyin onu bu kadar zorladığını sor. Başaramamak mı, korkuları mı? Beklentilere inatla karşı çıkmak mı istiyor ya da sadece tembel mi? Seni uyuşturan dogmaları bul. Örneğin, "Bunu başaramam!" ya da "Canın cehenneme!". Sonra uyuşukluğun veya inatçı direnişine yenilmeye devam ettiğinde bunun nasıl hissettireceğini içinde algıla. Her şeyi ertelemeye devam ettiğinde bu akşam, yarın, önümüzdeki hafta, önümüzdeki ay kendini nasıl hissedeceğini algıla. Büyük ihtimalle içinde büyük bir suçluluk duygusu, belki de korku oluşacak. Bu duygulara izin ver.

Gölge çocuğu ve içindeki yetişkini bilinçli olarak içinde ayır ve bu kitapta öğrendiğin gibi ikisiyle de çalış. Böylece içindeki çocuğu teselli edebilir, yetişkini argümanlarla güçlendirebilir ve yansıtmaları kaldırabilirsin vs.

Olumsuz dogmalarını, "Olumlu Dogmalarını Bul" başlığı altında öğrendiğin gibi olumlulara çevir. "Bunu başaramayacağım" dogmasına sahipsen "Bunu başaracağım!" cümlesine dönüştür onu. Orada halihazırda yazmıyorsa, güneş çocuğu şablonuna ya da ayrı bir kâğıda en sevdiğin renklerle çiz.

Hedef duygu: Vergi beyannamesi gibi zamanla sınırlı olan bir işini erteleyip durursan, bu işi bitirdiğinde kendini nasıl hissedeceğini bütün duyularınla hisset. Spor yapmak gibi düzenli bir etkinliğe başlamayı sürekli erteliyorsan bütün duyularınla, başlangıcı atlayıp düzenli spor yaptığının nasıl olduğunu hissetmeye çalış. Yani bütünüyle iyi duygunun içine gir – güneş çocuğunu etkinleştir.

İş gözünde çok büyüdüğünde kendine ara hedefler belirle. Yürüyüş yapmaya başlamak istediğinde bir koşup bir yürümeye yarım saatini ayır. Bu o kadar yorucu olmaz ve başlama engelini de aşağı çeker. Ya da kileri toplamak istediğinde haftalık tatilini buna harcaman gerekmez. Bu düşünceyle planını belki asla gerçeğe dönüştüremezsin. Bunun yerine her gün mesai bitiminden sonra bir saat boyunca toplamayı hedefle. Yani uygulanabilir gerçekçi hedefler belirle.

Hedeflerini bir günlük ya da haftalık programına ekle.

Ödüller de planla: Bir hafta boyunca her akşam bir saat kileri toplamayı başardıysan bir isteğini gerçekleştirebilirsin. Ya da kendini ödüllendirebilirsin. Örneğin, bir işi yalnız başına gerçekleştirdiysen ve partnerin bu işin dışında kaldıysa, ondan ödül olarak bir sırt masajı rica edebilirsin.

Asla unutma: İtme enerjisi haftanın yedi günü ve günün 24 saatine mal olabilir. *Bunu arkamda bırakacağım enerjisi*yse çok daha az zaman ve güç çabası gerektirir.

Direncini Kır!

İçindeki çocukları inatçı olan çok fazla sayıda insan vardır. Olabildiğince otonom ve özerk hareket etme çabası gösteren gölge çocukları olanlardan "Otonomi-Bağımlılık Çatışması" ve "İktidar Hırsı" bölümlerinde bahsetmiştim. Bu tür kişiler genelde çocukluğunda anne babasında öyle gördüğü için, aşırı kontrole cevap olarak bu tür davranışları benimser. Gölge çocukları inatçılık aşamasında takılı kalmıştır. Kendilerinden bir şey beklendiğinde, içlerinde tepki olarak direnme oluşur. Bağımsızlıklarını kanıtlamak için, gerekli olanı yapmazlar. Bununla birlikte sadece ilişkilerini değil, kendilerini de boykot ederler. Çevrelerindekilerin talep ve beklentilerini reddederek çok fazla gereksiz bir şekilde yolu uzatırlar ve duraksamalar yaşarlar. Mesleki kariyerleri açısından, gölge çocukları anne babasının umutlarını gerçekleştirmekte inat ettiği için kendi potansiyellerinin çok altında kalırlar. Birçoğu bağlanma korkusu da yaşar çünkü sabit bir ilişki otonomi ihtiyaçlarını çok fazla tehdit eder. Böyle ilişkilerde kendilerini hapiste gibi hisseder ve özgürlükleri için endişe ederler. Çünkü içlerindeki gölge çocuk, sevilmek için partnerinin beklentilerine boyun eğmesi gerektiğini düşünür. Bundan dolayı başka insanlarla yakın temasa geçtiğinde kendini kaybetme korkusuna kapılır. Bu yüzden yakınlık anlarından sonra tekrar mesafe koymak isterler. Sadece yalnız olduklarında gerçekten kendilerinde olduklları duygusuna sahip olurlar.

Bunların sana uyduğunu düşünüyorsan, gölge çocuğuna artık büyüdüğünüzü ve yetişkin olduğunuzu öğretmelisin. Kendini reddederek gücün sende olduğunu kanıtlamak zorunda değilsin. Sürekli ortaya çıkan durumlar aracılığıyla direncini analiz et. Arkasında yatan dogmalarını bul. Bu şablonun arkasında genelde "Senin mutluluğundan sorumluyum!", "Senin yanında olmalıyım!", "Uyum sağlamalıyım!", "Kendimi savunmamam lazım!", "Ben kendim olamam!" gibi dogmalar yatar. Gölge çocuğun bu dogmaları, onlara aktif ve pasif direnç göstererek telafi eder. İçindeki yetişkin vasıtasıyla, bütün beklentileri karşılıyor olsan bile aynı derecede muhtaç olduğunu fark et. İstemediğin şeye karar vermek için başkasının ne istediğini bilmek zorunda olman seni daha bağımsız yapmaz.

Senin sorunun çevrendeki insanların beklentilerinden kendini ayrı tutamamak ve bundan dolayı aslında kendinin ne istediğini bilmemendir. Kendini çok zor savunabildiğin için çevrendeki insanların gerçek ya da sözde beklentileriyle arana daha radikal sınırlar çiziyorsun. Yani tabiri caizse öne doğru kaçıyorsun. Bu davranış biçiminden kurtulmak istersen, gölge çocuğunun artık özgür bir insan ve yetişkin olduğunu anlaması çok önemlidir. Gölge çocuğun hâlâ annen ve babanın söz sahibi olduğu günlerde takılı kalmış.

Ancak önce daha derin bir düzeyde artık özgür bir insan olduğunu hissedersen gerçek otonom bir temelde ne isteyip ne istemediğine karar verebilirsin. O zaman rahat bir şekilde "evet" de diyebilirsin çünkü bunu isteyenin sen olduğunu ve çevrendeki insanların beklentilerinin senin adına karar vermediğini hissedersin. Yani inatçı direncinde takılı kalmamak için ilk adımda istek ve ihtiyaçlarınla daha iyi iletişim kurmak ve ikinci adımda da kendini uygun bir biçimde savunman senin için önemlidir.

İnsanlarla iletişim halindeyken sürekli içini hissetmeyi dene ve kendine kendini o an nasıl hissettiğini, ne söylemek ya da ne yapmak istediğini sor. Ayrıca başkalarıyla birlikteyken onlara uyum sağlama programının ne kadar güçlü devreye girdiğini bilinçli olarak hisset. Çünkü direncinin sebebi tam da budur. Gölge çocuğun sürekli aşağı bir pozisyona düşecek diye korku içinde. O yüzden kendisi için bu kadar çok serbest alan, bağımsızlık ve böylece güç kullanır. İnadının devreye girdiğini yakaladığında, bilinçli olarak yetişkin-ben'ine geç ve durumu mantıklı olarak analiz et. Karşındakiyle aynı göz hizasında olduğunun sürekli aklında olması önemli. Sen de aynı haklara sahipsin ve sen de özgürsün. Sonra etkileşim partnerinin isteklerini boykot etmenin gerçekten adil ve doğru olup olmadığını düşün. Çünkü kendi sınırlarını korumakla o kadar meşgulsun ki karşındakilere olan empatini kaybedersin. İnatçı gölge çocuğunla özdeşleştiğinde karşındaki kişi gözünde hemen düşmana dönüşür. Algını sorgulayıp düzeltmeyi mümkün oldukça sık çalış. Bunun için sana bu kitaptaki alıştırmalar yardımcı olur.

Hobi ve İlgi Alanlarını Koru

Çalışmak ve aktivitede bulunmak mutlu eder. Eylemsizlikse mutsuz eder – bu sözü söyleyen Thomas Aqunias bunu çok önceden bilmiş. Hareket etmenin antidepresif etkisi vardır ve bizi ruhsal yaşantımız için çok rahatlatıcı olan kendimizi unutma vaziyetine getirebilir. Bunu mutluluk duygusuna ilişkin çok sayıda kapsamlı araştırmalar ortaya koymuştur. Bu konuda adının telaffuzu zor olan Csikszentmihalyi adlı bir psikolog öncü olmuştur ve *flow* kavramını nitelendirmiştir. *Flow* akmak demektir ve tamamen eylemime odaklandığım bir içsel durumu ifade eder. *Flow* durumunda kendimi unuturum. O duruma bahçecilikte, kayak yapmada, zanaat ya da müzikle uğraştığımda ya da konsantre olmam gereken her faaliyetle ulaşabilirim. Bir faaliyete kendini adaman yetkinlik deneyimini geliştirir ve anlamlı olma duygusu verir. Hal böyleyken güneş çocuğu modunda oluruz. Çok fazla ilgi alanın ve hobin yoksa, bu alanda hayatını genişletmeyi sana şiddetle tavsiye ederim. Neyin hoşuna gideceğini düşün ve buna başla. Asla bir şeyi yapmak için yaşlı olduğunu düşünme. Çoğu şey biraz yaşlanınca daha iyi öğrenilir çünkü insan bir çocuktan daha iyi öğrenme stratejilerine sahip olur. Bu anlamda yetişkinler –genel görüşün aksine– çocuklardan çok daha hızlı enstrüman çalmayı öğrenir. Ben 42 yaşında piyano çalmaya başladım ve çok çabuk gelişme kaydettim.

Hobi ve ilgi alanları, senin dışındaki şeylere dikkatini vermende yardımcı olur. Kendine yönelik endişelerinden de aklını uzak tutmana yarar. Bir şeyleri daha iyi yaptığında ya da daha çok bilgi sahibi olduğunda mutluluk ve gururla dolarsın. Böylece özdeğer duygunu sağlıklı bir biçimde güçlendirebilirsin. Konsantrasyon ve şevkle kendini bir işe verdiğinde gölge çocuğun sakinleşir ve güneş çocuğun çok mutlu olur.

Hobi ve ilgi alanları kendini gerçekleştirmene yardımcı olur. İlgi alanlarını tasarlamak senin elindedir. Bunun için başka birinin seni mutlu etmesini ya da kendini daha iyi hissetmen için bir şey yapmasını beklemene gerek yok. Fakat her beceri ediniminin kuraklık dönemleri de olabilir. Çok şeye başlayıp sonunu getiremeyenler arasındaysan eğer "Eylemsizliğin Üstesinden Gel" bölümüyle ilgilen.

Hobi ve ilgi alanlarını takip edersen iyi hissetmenin sorumluluğu üstlenirsin. Bu elbette sürekli yapmadığın aktiviteler için de geçerlidir. Örneğin, arkadaşlarını yemeğe davet etmek, sinemaya ya da yazın havuza gitmek gibi. Bir şeyin gerçekleşmesini bekleme, aksine kendi hayatını her açıdan kendin şekillendir.

Bunlar en önemli hazine stratejilerinin özetiydi. Bazılarını belki uzun bir süredir uyguluyorsun, bazıları da belki sana daha az tanıdık geldi. Daha önce belirtildiği gibi söz konusu olan ilişkilerimizin düzenlenmesidir. Kendimizle olan ilişkimiz ne kadar iyiyse diğer ilişkilerimiz de o kadar mutluluk dolu olur. Gölge çocuğumu ne kadar net göz önünde tutarsam, kendi korku ve yetersizliklerimi başka insanlara yansıtmaya eğilimli olurum, kendime ve başka insanlara daha iyi niyetli yaklaşmayı başarırım. Ne kadar sık güneş çocuk modunda olursam, kendimle diğer insanları o kadar çok iyi niyetle karşılamayı başarırım.

Girişte "Psikolojik Dört Temel İhtiyaç" başlığında yazdığım üzere, hayatımızdaki birkaç mesele önemlidir: bağlılık – kendini kanıtlama, kontrol – güven, istek – isteksizlik ve özdeğer. Özdeğer duygumuzun, hepsinin temeli olduğu fikrindeyim. Bundan da bir yanda bağlanma ihtiyacımı diğer yanda da kendimi kanıtlamayı ne kadar iyi dengeleyebildiğim sonucu çıkar. Kendimi güvende hissetme ya da güvenme yeteneği için gerekli kontrolün boyutunun kaynağı da yine özdeğer duygusudur. Haz ve isteksizlik giderme ihtiyaçları üzerinde de özdeğerin etkisi vardır: Özdeğer duygusu sağlam çalışan bir insan haz ve isteksizlik çabalarını, dengesiz özdeğer duygusu olan birinden daha iyi düzenleyebilir. Ne kendini zorunlu bir biçimde disipline etmelidir ne de ölçüsüzlüğün kontrolü ele almasına izin verir.

Gölge ve güneş çocuk, zayıf ve sorunlu yanları ile sağlıklı ve güçlü yanlarıyla özdeğer duygumuzun birer mecazıdır. Şimdiye kadar anladığın üzere, burada anlatılanlar ona yönetimi bırakmadan gölge çocuğunu kabul etmen ve ayrıca güneş çocuğunu güçlendirip ona hayatında daha çok yer vermek hakkındadır. Kişilerin kafasını özellikle meşgul eden konular elbette bireysel ve farklıdır. Bu yüzden gölge ve güneş çocuk için olan kılavuzu, her okuyucunun onu kendi bireysel içerikleriyle doldurabileceği şekilde düzenledim. Sonraki adımda senin için önemli olan ve günlük hayatta dikkat edip geliştirmek istediğin hazine stratejilerini not alabilirsin.

Alıştırma: Kişisel Hazine Stratejilerini Bul

Gösterilen hazine stratejilerinden senin için özellikle faydalı olacak olanları seç. Korunma stratejilerinde de olduğu gibi, benim açıkça bahsetmediğim hazine stratejilerini de ekleyebilirsin ya da hazine stratejilerini kişisel olarak da ifade edebilirsin. Örneğin, bunları not edebilirsin: "Saksafon çalmayı öğreneceğim", "Eşimle aynı göz hizasında kalacağım", "Her sabah güneş çocuğu moduna gireceğim", "Kendime yeni bir iş arayacağım", "Her gün (gerçek) çocuklarımla yarım saat oynayacağım". Kişisel hazine stratejilerini şablonun ayak bölgesine not et (bkz. kitabın arka iç kapağındaki görsel).

Şimdi güneş çocuğun bütün potansiyeliyle önünde duruyor. Ama bu potansiyel ancak onunla düzenli oynadığında, yani yeni dogmalarını, değerlerini ve hazine stratejilerini yaşadığında, başka bir deyişle yeni bilgilerini günlük hayatında uyguladığında gelişebilir. Yani kendini tekrar gölge çocuğu modundayken olabildiğince sık *yakaladığında*. Gölge çocuğunu yetişkin-ben'inden *ayırıp* gölge çocuğuna rahatlatıcı etki ettiğinde ya da mümkün olduğunca çok güneş çocuğu ya da içindeki yetişkin moduna bilinçli girdiğinde. Bunun için sürekli yeni dogmalarının bilincinde ol. Değerlerini de düşün ve onları olabildiğince sık uygula. Hazine stratejilerini çalış. Sana gösterdiğim alıştırmalarla sürekli *meşgul* ol. Kişisel gelişiminin *sorumluluğunu* üstlen.

Günlük hayatında tekrar tekrar yeni bilgilerini hatırlaman için hazırladığın güneş çocuğunu öylece çekmeceye kaldırmayı değil, evine asmayı tavsiye ederim. Bunun dışında yolda olduğunda hep yanında olması için cep telefonunla fotoğrafını çek.

Alıştırma: Gölge ve Güneş Çocuğun Bütünleşmesi

Sıradaki alıştırma sana gölge ve güneş çocuğunu birbirine bağlamak ve kişiliğinle bütünleştirmek için yardımcı olur. Amerikalı psikolog ve araştırmacı Deborah Sunbeck tarafından "8 boyunca yürümek"* adı verilen yöntem geliştirilmiştir. Bu, iki beyin kısmının birlikte çalışmasını geliştiren ve gittikçe daha karmaşık nöronal ağların genişletilmesini sağlayan bir yöntemdir. Sıradaki alıştırma, arkadaşım ve birlikte eğitim verdiğim Julia Tomuschat'a ait olan ve gölge ile güneş çocuğun iki bilinç düzeyinin devinduyumsal birleşimini sağlayan orijinal alıştırmaya dayanır. Seminerlerimde bu alıştırmayı hep uygularım ve mutlak başarısı beni her zaman etkiler. Alıştırmanın hedefi, içindeki gölge ve güneş çocuğunu kabul etmen, bütünleştirmen ve bir ya da başka bir durum için seçeneğin kendi elinde olduğunu tekrar hissetmendir.

Bu alıştırma için iki yardımcının olması idealdir ama tek başına da gerçekleştirebilirsin.

1. Lütfen gölge çocuğunun olumsuz temel dogmalarını ve duygularını bir karta ya da kâğıda yaz. İstersen bu duruma uygun olan gri gibi bir renk de ekleyebilirsin. Ya da başka "kasvetli" ya da aydınlık bir renk seçebilirsin. Renkler ve ışığın, içimizde derin çağrışımları vardır ve bu olayların oluş şekillerinin eklenmesi bu alıştırma için faydalıdır. Buna göre ikinci bir karta içsel resmin (örneğin, deniz) ve güneş çocuğunun değerleri için olumlu temel dogmalarını, duygularını, bir rengi kısa kısa not al.

---

* *Infinity walk.* (yay. n.)

2. Gölge ve güneş çocuğu şablonlarını, ikisinin etrafında sekiz çizerek yürüyebilecek şekilde yere koy. Yani gölge çocuk (hayalî) sekizin bir dairesinde güneş çocuk da diğerinde yatar.
3. İki yardımcın varsa, onları sekizin birer daire uçlarında duracak şekilde yerleştir. A gölge çocuğu kartını, B de güneş çocuğu kartını elinde tutsun.
4. Hayalî sekizin ortasında dur ve sekizi yürüyerek çizmeye başla. Her bir daire üstünden geçtiğinde, o tarafta duran yardımcı A, kartında yazılı olanları yüksek sesle okur. İki dairenin kesiştiği noktaya geldiğin ve sekizin diğer dairesine geçmeye başladığında, yardımcı B diğer kartı okumaya başlar. Kesişme noktasına tekrar geldiğinde, yardımcı A devam eder ve bunun gibi. Yardımcıların yoksa kartları kendin değiştirerek yüksek sesle oku. Ya da on defa arka arkaya ve önemlisi turunun hızına uygun olacak bir tempoyla her iki kartı da okurken ses kaydı al.
5. Sekizi, yardımcıların ya da kendin kartları değiştirip okuyarak yaklaşık on kere yürü. Sonunda tam sekizin ortasında dur ve nelerin değiştiğini içinde hisset – kendini hangi duruma daha yakın hissettiğine bak. Sonrasında güneş çocuğundansa gölge çocuğuna daha yakın olduğunu hissedersen her şey sana iyi ve daha uyumlu gelene kadar alıştırmayı tekrarla.

Bu alıştırmayı hayatının her türlü alanında, her türlü konuya uyarlayabilirsin. İçindeki farklı ihtiyaç ve motivasyon durumları kavga ettiğinde bu hep faydalı olur. Yani bütün karar verme çatışmalarında yardımı dokunur. O durumda da bir karta artıları diğerine de eksileri yazarsın. "Sekizin etrafında yürümekten" daha fazla kazanç elde etmek istersen, sana aynı isimli kitabı tavsiye ederim.

Şimdi kitabın son kısmına geçeceğim. Burada da hazine stratejisi ele alınacak fakat bu strateji o kadar temel ve genelgeçerdir ki aynı zamanda bu kitabın hedefi olarak da görülebilir, o yüzden onu en sona sakladım.

Kendin Olmaya İzin Ver!

Sürekli vurguladığım gibi, bütün korunma stratejilerimizin amacı bizi saldırılardan korumak ve mümkün olduğunca çok takdir kazanmaktır. Burada sadece uygunsuz çocukluk şekillenmelerinin değil, genetik bir programın da söz konusu olduğunu hatırlatırım: Toplumla bir bağ kurmaya muhtacız. Bu yüzden genlerimiz bizi baskı aracı olan utançla, sosyal açıdan hayatta kalacak şekilde davranmaya zorlar. Utanç duygularının topluma uyum sağlama gibi yaşam tarihsel bir anlamı vardır. Ciddi bir rezil olma durumu kişiyi travmatize edebilir. Utanmak çok güçlü ve çok ağır gelen bir duygudur. Bizi utandıran şeylerin yelpazesi bireysel olarak çok farklıdır. Gölge çocukları çok sayıda olumsuz ve kendini aşağılayan dogmaları olan insanlar, daha çok olumlu dogması olan insanlardan daha çabuk utanır. Birçoğu kendine güvenlerinin olmamasından utanırlar. Oysa tedirgin olmak kötü bir şey değildir. Durum ve yaşam koşuluna göre hepimiz bazen az ya da daha çok böyle hissederiz.

Aşağılık duygularımı, düşüncelerimi ve isteklerimi saklayarak, agresif olarak ya da başkalarını öfkelendirerek, ilişkiden kaçarak ya da başka insanları küçümseyerek telafi etmem yanlıştır.

Kendimizin arkasında olmamız kişisel özgürlüğümüzün ve başarılı ilişkilerin koşulu olduğundan, bunu daha çok yapmayı öğrenmek istediğimiz takdirde yaralanabilir olduğumuzu kabul etmek zorundayız. Hatalar yaptığımızı, zayıflıklarımızın olduğunu ve saldırılara açık olduğumuzu kabul etmeliyiz. Ancak sadece mükemmel ve kurşungeçirmez olduğumuzda hayata adım atabileceğimizi düşünmemiz birçok imkânı ve ilişkiyi kaçırmamıza neden olur.

Güzel, mükemmel ya da güçlü olman önemli değildir. Kendini bulman önemlidir. Gölge çocuğun ve güneş çocuğun sende ne kadar çok sevgi dolu ve iyi niyetli bir yuva bulursa sen de o kadar çok kendi içinde rahatlarsın ve başka insanlarla daha anlayışlı ve iyi niyetli bir şekilde yakınlaşabilirsin. Sen nerede kendin olabiliyorsan yuvan da orasıdır. Yuva aşinalık, emniyet ve güvenlik demektir. Yuva ait olmaktır. Yuvamı kendi içimde kurduğumda ben de ait olurum – kendim ve başkalarıyla iletişimde olurum. Hayat da buna bağlıdır.

"Büyük filozof" Popeye "Ben neysem oyum ve bu da olduğum her şeydir!" demiştir. Bu da günlük mantran olabilir. Kendini kabul etme, kendini geliştirmenin dışında yer almaz. Tam tersine: Ancak yetersizliklerimi kabul ettiğimde onlar üzerinde çalışabilirim. Optimize etmenin odağı korunma stratejilerini en iyi hale getirmenin değil, kendin ve başkalarıyla mümkün olduğunca iyi geçinebilecek şekilde davranmak üzerine kurulmalıdır.

Bu yüzden,

- gölge çocuğuna anlayış gösterdiğinde,
- korkuya rağmen kendini savunduğunda,
- korkuya rağmen başkasını savunduğunda,
- gerçek ile yorumu birbirinden ayırmayı başardığında,
- yansıtmalarını kaldırdığında,
- sana daha iyileri sunulmadığı müddetçe argümanlarını savunmayı sürdürdüğünde,
- başkası haklı olduğunda ona hak verdiğinde,
- bir çatışmayı açıkça ve adilce yatıştırdığında,
- inandıklarının ve değerlerinin arkasında durduğunda,
- duygu ve davranışlarının sorumluluğunu aldığında,
- zor bir insana iyi niyetle yaklaştığında,
- kıskançlık duygularından kurtulmayı başardığında,
- birini gerçekten dinlediğinde,
- eskiden çekineceğin bir zorluğa göğüs gerdiğinde,
- hayatın tadını çıkardığında,
- şeffaf ve dürüst olduğunda,
- değerlerini yaşadığında,
- her gün alıştırmalarını yaptığında,

- gerçekten çaba gösterdiğinde,
- güneş çocuğunu yaşadığında kendinden memnun ol ve kendinle gurur duy.

Sen neysen osun, bu da olduğun her şeydir ve sen böyle gayet iyisin!

Kaynakça

Branden, N. (2008), *Die 6 Säulen des Selbstwertgefühls. Erfolgreich und zufrieden durch ein starkes Selbst*, Münih, Piper.

Corssen, J. & Tramitz, C. (2014), *Ich und die anderen. Als Selbst-Entwickler zu gelingenden Beziehungen*, Münih, Knaur.

Dahm, U. (2011), *Mit der Kindheit Frieden schließen. Wie alte Wunden heilen*, Darmstadt, Schirner.

Dwoskin, H. (2015), *The Sedona Method: Your Key to Lasting Happiness, Success, Peace and Emotional Well-Being*, Sedona Press.

Frankl, V. E. (2015), *Das Leiden am sinnlosen Leben: Psychotherapie für heute*, Freiburg, Kreuz.

Gendlin E. T. (2012), *Focusing: Selbsthilfe bei der Lösung persönlicher Probleme*, Berlin, Rowohlt.

Heyman G. M. (2010), *Addiction: A Disorder of Choice*, Harvard University Press.

Grawe, K. (2004), *Neuropsychotherapie*, Göttingen, Hogrefe.

Jacob, G. & Arntz, A. (2014), *Schematherapie. Fortschritte der Psychotherapie*, Göttingen, Hogrefe.

Klein, S. (2005), *Einfach glücklich. Die Glücksformel für jeden Tag*, Reinbek, Rowohlt.

Klein, S. (2010), *Der Sinn des Gebens. Warum Selbstlosigkeit in der Evolution siegt und wir mit Egoismus nicht weiterkommen*, Frankfurt am Main, Fischer.

Nöllke, M. (2009), *Schlagfertigkeit*, Münih, Haufe.

Reddemann, L. (2002), *Imagination als heilsame Kraft. Zur Behandlung von Traumafolgen mit ressourcenorientierten Verfahren*, Stuttgart, Klett-Cotta.

Röhr, H.-P. (2013), *Die Kunst, sich wertzuschätzen. Angst und Depression überwinden. Selbstsicherheit gewinnen*, Ostfildern, Patmos.

Schnarch, D. (2011), *Intimität und Verlangen. Sexuelle Leidenschaft in dauerhaften Beziehungen*, Stuttgart, Klett-Cotta.

Stahl, S. (2011), *Leben kann auch einfach sein! So stärken Sie Ihr Selbstwertgefühl*, Hamburg, Ellert & Richter.

Stahl, S. (2014*), Jein! Bindungsängste erkennen und bewältigen. Hilfe für Betroffene und deren Partner,* Hamburg, Ellert & Richter.

Stahl, S. (2014), *Vom Jein zum Ja! Bindungsangst verstehen und lösen. Hilfe für Betroffene und ihre Partner*, Hamburg, Ellert & Richter.

Stahl, S. & Alt, M. (2013), *So bin ich eben! Erkenne dich selbst und andere*, Hamburg, Ellert & Richter.

Süfke, B. (2010), *Männerseelen. Ein psychologischer Ratgeber*, Münih, Goldmann.

Sunbeck, D. & Lippmann, E. (2005), *Was die 8 möglich macht: Laufend neue Aufgaben lösen*, Kirchzarten, VAK.

Unger, H.-P. & Kleinschmidt, C. (2014), *Das hält keinerbis zur Rente durch!*, Münih, Kösel.

Dizin

G

H

İ

K

L

M

N